Schweizerisches Stockwerkeigentum

Schweizerisches Stockwerkeigentum

mit Anhang:
Beispiel für ein Reglement der Stockwerkeigentümer

von

Heinz Rey
Professor an der Universität Zürich

unter Mitarbeit von

Bettina Deillon-Schegg

2. Auflage

Schulthess § Zürich 2001

ISBN 3 7255 4317 8

Vorwort zur 2. Auflage

Gegenüber der Erstauflage waren Ergänzungen und Verbesserungen erforderlich. Indessen musste dadurch die bisherige Systematik nicht geändert und der Umfang nicht nennenswert erweitert werden. Die neueste Rechtsprechung des Bundesgerichts ist verarbeitet. Die zwischenzeitlich ergangenen Bundesgerichtsentscheide auf dem Gebiet des Stockwerkeigentums sind überdies in Kurzform im Anhang 2 nachgetragen.

Mein Dank gilt vorweg meinen einsatzfreudigen Assistenten Andreas Bisegger und Matthias Leemann für die sehr zuverlässige Mitarbeit. Danken möchte ich sodann Frau Dr. Bettina Deillon-Schegg für die Ergänzungsvorschläge sowie Herrn B. Eugster vom Verlag Schulthess Juristische Medien AG für die stets speditive Drucklegung.

Zürich im September 2001 Heinz Rey

Vorwort zur 1. Auflage

Die vorliegende Schrift richtet sich primär an jene Personen, welche sich in der Praxis mit Problemen des Stockwerkeigentums beschäftigen. Derartige Problemlagen lassen sich oftmals nur in Kenntnis der Strukturen des Stockwerkeigentums lösungsorientiert behandeln, weshalb zunächst eine Einführung in die dogmatischen Grundlagen des schweizerischen Stockwerkeigentums angestrebt wird. Anschliessend erfolgt ein Überblick über den Freiraum und dessen Grenzen bei der rechtsgeschäftlichen Begründung und ebensolchen Ausgestaltung des Stockwerkeigentums, sowie eine Darstellung der Rechte und vor allem der Pflichten des Stockwerkeigentümers.

Bei der Auseinandersetzung mit praktisch bedeutsamen Fragen ist die bundesgerichtliche Rechtsprechung besonders berücksichtigt. Ein im Anhang enthaltenes, auf eine kleinere Stockwerkeigentümergemeinschaft ausgerichtetes beispielhaftes Reglement soll den problembezogenen Zugang zum Text ermöglichen.

Mein Dank richtet sich in erster Linie an meine Mitarbeiterin Frau Dr. B. Deillon-Schegg für ihre sehr effiziente Unterstützung, sodann an Herrn B. Eugster vom Schulthess Polygraphischen Verlag für die, wie gewohnt, umsichtige Betreuung der Drucklegung.

Zürich im Februar 1999 Heinz Rey

Inhaltsübersicht

Inhaltsverzeichnis

Abkürzungsverzeichnis

a.a.O.	am angegebenen Ort
Abs.	Absatz
a.E.	am Ende
a.M.	anderer Meinung
Art.	Artikel
BewG	Bundesgesetz vom 16. Dezember 1983 über den Erwerb von Grundstücken durch Personen im Ausland (SR 211.412.4)
BewV	Verordnung vom 1. Oktober 1984 über den Erwerb von Grundstücken durch Personen im Ausland (SR 211.412.411)
BG	Bundesgesetz
BGE	Entscheidungen des Schweizerischen Bundesgerichts (Amtliche Sammlung)
BJM	Basler Juristische Mitteilungen (Basel)
BlSchK	Blätter für Schuldbetreibung und Konkurs (Wädenswil)
BN	Der Bernische Notar (Bern)
BR	Baurecht (Fribourg)
ca.	circa
d.h.	das heisst
Erw.	Erwägung
etc.	et cetera
f.	folgende
ff.	fortfolgende

FN	Fussnote
FS	Festschrift
GBV	Verordnung vom 22. Februar 1910 betreffend das Grundbuch (SR 211.432.1)
GestG	Bundesgesetz vom 24. März 2000 über den Gerichtsstand in Zivilsachen (SR 272)
gl.M.	gleicher Meinung
Hrsg.	Herausgeber
hrsg.	herausgegeben
i.A.	im Allgemeinen
i.c.	in casu; diesfalls
i.f.	in fine; am Ende
insbes.	insbesondere
i.S.v.	im Sinne von
i.Ü.	im Üchtland
i.V.m.	in Verbindung mit
JdT	Journal des Tribunaux (Lausanne)
m.E.	meines Erachtens
m.w.H.	mit weiteren Hinweisen
N	Note
OR	Bundesgesetz vom 30. März 1911 betreffend die Ergänzung des Schweizerischen Zivilgesetzbuches (Fünfter Teil: Obligationenrecht) (SR 220)
Pra	Die Praxis des Bundesgerichts (Basel)
S.	Seite
SchKG	Bundesgesetz vom 11. April 1889 über Schuldbetreibung und Konkurs (SR 281.1)
SchlT	Schlusstitel zum ZGB
SemJud	La Semaine Judiciaire (Genf)

sog.	sogenannt
SR	Systematische Sammlung des Bundesrechts
u.a.	unter anderem
u.U.	unter Umständen
v.a.	vor allem
vgl.	vergleiche
VO	Verordnung
Vorbem.	Vorbemerkung(en)
VZG	Verordnung des Bundesgerichts vom 23. April 1920 über die Zwangsverwertung von Grundstücken (SR 281.42)
z.B.	zum Beispiel
ZBGR	Schweizerische Zeitschrift für Beurkundungs- und Grundbuchrecht (Wädenswil)
ZBJV	Zeitschrift des Bernischen Juristenvereins (Bern)
ZGB	Schweizerisches Zivilgesetzbuch vom 10. Dezember 1907 (SR 210)
Ziff.	Ziffer
ZSR	Zeitschrift für Schweizerisches Recht (Basel)

Literaturverzeichnis

AMONN KURT, Das Stockwerkeigentum in der Zwangsvollstreckung, BlSchK *32* (1968) S. 1 ff.

BÄRMANN JOHANNES, Theorie und Praxis des Wohnungseigentums, SJZ *56* (1960) S. 113 ff.

BESSON CHARLES, La propriété par étages, ZBGR *40* (1959) S. 336 ff.

- Questions pratiques relatives à la propriété par étages, ZBGR *47* (1966) S. 348 ff.

BIELANDER JOSEF, Das Stockwerkeigentum im Wallis und seine Überleitung in das neue Recht, Diss. Fribourg 1931.

BIRRER MATHIAS, Erwerb von Stockwerkeigentum (Ratgeber «Beobachter»), Zürich 1998.

BLOCH PATRICK, Le fonds de rénovation dans la propriété par étages, Diss. Lausanne 1987.

BÖSCH RENÉ, Kommentar zu Art. 712a-712t ZGB, in: Kommentar zum Schweizerischen Privatrecht, Schweizerisches Zivilgesetzbuch II, Art. 457-977 ZGB, Art. 1-61 SchlT ZGB, Basel und Frankfurt am Main 1998.

BRETSCHGER URS, Stockwerkeigentum im zürcherischen Zivilprozess - Ausgewählte Fragen, Diss. Zürich 1987.

BROGLI EDUARD, Das intertemporale Stockwerkeigentumsrecht der Schweiz am Beispiel des Kantons Wallis, Diss. Freiburg i.Ü. 1985.

DEILLON-SCHEGG BETTINA, Die gerichtliche Abberufung des Verwalters beim Stockwerkeigentum wegen «wichtiger Gründe», Bemerkungen zu BGE 126 III 177 ff., recht 2000, S. 238 ff.

DESCHENAUX HENRI, La propriété par étages dans l'avant-projet suisse, Semjud 1959, S. 457 ff.

DIGGELMANN WALTER/KUNZ HEINRICH/PETER-RUETSCHI TINA (Hrsg.), Aktuelles Stockwerkeigentum, Zürich 1984.

Donzallaz Yves, La relation entre l'action en exclusion de la PPE et celles en cessation et prévention de trouble, AJP 1994, S. 548 ff.

Eggen Gerhard, Das Stockwerkeigentum nach dem Bundesgesetz vom 19. Dezember 1963, BN *25* (1964) S. 237 ff.

- Die Entwürfe der Eidgenösssischen Justizabteilung über Miteigentum und Stockwerkeigentum, ZBGR *40* (1959) S. 321 ff.

Engel Pierre, Le calcul des votes et des majorités en droit privé suisse, SJZ *81* (1985) S. 302 ff.

Flattet Guy, Copropriété par appartement et copropriété horizontale, Receuil de travaux suisse présentés au 8e Congrès internationale de droit comparé 1970, S. 141 ff.

- La propriété par étages, ZSR *75* (1956 II) S. 591a ff.

- La propriété par étages et le droit suisse, ZBGR *34* (1953) S. 305 ff.

Forni Rolando, La propriété par étages dans la jurisprudence du Tribunal Fédéral, ZBJV *124* (1988) S. 449 ff.

Frei Hansjörg, Zum Aussenverhältnis der Gemeinschaft der Stockwerkeigentümer, Diss. Zürich 1970.

Friedrich Hans-Peter, Hat sich das Stockwerkeigentum bewährt?, ZBGR *67* (1986) S. 65 ff.

- Rechtsprobleme bei Appart-Hotels auf der Basis von Stockwerkeigentum, BN *44* (1983) S. 169 ff.

- Wieweit können Stockwerke mit Nutzungsdienstbarkeiten belastet werden?, BN *41* (1980) S. 137 ff.

- Erfahrungen mit dem Stockwerkeigentum, ZBGR *54* (1973) S. 129 ff.

- Das Stockwerkeigentum, Reglement für die Stockwerkeigentümer, 2. Aufl., Bern 1972.

- Praktische Fragen im Zusammenhang mit der Begründung von Stockwerkeigentum, ZBGR *47* (1966) S. 321 ff.

- Stockwerkeigentum und Grundbuch, ZBGR *45* (1964) S. 321 ff.

- Die Mieter-Aktiengesellschaft als Ersatz für das Stockwerkeigentum?, SAG 1960/61, S. 41 ff.

- Zur rechtlichen Konstruktion des Stockwerkeigentums, in: FS Max Gerwig, Basel 1960, S. 13 ff.

- Die Wiedereinführung des Stockwerkeigentums in der Schweiz, ZSR *75* (1956 II) S. 1a ff.

GAUTHIER JEAN, Copropriété par étages et malfaçons, in: Mélanges Guy Flattet, Lausanne 1985, S. 227 ff.

GEMMA BOTANA GARCIA, Copropriété, propriété commune et multipropriété en droits espagnol et suisse, AJP 1995, S. 579 ff.

GILLIOZ VICTOR, L'autorisation d'ester en justice au nom de la communauté des copropriétaires pr étages, SJZ *80* (1984) S. 284 ff.

GIOVANOLA PIERRE, Les obligations réciproques des propriétaires d'étages et leurs sanctions, Diss. Lausanne 1986.

GROSSEN JACQUES-MICHEL, La qualité pour exercer l'action en garantie en raison des défauts de la chose vendue ou de l'ouvrage sous le régime français et le régime suisse de la copropriété par étages, in: Mélanges Guy Flattet, Lausanne 1985, S. 275 ff.

HABS MARTIN, La propriété par étages sur des maisons familiales en habitat groupé, Diss. Lausanne 1988.

HAUGER MARIA, Schweizerisches Stockwerkeigentum und deutsches Wohnungseigentum im Rechtsvergleich, Diss. Heidelberg 1977.

JUNKER MICHAEL, Stockwerkeigentum und Gesellschaftsrecht - Eine Einführung in die Dogmatik des Stockwerkeigentums, recht 1995, S. 177 ff.

LAURENT JEAN-FRANÇOIS, Les gages grevant la propriété par étages, Diss. Lausanne 1980.

LIVER PETER, Das Eigentum, in: Schweizerisches Privatrecht, Fünfter Band, Sachenrecht, Erster Halbband, Basel und Stuttgart 1977, S. 1 ff.

- Fragen aus dem Gebiet des Baurechts und des Stockwerkeigentums, BN *30* (1969) S. 321 ff.

- Das Miteigentum als Grundlage des Stockwerkeigentums, in: Gedächtnisschrift für Ludwig Marxer, Zürich 1963, S. 143 ff.

- Das Stockwerkeigentum - Umwandlung und Neubegründung, ZBGR *35* (1954) S. 3 ff. und S. 65 ff.

MATHYS PETER, Rchtsfragen im Zusammenhang mit der Verwaltung von Stockwerkeigentum, BJM 1972, S. 273 ff.

MEIER-GANDER JUDITH, Die Zwangsverwertung von Stockwerkeigetum, BlSchK *44* (1980) S. 1 ff.

MEIER-HAYOZ ARTHUR/REY HEINZ, Berner Kommentar zum schweizerischen Privatrecht, Schweizerisches Zivilgesetzbuch, Band IV, Das Sachenrecht, 1. Abteilung, Das Eigentum, 5. Teilband, Grundeigentum IV - Das Stockwerkeigentum, Vorbemerkungen und Art. 712a-712t ZGB, Bern 1988.

MENGIARDI RETO, Die Errichtung von beschränkten dinglichen Rechten zugunsten und zu Lasten von Miteigentumsanteilen und Stockwerkeigentumsanteilen, Diss. Bern 1972.

MICHAUD PATRICE, L'organisation de la communauté des propriétaires par étages, Diss. Lausanne 1975.

MÜLLER CHRISTOPH, Zur Gemeinschaft der Stockwerkeigentümer, Diss. Bern 1973.

MÜLLER KURT, Der Verwalter von Liegenschaften mit Stockwerkeigentum, 3. Aufl., Bern 1975.

NEF URS CH., Die nachträgliche Änderung des Aufteilungsplans bei Stockwerkeigentum, ZBGR *82* (2001) S. 1 ff.

OTTIKER MORITZ, Pfandrecht und Zwangsvollstreckung bei Miteigentum und Stockwerkeigentum, Diss. Bern 1972.

- Zum Bauhandwerkerpfandrecht beim Stockwerkeigentum, ZBGR *52* (1971) S. 193 ff.

PETER-RUETSCHI TINA, Das Schweizerische Stockwerkeigentum, 6. Aufl., Zürich 1987.

- Zum Stimmrecht der Stockwerkeigentümer, Anregung zur Eliminierung von Art. 712g Abs. 2 ZGB, NZZ Nr. 303 vom 31. Dezember 1979, S. 11 f.

PIOTET DENIS, Sur le moment de la reconversion des propriétés par étages originaires qui avaient été transformées en application de l'ancien droit, JdT *136 I* (1988) S. 155 ff.

PIOTET PAUL, Partage judiciaire et constitution de propriétés par étages, ZSR *113* (1994 I) S. 207 ff.

QUARCK PETER, Die Verpfändung des Stockwerkeigentums, Diss. Basel 1963.

Ramel Eric, Le régime des apparthôtels dans la lex Friedrich, Diss. Lausanne 1990.

Raschein Urs, Die Rechtsausübung der Stockwerkeigentümergemeinschaft mit besonderer Berücksichtigung von Gewährleistungsansprüchen und des Sonderfalles Aparthotel, Diss. Zürich 1996.

Rey Heinz, Die Grundlagen des Sachenrechts und das Eigentum, Grundriss des schweizerischen Sachenrechts, Band I, 2. Aufl., Bern 2000.

- Baumängel beim Stockwerkeigentum, Urteilsanmerkung zu BGE *106* II 11 ff., recht 1984, S. 64 ff.
- Strukturen des Stockwerkeigentums, ZSR *99* (1980 I) S. 249 ff.
- Zur Quotenänderung beim Stockwerkeigentum, ZBGR *60* (1979) S. 129 ff.

Riemer Hans Michael, Die steuerrechtliche Behandlung des Eigentümerbaurechtes (insbesondere bei Stockwerkeigentum) als Methodenproblem, recht 2001, S. 125 f.

- Die Anwendung des Vereinsrechts auf die Gemeinschaft der Stockwerkeigentümer, ZBGR *56* (1975) S. 257 ff.

Romang Werner, Die zentrale Bedeutung des Verwalters, in: Der Schweizerische Hauseigentümer Nr. 5 vom 1. März 1985, S. 2.

Ruedin Jean, La propriété par étages et le registre foncier, ZBGR *46* (1965) S. 1 ff.

Ruedin Roland, Propriété par étages et poursuite pour dettes et faillite, ZBGR *56* (1975) S. 321 ff.

Sattiva Henri, Recherches sur la propriété par étages. Sa prohibition et son remplacement en droit suisse, Diss. Lausanne 1954.

Schmid Fritz, Die Begründung von Stockwerkeigentum, Diss. Zürich 1972.

Schmid Jörg, Sachenrecht, Zürich 1997.

Schneider Benno, Das schweizerische Miteigentumsrecht, Diss. Bern 1973.

Schumacher Rainer, Die Mängelrechte des Käufers von Stockwerkeigentum - gesteigerte Komplexität, BR 1994, S. 3 ff. und 1995, S. 74 f.

SIMONIUS PASCAL/SUTTER THOMAS, Schweizerisches Immobiliarsachenrecht, Band I: Grundlagen, Grundbuch und Grundeigentum, Basel und Frankfurt am Main 1995.

STEINAUER PAUL-HENRI, Les droits réels, Band I, 3. Aufl., Bern 1997.

- Questions choisies en rapport avec la propriété par étages, ZWR *25* (1991) S. 285 ff.

- Questions actuelles du droit de la propriété par étages, in: Journées du droit de la construction, Freiburg i.Ü. 1989, documentation 5, S. 2 ff.

STÖCKLI CLEMENS, Die Behandlung von altrechtlichem Stockwerkeigentum nach dem neuen Bundesgesetz vom 19. Dezember 1963 über das Miteigentum und Stockwerkeigentum, ZBGR *46* (1965) S. 17 ff.

STUDER HANS, Das Stockwerkeigentum - Seine grundbuchliche Behandlung und hypothekarische Belehnung, Verwaltungspraxis *20* (1966) S. 163 ff.

STUDER PETER, Zur Willensbildung in der Gemeinschaft der Mit- und Stockwerkeigentümer, Diss. Basel 1956.

STUMP FELIX, Die Gemeinschaft der Stockwerkeigentümer, Diss. Basel 1956.

TUOR PETER/SCHNYDER BERNHARD/SCHMID JÖRG, Das Schweizerische Zivilgesetzbuch, 11. Aufl., Zürich 1995.

VON SEGESSER ADRIAN, Stockwerkeigentum an Baurechtsparzellen, Diss. Basel, Zürich 1998.

WALDER HANS ULRICH, Zum Retentionsrecht der Gemeinschaft der Stockwerkeigentümer, SJZ *87* (1991) S. 357 f.

WEBER ROLF H., Aktuelle Streitfragen des Stockwerkeigentums, in: Baurechtstagung, Freiburg i.Ü. 1989, Tagungsunterlage 5, Blatt 1 ff.

- Die Stockwerkeigentümergemeinschaft, Diss. Zürich 1979.

- Zur Prozessfähigkeit der Stockwerkeigentümergemeinschaft, SJZ *75* (1979) S. 117 ff.

- Minderheitenschutz beim Stockwerkeigentum - Zu den Grenzen vertraglicher Gestaltungsfreiheit am Beispiel der Stockwerkeigentümergemeinschaft, SJZ *67* (1971) S. 117 ff.

Wermelinger-de Gottrau Amédéo, L'utilisation de l'unité d'étage dans un immeuble en propriété par étages, Diss. Freiburg i.Ü. 1992.

Wipfli Peter, Das gesetzliche Pfandrecht der Bauhandwerker an mehreren Liegenschaften und an Liegenschaften mit Eigentumswohnungen, ZBGR *52* (1971) S. 65 ff.

Zobl Dieter, Rechtsfragen zur Sondernutzung an Autoabstellplätzen bei Stockwerkeigentum, in: FS Jacques-Michel Grossen, Basel 1992, S. 285 ff.

§ 1 Struktur des Stockwerkeigentums

Literatur:

LIVER, SPR V/I, S. 89 ff.

REY, Sachenrecht I, N 765 f.

SCHMID, N 1011

SIMONIUS/SUTTER, § 15 N 12

STEINAUER I, N 1124 ff.

TUOR/SCHNYDER/SCHMID, S. 705

I. Schweizerisches Stockwerkeigentum ist unechtes Stockwerkeigentum

1 In den kontinentaleuropäischen Rechtsordnungen stehen **zwei Modelle** des Stockwerkeigentums im Vordergrund. Beide haben das Miteigentum als Grundlage. Sie unterscheiden sich indessen grundlegend hinsichtlich der Beachtung des Akzessionsprinzips[1]. Wird dieses durchbrochen, liegt echtes (eigentliches) Stockwerkeigentum vor; falls dieses Prinzip gewahrt bleibt, handelt es sich um unechtes (uneigentliches) Stockwerkeigentum[2].

2 Das **echte Stockwerkeigentum** besteht in einer Kombination von Sondereigentum an einem oder mehreren Stockwerken eines Gebäudes und einem Miteigentumsanteil am Boden und an den allen Stockwerken dienenden Teilen eines Gebäudes[3]. Beim echten Stockwerkeigentum handelt es sich wegen des Alleineigentums, welches den einzelnen Beteiligten zusteht,

---

[1] Das **Akzessionsprinzip** ist jener sachenrechtliche Grundsatz, wonach die Bestandteile einer Hauptsache keines eigenen rechtlichen Schicksals fähig sind, sondern im Rechtsverkehr zusammen mit der Hauptsache einer rechtlichen Einheitsbehandlung unterliegen. Zu Begriff und Bedeutung des Akzessionsprinzips REY, Sachenrecht I, N 392 ff.; MEIER-HAYOZ, Syst. Teil N 98 f.

[2] MEIER-HAYOZ/REY, Vorbem. zu ZGB 712a-712t N 28; daneben lässt sich Stockwerkeigentum auch auf der Grundlage eines Gesamteigentumsverhältnisses, durch eine Kombination von Dienstbarkeiten, durch die Einräumung von Sondereigentum oder durch die Verbindung von Körperschaftsanteilen mit einem Mietvertrag realisieren.

[3] Wie z.B. Fundament, tragende Mauern, Treppen, Dach etc., vgl. MEIER-HAYOZ/REY, Vorbem. zu ZGB 712a-712t N 29.

um eine individualistisch ausgestaltete Eigentumsform. In rechtsdogmatischer Hinsicht ist für das echte Stockwerkeigentum kennzeichnend, dass es das Akzessionsprinzip durchbricht. Beispielsweise ist das Stockwerkeigentum in der französischen und italienischen Rechtsordnung als echtes Stockwerkeigentum ausgestaltet.

3 In der schweizerischen Sachenrechtsordnung ist das Akzessionsprinzip ein zwingender Grundsatz[4]. Deshalb hat der schweizerische Gesetzgeber **unechtes Stockwerkeigentum** gewählt, welches das Akzessionsprinzip nicht durchbricht. Bei dieser Konstruktion steht das gemeinschaftliche Grundstück mit dem ganzen Gebäude im Miteigentum aller Beteiligten, denen zusätzlich ein ausschliessliches dingliches Nutzungs- und Verwaltungsrecht an je einem Stockwerk oder an Teilen davon zusteht. Man spricht daher auch von besonders ausgestaltetem oder **qualifiziertem Miteigentum**. Beim unechten Stockwerkeigentum steht dem einzelnen Stockwerkeigentümer **kein Alleineigentum**, sondern lediglich ein qualifizierter Miteigentumsanteil zu. Im Unterschied zum individualistisch geprägten echten Stockwerkeigentum ist deshalb beim unechten Stockwerkeigentum der Gemeinschaftsgedanke dominant[5].

4 In der Praxis ist das unechte Stockwerkeigentum insofern problematisch, als der Erwerber eines Stockwerkeigentumsanteils oftmals Mühe hat, dessen Struktur als besonders ausgestalteter und dadurch qualifizierter Miteigentumsanteil zu verstehen: Zahlreiche Stockwerkeigentümer sind daher der unzutreffenden Meinung, dass sie durch den Kauf einer «**Eigentumswohnung**» das Alleineigentum an den entsprechenden Gebäudeteilen erworben haben. Dieses Auseinanderfallen von persönlicher Meinung der Stockwerkeigentümer und Rechtswirklichkeit zeigte sich beispielsweise in einem Falle, in dem ein Bauhandwerkerpfandrecht bei kombiniertem Stockwerkeigentum[6] geltend gemacht wurde.

5 In BGE *111* II 31 ff. war die Frage zu entscheiden, ob ein **Bauhandwerkerpfandrecht alle oder nur einzelne Stockwerkeigentumsanteile belastet**, wenn beim **kombinierten Stockwerkeigentum eine Gemeinschaftsanlage bloss in einzelne von mehreren Gebäuden** eingebaut wird. Ein Bauhandwerker hatte Bauleistungen lediglich in zwei von mehreren Gebäuden auf einer Liegenschaft erbracht, die zu kombiniertem Stockwerkeigentum aufgeteilt ist. Bei diesen Bauleistungen handelte es sich um den Einbau von Belüftungen in den einzelnen Stockwerkeinheiten des betreffenden Hauses. Das vom Bau-

---

[4] REY, Sachenrecht I, N 416.

[5] MEIER-HAYOZ/REY, Vorbem. zu ZGB 712a-712t N 30.

[6] Zur Erscheinungsform des kombinierten Stockwerkeigentums hinten Nr. 19.

handwerker beanspruchte mittelbare gesetzliche Pfandrecht zur Sicherung der Werklohnforderung (Art. 837 Abs. 1 Ziff. 3 ZGB) wurde zu Lasten von **allen** Stockwerkeigentumsanteilen im Grundbuch eingetragen; also auch auf den Grundbuchblättern derjenigen Stockwerkeigentumsanteile, deren Sonderrechtsbereiche sich gerade nicht in derjenigen Baute befinden, in welcher der Bauhandwerker gearbeitet hatte. Die eingebauten Belüftungsanlagen wurden als Gemeinschaftsanlage, somit als **gemeinschaftliche Teile** qualifiziert. Damit ist ein Mehrwert geschaffen worden, der den Gesamtwert der gemeinschaftlichen Liegenschaft erhöht. Weil dieselbe im Miteigentum aller Stockwerkeigentümer steht, hat sich der **innere Wert sämtlicher Anteile durch die Bauleistung erhöht**. Entsprechend dem Zweck des Bauhandwerkerpfandrechts, wonach der Anspruch desjenigen zu sichern ist, der den Wert des überbauten Grundstücks erhöht hat, sind die Miteigentumsanteile insgesamt belastet worden.

II. Schweizerisches (unechtes) Stockwerkeigentum ist besonders ausgestaltetes Miteigentum

1. Die Miteigentumsordnung als Grundlage

6 Die gesetzliche Regelung des gewöhnlichen Miteigentums (Art. 646-651 ZGB) bildet die Grundlage der Stockwerkeigentumskonzeption. Das Stockwerkeigentum, aufbauend auf der Miteigentumsordnung als geteilter Gesamtberechtigung, stellt nichts anderes als eine besonders ausgestaltete Miteigentumsberechtigung dar: Das **ganze zu Stockwerkeigentum aufgeteilte Grundstück mit samt dem darauf erstellten Gebäude und allen seinen Bestandteilen steht im Miteigentum aller Beteiligten**, ohne dass irgendein Teil zu Sondereigentum ausgeschieden ist[7].

7 Das gewöhnliche Miteigentum ist in den Art. 646-651 ZGB, das Stockwerkeigentum in den Art. 712a-712t ZGB gesetzlich geregelt. Weil das gewöhnliche Miteigentum die Grundlage des Stockwerkeigentums bildet, sind bei der Rechtsanwendung immer auch die gesetzlichen Bestimmungen über das Miteigentum zu berücksichtigen. Dies ist besonders bedeutsam, wenn Fragen der gemeinschaftlichen Nutzung und Verwaltung zu beantworten sind. In dieser Hinsicht finden sich praktisch bedeutsame Gesetzesbestimmungen nicht in den Art. 712a-712t ZGB, sondern im Regelungsbereich des gewöhnlichen Miteigentums, insbesondere in den Art. 647a-647e ZGB[8].

---

[7] MEIER-HAYOZ/REY, Vorbem. zu ZGB 712a-712t N 31.

[8] Dazu hinten Nr. 295 f., 420 ff.

2. *Die besondere Ausgestaltung des Miteigentums*

8 Vom gewöhnlichen Miteigentum unterscheidet sich das Stockwerkeigentum dadurch, dass mit dem Miteigentumsanteil ein **Sonderrecht zur ausschliesslichen Benutzung, Verwaltung und baulichen Ausgestaltung gewisser Gebäudeteile** subjektiv-dinglich und damit grundsätzlich **untrennbar verbunden** ist[9]. Durch die Verknüpfung mit dem Miteigentumsanteil ist dieses Sonderrecht notwendigerweise ein **unselbständiges** Recht. Es konkretisiert die Rechtsstellung eines einzelnen Stockwerkeigentümers hinsichtlich eines bestimmten, realen Teils der gemeinschaftlichen Sache in der Weise, dass die anderen Stockwerkeigentümer eine genau umschriebene, durch Eintrag im Grundbuch festgestellte Einschränkung der Ausübung ihrer Rechtsposition an einzelnen Raumeinheiten erfahren[10].

9 Das Sonderrecht vermag zwar kraft seiner subjektiv-dinglichen Wirkung die Nutzungs- und Verwaltungsbefugnisse der anderen an der gemeinschaftlichen Sache Beteiligten an bestimmten Räumlichkeiten zurückzudrängen. Das Sonderrecht ist jedoch kein eigenes, neben dem Miteigentumsrecht existierendes dingliches Recht. Vielmehr stellt die untrennbare Verbindung von Miteigentums- und Sonderrecht als solche einen vom Gesetz besonders ausgestalteten Typus des Eigentums dar[11].

10 Zusammenfassend ist festzuhalten, dass der einzelne **Stockwerkeigentümer** immer **zugleich Miteigentümer am gemeinschaftlichen Grundstück** und **Sonderrechtsberechtigter an bestimmten Räumlichkeiten** ist. Dadurch wird einerseits sein Recht zur Nutzung, Verwaltung und baulichen Ausgestaltung der ihm zu Sonderrecht zugewiesenen Stockwerkeinheit durch den Ausschluss der anderen Stockwerkeigentümer verstärkt und verselbständigt; andererseits wird seine Rechtsstellung insofern beschränkt, als er gleichzeitig von der Nutzung und Verwaltung aller anderen Stockwerkeinheiten ausgeschlossen ist[12].

---

[9] Die **subjektiv-dingliche Verbindung** ist durch die Verknüpfung einer bestimmten Berechtigung (i.c. das Recht zur ausschliesslichen Verwaltung und Nutzung sowie zur baulichen Ausgestaltung eines Sonderrechtsbereiches) mit einer bestimmten Eigentümerposition (i.c. die Miteigentümerstellung an dem zu Stockwerkeigentum aufgeteilten Grundstück) charakterisiert, vgl. dazu REY, Sachenrecht I, N 236 f.

[10] MEIER-HAYOZ/REY, Vorbem. zu ZGB 712a-712t N 33.

[11] MEIER-HAYOZ/REY, Vorbem. zu ZGB 712a-712t N 33 a.E.; vgl. auch BGE *116* II 278 Erw. 3b.

[12] MEIER-HAYOZ/REY, Vorbem. zu ZGB 712a-712t N 35.

3. *Besonderheiten des Stockwerkeigentums gegenüber dem gewöhnlichen Miteigentum*

Obschon die Stockwerkeigentumsordnung auf jener des Miteigentums aufbaut, dürfen diese nicht einander gleichgesetzt werden. Das Stockwerkeigentum als besonders ausgestaltetes Miteigentum weist gegenüber dem gewöhnlichen Miteigentum teilweise grundlegende **Abweichungen** auf[13]: 11

- Der einzelne Stockwerkeigentümer erhält das Recht, bestimmte Teile eines Gebäudes ausschliesslich zu verwalten, zu nutzen und baulich auszugestalten; er hat somit im Gegensatz zu einem gewöhnlichen Miteigentümer ein **Sonderrecht an einem real ausgeschiedenen Teil der Sache**. 12

- Da die Rechte der Stockwerkeigentümer dauernden Bestand haben müssen, hat der einzelne **Stockwerkeigentümer** im Unterschied zum gewöhnlichen Miteigentümer (Art. 650 Abs. 1 ZGB) **keinen gesetzlichen Anspruch auf Aufhebung des Miteigentums**; das Stockwerkeigentum kann nur unter erschwerten Voraussetzungen aufgelöst werden[14]. 13

- Der Stockwerkeigentumsanteil wird im Rechtsverkehr zwar gleich wie ein gewöhnlicher Miteigentumsanteil an einem Grundstück (Art. 655 Abs. 2 Ziff. 4 und Art. 943 Abs. 1 Ziff. 4 ZGB) als Grundstück behandelt. Im Unterschied zum gewöhnlichen Miteigentumsanteil an einem Grundstück muss nach Art. 10a Abs. 2 GBV für **jeden Stockwerkeigentumsanteil zwingend ein eigenes Grundbuchblatt** eröffnet werden[15]. 14

- Die **Organisation der Stockwerkeigentümergemeinschaft** ist gegenüber derjenigen der gewöhnlichen Miteigentümer **umfassender und differenzierter** ausgebaut. Weist schon die Miteigentümergemeinschaft körperschaftsähnliche Züge auf, so nähert sich die Gemeinschaft der Stockwerkeigentümer noch bedeutend mehr der juristischen Person an[16]. 15

---

[13] Ausführlich MEIER-HAYOZ/REY, Vorbem. zu ZGB 712a-712t N 36 ff.

[14] Vgl. auch hinten Nr. 167 ff.

[15] Vgl. hinten Nr. 117 f.

[16] Ausführlicher zur Rechtsnatur der Stockwerkeigentümergemeinschaft hinten Nr. 224 ff.

4. *Erscheinungsbilder von Stockwerkeigentum*

16 Stockwerkeigentum kommt in **drei** Erscheinungsformen, als horizontales, vertikales und kombiniertes Stockwerkeigentum vor[17].

17 Das **horizontale** Stockwerkeigentum ist gekennzeichnet durch die waagrechte Aufteilung der im Stockwerkeigentum stehenden Baute in Sonderrechtsbereiche.

18 Dementsprechend ist für das **vertikale** Stockwerkeigentum die vertikale Aufteilung der im Sonderrecht stehenden Räumlichkeiten charakteristisch. Dies trifft z.B. zu für Reiheneinfamilienhäuser oder aneinander gebaute Garagenboxen, aber auch für mehrere räumlich voneinander getrennte Häuser, welche auf demselben, zu Stockwerkeigentum aufgeteilten Grundstück liegen.

19 **Kombiniertes** Stockwerkeigentum hingegen liegt vor, wenn verschiedene, vertikal voneinander getrennte Häuser ihrerseits wieder horizontal in Stockwerkeinheiten aufgeteilt sind; eine besondere Kombination von vertikalem und horizontalem Stockwerkeigentum bilden die Terrassenhäuser.

20 In BGE *112* II 214 ff. stellte sich die Frage nach dem massgebenden Zeitpunkt für die Eintragung von **Bauhandwerkerpfandrechten** auf den Grundbuchblättern von **Stockwerkeigentumsanteilen an einem zu kombiniertem Stockwerkeigentum aufgeteilten Grundstück**. Umstritten war, ob die Frist für die Eintragung des Bauhandwerkerpfandrechts auf dem Grundbuchblatt eines Stockwerkeigentumsanteils in dem Zeitpunkt zu laufen beginnt, indem die Abschlussarbeiten in der betreffenden Stockwerkeigentumseinheit erfolgt sind, oder ob es genügt, dass solche Arbeiten im massgebenden Zeitpunkt im gemeinschaftlichen Gebäude ausgeführt werden. Ein Bauhandwerker hatte in den Wohnungen Wandschränke eingebaut und den einzelnen Stockwerkeigentümern Rechnung gestellt. Als er den Antrag stellte, das Bauhandwerkerpfandrecht zu Lasten **aller** Stockwerkeigentumsanteile definitiv im Grundbuch einzutragen, haben sich einzelne Stockwerkeigentümer dagegen gewehrt. Sie behaupteten, dass eine Eintragung zu Lasten ihrer Stockwerkeigentumsanteile nicht mehr möglich sei, weil der Bauhandwerker seine Arbeiten bereits drei Monate vor der provisorischen Eintragung in ihren Einheiten abgeschlossen hätte. Art. 839 Abs. 2 ZGB sieht vor, dass die Eintragung des Bauhandwerkerpfandrechts bis spätestens drei Monate nach Vollendung der Arbeiten zu erfolgen hat. Diese Frist schützt die Interessen des betroffenen Eigentümers; im Unterschied dazu dient die Bestimmung in Art. 837 Abs. 1 Ziff. 3 ZGB dem Interessenschutz des Bauhandwerkers. Der Bauhandwerker kann das Bauhandwerkerpfandrecht bereits von dem Zeitpunkt an eintragen

---

[17] Zu den Erscheinungsformen des Stockwerkeigentums MEIER-HAYOZ/REY, ZGB 712a N 35 f.

lassen, in dem er sich zur Arbeitsleistung verpflichtet (Art. 839 Abs. 1 ZGB). Ihm kann zugemutet werden, dass er für seine Arbeiten und Materiallieferungen eine nach Stockwerkeinheiten getrennte Kontrolle führt. Zu beachten ist der allgemeine **Grundsatz, dass Bauarbeiten auf verschiedenen Grundstücken selbst dann einen separaten Fristbeginn auslösen, wenn sie auf dem gleichen Werkvertrag beruhen**. Dies gilt auch beim Stockwerkeigentum. Die Eintragungsfrist für das Bauhandwerkerpfandrecht beginnt daher grundsätzlich mit dem Abschluss der Arbeiten in den einzelnen Wohnungen (vorausgesetzt, dass das Stockwerkeigentum schon vor dessen Beginn begründet ist), nicht erst dann, wenn die Arbeiten im gemeinschaftlichen Gebäude vollendet sind.

21 Das Zivilgesetzbuch äussert sich nicht explizit zu den möglichen Ausgestaltungsvarianten. Trotz Fehlens einer ausdrücklichen gesetzlichen Regelung hat dem Gesetzgeber bei der Wiedereinführung des Stockwerkeigentums ein bestimmter **Idealtypus** vorgeschwebt, nämlich das **horizontale Stockwerkeigentum**. Dennoch ist es unbestrittenermassen zulässig, Stockwerkeigentum auch durch eine vertikale Aufteilung des Gebäudes oder durch eine Kombination von horizontalem und vertikalem Stockwerkeigentum zu begründen[18].

22 Am Beispiel der Erscheinungsbilder von Stockwerkeigentum zeigt sich, dass der Gesetzgeber dessen Ausgestaltung weitestgehend dem privatautonomen Bereich überlässt. Das horizontale, vertikale und kombinierte Stockwerkeigentum ist im Gesetz nicht ausdrücklich normiert. Dennoch ist die **rechtsgeschäftliche Begründung namentlich von horizontalem und kombiniertem Stockwerkeigentum zulässig**, sofern die in Art. 712b ZGB **zwingend vorgeschriebenen Typusmerkmale beachtet werden**, insbesondere die zwingend gemeinschaftlichen Teile sowie die Abgeschlossenheit und der eigene Zugang der Räume im Sonderrecht.

5. *Zusammenfassung*

23 Der Gesetzgeber hat darauf **verzichtet, das Stockwerkeigentum als Verbindung von Miteigentum und Alleineigentum zu konzipieren**. Dadurch hat er es vermieden, einen neuen Eigentumstypus in das Sachenrechtssystem einzufügen. Neu wäre dieser Typus wegen des Alleineigentums an einem Gebäudeteil gewesen; dies hätte die Durchbrechung des Akzessionsprinzips vorausgesetzt. Dieses Prinzip ist eine systemimmanente Maxime des Immobiliarsachenrechts. Um einen möglichst hohen Grad an Sys-

[18] MEIER-HAYOZ/REY, ZGB 712a N 35.

temklarheit und damit verbunden auch an Rechtssicherheit zu erhalten, hat sich der Gesetzgeber auf die Einführung des sog. unechten Stockwerkeigentums beschränkt.

24 Unechtes Stockwerkeigentum ist (nur) **Miteigentum in qualifizierter Form**. Miteigentum besteht am gesamten gemeinschaftlichen Grundstück einschliesslich aller seiner Bestandteile. Beim schweizerischen Stockwerkeigentum stehen somit auch die Teile im Sonderrechtsbereich der einzelnen Stockwerkeigentümer im Miteigentum aller Beteiligten. Das **Sonderrecht vermittelt nicht Alleineigentum**, sondern lediglich ein exklusives Nutzungs- und Verwaltungsrecht sowie das Recht zur baulichen Ausgestaltung der Teile im Sonderrecht, die jedoch im Miteigentum aller Stockwerkeigentümer stehen.

III. Gemeinschaftliche Teile und Teile im Sonderrecht

Literatur:

REY, Sachenrecht I, N 784 ff.

SCHMID, N 1020 ff.

SIMONIUS/SUTTER, § 15 N 21 ff.

STEINAUER I, N 1127 ff.

TUOR/SCHNYDER/SCHMID, S. 705 f.

25 Das Stockwerkeigentum als qualifiziertes Miteigentum, welches dem einzelnen Stockwerkeigentümer das Recht zur ausschliesslichen Nutzung, Verwaltung und baulichen Ausgestaltung bestimmter Gebäudeteile gewährt, setzt eine klare Trennung nicht nur der einzelnen Stockwerkeigentumseinheiten untereinander, sondern auch von den allen Stockwerkeigentumseinheiten dienenden gemeinschaftlichen Teilen voraus. Die **Abgrenzung der sonderrechtsfähigen von den zwingend gemeinschaftlichen Teilen** wird durch Art. 712b ZGB vorgenommen. Diese Gesetzesbestimmung regelt die baulichen Anforderungen an die Sonderrechtsobjekte und trennt die zwingend gemeinschaftlichen, der gemeinsamen Nutzung und Verwaltung unterliegenden Teile scharf von den sonderrechtsfähigen Objekten ab[19].

26 Art. 712b ZGB verfolgt einen doppelten Schutzzweck: Einerseits soll der einzelne Stockwerkeigentümer sein **Sonderrecht möglichst ungestört**

---

[19] MEIER-HAYOZ/REY, ZGB 712b N 4.

ausüben können und durch diese Ausübung die anderen nicht stören; andererseits sind die **Interessen aller Stockwerkeigentümer an der Erhaltung des Miteigentums** und vor allem des Gebäudes in einem möglichst einwandfreien baulichen Zustand zu schützen[20].

1. Gemeinschaftliche Teile

A. Bedeutung

27 Zur Sicherung des dauernden Bestandes des Miteigentums am gemeinschaftlichen Grundstück bezeichnet Art. 712b Abs. 2 ZGB diejenigen Bauteile, Anlagen und Einrichtungen, welche eine **gemeinschaftliche Zweckbestimmung** haben. Diese sind der rechtsgeschäftlichen Disposition entzogen. Die in Art. 712b Abs. 2 ZGB aufgezählten Objekte können somit weder im Begründungsakt noch durch einen Beschluss der Stockwerkeigentümer zu Sonderrecht ausgeschieden werden. Nur an denjenigen Teilen einer Baute, die keine gemeinschaftliche Zweckbestimmung aufweisen, dürfen exklusive Nutzungs- und Verwaltungsrechte (Sonderrechte) begründet werden. Art. 712b Abs. 2 ZGB umschreibt lediglich den Mindestumfang des gemeinschaftlichen Zuordnungsbereichs; durch Vereinbarung können daher weitere an sich sonderrechtsfähige Gebäudeteile den gemeinschaftlichen Teilen zugewiesen werden[21].

B. Zwingend gemeinschaftliche Teile

28 Nicht zu Sonderrecht ausgeschieden werden können nach Art. 712b Abs. 2 ZGB einerseits der Boden der Liegenschaft, auf welchem die gemeinschaftliche Baute steht, das Baurecht, kraft dessen das Gebäude gegebenenfalls erstellt wird und all jene Bauteile, welche für den Bestand, die konstruktive Gliederung und Festigkeit des Gebäudes oder der Räume anderer Stockwerkeigentümer von Bedeutung sind oder die äussere Gestalt und das Aussehen des Gebäudes bestimmen.

---

[20] MEIER-HAYOZ/REY, ZGB 712b N 5.

[21] MEIER-HAYOZ/REY, ZGB 712b N 6; zu den gewillkürten gemeinschaftlichen Teilen hinten Nr. 61 ff.

a. Boden und Baurecht

29 Um zu verhindern, dass an dem zu Stockwerkeigentum aufgeteilten Grundstück an sich Sonderrechte begründet werden, schreibt Art. 712b Abs. 2 Ziff. 1 ZGB vor, dass der Boden der Liegenschaft, auf welchem das gemeinschaftliche Gebäude steht, und das Baurecht (falls ein solches die Grundlage des Stockwerkeigentums bildet) nicht zu Sonderrecht ausgeschieden werden können.

30 Ist das zu Stockwerkeigentum aufgeteilte Grundstück eine **Liegenschaft**, so sind sowohl das dem Gebäude direkt unterliegende Erdreich, als auch die nicht bebauten Bodenteile zwingend gemeinschaftlich. Durch den Ausschluss der Bildung von Sonderrecht an den nicht bebauten Bodenteilen soll verhindert werden, dass der unterste oder der einflussreichste Stockwerkeigentümer den Boden für sich allein beanspruchen kann[22].

31 Sofern ein **selbständiges und dauerndes Baurecht** (Art. 779 Abs. 3 ZGB) die Grundlage des Stockwerkeigentums bildet, ist dessen Zuweisung zu Sonderrecht schon begrifflich ausgeschlossen. Die Ausscheidung zu Sonderrecht setzt einen Bauteil und damit Sachqualität voraus. Dies trifft für die Baurechtsdienstbarkeit jedoch nicht zu, die, selbst wenn sie in ihrer Ausgestaltung als selbständiges und dauerndes Recht nach Art. 655 Abs. 2 Ziff. 2 ZGB als Grundstück im Sinne des Gesetzes gilt, dennoch ein beschränktes dingliches Recht bleibt[23].

32 Zwingend gemeinschaftliche Teile sind somit z.B. folgende Bereiche der Bodenoberfläche der Liegenschaft:

33 - Parkplätze im Freien und der Garten (an diesen Objekten können jedoch besondere Nutzungsrechte zu Gunsten einzelner Stockwerkeigentümer begründet werden[24]);

34 - offene Innenhöfe;

35 - Vor- und Trockenplätze;

36 - Kinderspiel- und Müllabladeplatz.

---

[22] MEIER-HAYOZ/REY, ZGB 712b N 9.

[23] MEIER-HAYOZ/REY, ZGB 712b N 8; BGE *118* II 117 a.E. und insbes. 118 a.E.

[24] Ausführlich zu den besonderen Nutzungsrechten an gemeinschaftlichen Teilen vgl. hinten Nr. 95 ff.

b. Elementare Gebäudeteile

37 Zwingend gemeinschaftlich sind nach Art. 712b Abs. 2 Ziff. 2 ZGB alle «**Bauteile, die für den Bestand, die konstruktive Gliederung und Festigkeit des Gebäudes oder der Räume anderer Stockwerkeigentümer von Bedeutung sind**». Mit dieser Generalklausel soll gewährleistet werden, dass nicht nur das statisch relevante Konstruktionsgerippe, sondern allgemein das **Gebäude in seiner architektonischen Grundkonzeption und bautechnischen Ausgestaltung**[25] zwingend gemeinschaftlich ist. Somit werden von Art. 712b Abs. 2 Ziff. 2 ZGB alle Gebäudeteile erfasst, welche die architektonische Konzeption und die bautechnische Konstruktion objektiv zum Ausdruck bringen. Um welche Bauteile es sich im konkreten Fall handelt, ist jeweils anhand der Kriterien «Bestand», «Gliederung» und «Festigkeit» zu ermitteln[26].

38 Unbestrittenermassen sind zwingend gemeinschaftlich das Fundament, das Rohwerk der Böden als horizontale Abgrenzung der einzelnen Stockwerkeigentumseinheiten, die Decken mit tragender Funktion, tragende Mauern und Stützmauern sowie das Dach[27].

39 Bei auf demselben Grundstück errichteten, räumlich jedoch getrennt voneinander liegenden Einfamilienhäusern[28], stellt sich aufgrund der nur sehr lockeren Verbindung zwischen den Stockwerkeigentümern die grundsätzliche Frage, ob ein solches Einfamilienhaus als Ganzes (einschliesslich Fundament, tragende Mauern, Dach etc.) zu Sonderrecht ausgeschieden werden kann. Nach schweizerischem Recht ist diese Frage zu verneinen. Die vollumfängliche Sonderrechtszuordnung des **gesamten** Gebäudes würde zum einen die alleineigentümerähnliche Stellung des einzelnen Stockwerkeigentümers erheblich verstärken, was der gesetzlichen Ausgestaltung des Stockwerkeigentums als qualifiziertes Miteigentum zuwiderliefe. Zum anderen widerspräche dies der ratio legis der Art. 712a ff. ZGB und insbesondere dem der Stockwerkeigentumskonzeption des schweizerischen Rechts

---

25 Z.B. als Wohn- oder Geschäftshaus, als Betonbaute oder Chalet.

26 MEIER-HAYOZ/REY, ZGB 712b N 13.

27 MEIER-HAYOZ/REY, ZGB 712b N 15. Das Bundesgericht liess hingegen die Frage, ob die Decke einer zu Sonderrecht ausgeschiedenen Autoeinstellhalle allein aufgrund von Art. 712b Abs. 2 Ziff. 2 ZGB als gemeinschaftlicher Teil zu qualifizieren sei, in BGE *106* II 17 Erw. 4 ausdrücklich offen; dies wohl deshalb, weil der entsprechende Bauteil im konkreten Fall im Begründungsakt ausdrücklich als gemeinschaftlich deklariert worden war.

28 Vertikales Stockwerkeigentum, dazu vorn Nr. 18.

zugrunde liegenden Gemeinschaftsgedanken[29]. An getrennten Nebenräumen, die allerdings der Hauptraumeinheit funktional untergeordnet sein müssen, kann hingegen aufgrund von Art. 712b Abs. 1 i.f. ZGB ein vollständiges Sonderrecht begründet werden, welches sich auch auf die elementaren Gebäudeteile bezieht[30].

c. Gebäudeteile, welche die äussere Gestalt des Gebäudes bestimmen

40 Nach Art. 712b Abs. 2 Ziff. 2 ZGB sind ebenfalls zwingend gemeinschaftlich all jene Gebäudeteile, welche «**die äussere Gestalt und das Aussehen des Gebäudes bestimmen**». Damit soll verhindert werden, dass der einzelne Stockwerkeigentümer durch Eingriffe am Gebäude dessen bauliche und ästhetische Einheit beeinträchtigen kann. Da die «äussere Gestalt» von zahlreichen Faktoren bestimmt wird, hat der Richter bei der Festlegung der gemeinschaftlichen Gebäudeteile, welche die äussere Gestalt und das Aussehen der Baute bestimmen, einen weiten Ermessensspielraum[31]. In diesem Sinne zwingend gemeinschaftliche Teile sind der Aussenverputz eines Gebäudes und die Fenstersimse[32].

41 Nachfolgend soll auf einzelne spezielle Gebäudeteile eingegangen werden, deren Zuordnung von praktischer Relevanz ist und häufig Schwierigkeiten bereiten kann.

aa. Fenster

42 Die Zuordnung der Fenster bereitet darum Schwierigkeiten, weil sie als Bestandteil der Hauptfassade einerseits elementare Gebäudeteile darstellen können, was ihre Zuordnung zu den zwingend gemeinschaftlichen Teilen nahelegt. Die Tatsache, dass sie stets auch der Abgeschlossenheit der einzelnen Stockwerkeigentumseinheiten dienen, spricht hingegen eher für ihre Sonderrechtsfähigkeit[33].

---

29 MEIER-HAYOZ/REY, ZGB 712b N 17.

30 MEIER-HAYOZ/REY, ZGB 712b N 18.

31 MEIER-HAYOZ/REY, ZGB 712b N 19.

32 MEIER-HAYOZ/REY, ZGB 712b N 21.

33 MEIER-HAYOZ/REY, ZGB 712b N 22.

Zu unterscheiden ist nach der **Funktion** der konkret in Frage stehenden Fenster[34]: 43

- Beim modernen Glashausbau, wo den Fensterfronten die **Funktion von Abschlussmauern** zukommt, gehören die Fenster zum Bestand des Gebäudes und sind somit zwingend gemeinschaftlich. 44

- Gewöhnliche Fenster inklusive Fensterrahmen (auch Dachfenster und -luken bei Dachwohnungen und im Sonderrecht stehenden Dachräumen) stehen wie Balkontüren grundsätzlich im Sonderrecht. Sie unterliegen jedoch dem gestalterischen Einfluss der Stockwerkeigentümergemeinschaft und dürfen aufgrund von Art. 712b Abs. 2 Ziff. 2 ZGB folglich vom einzelnen Stockwerkeigentümer in Art und Grösse nicht verändert werden. Um Streitigkeiten insbes. bei Gesamterneuerungen zu vermeiden, sollten auch gewöhnliche Fenster sowie die Balkontüren rechtsgeschäftlich als gemeinschaftliche Teile erklärt werden[34a]. 45

- Weil Fenstergitter und -sims sowie Leibungen hingegen das Aussehen und die Gestaltung der Fassade wesentlich mitbestimmen, sind sie immer gemeinschaftliche Teile. 46

- Was Rollläden, Jalousien und Sonnenstoren betrifft, beeinflussen zwar auch diese das Aussehen des ganzen Gebäudes. Im Zusammenhang mit der Kostentragungs- und Unterhaltspflicht hat jedoch eine Stockwerkeigentümergemeinschaft regelmässig Interesse daran, dass an solchen Teilen Sonderrechte zu Gunsten der einzelnen Stockwerkeigentümer begründet werden können. Als von aussen sichtbare Gebäudeteile unterliegen sie jedoch, wie die gewöhnlichen Fenster auch, dem gestaltenden Einfluss der Stockwerkeigentümergemeinschaft. 47

Zur Illustration sei nachfolgend ein **Streitfall** bezüglich der Qualifikation von Fenstern und den daran anschliessenden Holzverkleidungen als Teile im Sonderrecht angeführt: 48

> In einer Stockwerkeigentumseinheit wird ein Ladengeschäft geführt; durch das Reglement ist die Nutzung aller anderen Stockwerkeinheiten auf Wohnzwecke eingeschränkt. Unter den Stockwerkeigentümern entstand Streit darüber, ob die **Fensterfront an der Aussenfassade, die daran anschliessende Holzverkleidung und die Eingangstüre zu diesem Ladengeschäft als Teile im Sonderrecht oder als gemeinschaftliche Teile** (Art. 712b Abs. 2 Ziff. 2 ZGB) zu qualifizieren sind. Dies deshalb, weil sich der Stockwerkeigentümer 49

[34] MEIER-HAYOZ/REY, ZGB 712b N 23 ff.

[34a] Zu den sog. gewillkürten gemeinschaftlichen Teilen Nr. 61 ff., insbes. zu den gewöhnlichen Fenstern Nr. 68.

mit Sonderrecht an den Räumen des Ladengeschäfts weigerte, die Kosten für die Renovation dieser Bauteile zu übernehmen. Die Aussenfassade des gesamten gemeinschaftlichen Gebäudes wird sowohl in bautechnischer als auch in ästhetischer Hinsicht durch Betonelemente gebildet. Den Fenstern samt Holzverkleidung kommt **nicht** die Funktion der Aussenfassade zu; diese Bauteile sind daher nicht zwingend gemeinschaftlich[35]. Sie lassen sich als «Fenster» im Sinne einer im Reglement enthaltenen Bestimmung qualifizieren. Gemäss dieser Bestimmung stehen «Fenster ... und Wohnungstüren» im Sonderrecht. Dies bedeutet, dass die Fenster samt den anschliessenden Holzverkleidungen in sich geschlossene Bauteile bilden, an denen Sonderrecht besteht. Die Eingangstüre zum Ladengeschäft dient dem gesetzlichen Erfordernis der Abgeschlossenheit einer Stockwerkeigentumseinheit (Art. 712b Abs. 1 ZGB). Sie wird ausschliesslich im Zusammenhang mit dem Betrieb des Ladengeschäfts benutzt. Diese Eingangstüre wird somit zum Zweck der exklusiven Nutzung dieser Stockwerkeigentumseinheit verwendet. Unter diesem Aspekt handelt es sich bei dieser Türe nicht um einen gemeinschaftlichen Teil. Die genannte Bestimmung im Reglement erklärt denn auch die Türen, inklusive Wohnungstüren, zu Gegenständen des Sonderrechts. Zwar ist in dieser Reglementsbestimmung die Aussentüre des Ladengeschäfts nicht ausdrücklich erwähnt. Dabei ist jedoch der Zweckgedanke dieser Bestimmung zu beachten. Dieser besteht darin, jene Bauteile, an denen eine ausschliessliche Nutzung eines einzelnen Stockwerkeigentümers besteht, in dessen Sonderrechtsbereich einzubeziehen. Deshalb kann die betreffende Bestimmung auf die Eingangstüre des Ladengeschäfts analog angewendet werden.

bb. Balkone, Veranden und Loggien

50 Veranden und Loggien können in ihrer baulichen Gestaltung weitgehend den Räumen gleichgesetzt werden; sie sind jedoch nach aussen weniger stark abgeschlossen. Dem Stockwerkeigentümer kann am **Innenbereich** solcher Teile ein Sonderrecht zugesprochen werden, da die diesbezüglichen Gemeinschaftsinteressen - namentlich hinsichtlich Kostentragung und Unterhalt - regelmässig in den Hintergrund treten. Die Aussenseite hingegen unterliegt dem gestaltenden Einfluss der Gemeinschaft[36].

51 Für die Balkone gilt entsprechendes: Das Interesse der Gemeinschaft am Balkon-Innenbereich wird durch jenes des einzelnen Stockwerkeigentümers zurückgedrängt, weshalb ihm daran ein Sonderrecht zuerkannt werden kann. Wie bei den Veranden oder Loggien, kann jedoch die Aussenseite des Balkons nicht zu Sonderrecht ausgeschieden werden. Dem einzelnen Stockwerkeigentümer sind daher alle Einwirkungen auf einen Balkon oder

---

[35] Dazu vorn Nr. 42 ff., insbes. Nr. 44.

[36] MEIER-HAYOZ/REY, ZGB 712b N 28.

baulichen Massnahmen daran untersagt, sofern davon die äussere Gestalt des Gebäudes beeinträchtigt wird[37].

cc. Dachterrassen

52 Das Dach als konstruktiver Gebäudeteil gehört zum Bestand des Gebäudes und ist somit zwingend gemeinschaftlich. Es fragt sich jedoch, ob die Oberfläche eines (Flach-)Daches ganz oder teilweise zwecks Nutzung als Dachterrasse zu Sonderrecht ausgeschieden werden kann. Dies ist zu verneinen. Einerseits ist mangels Raumeigenschaft das strukturbildende Merkmal der Abgeschlossenheit nach Art. 712b Abs. 1 ZGB nicht erfüllt. Andererseits handelt es sich bei der Dachterrasse um einen Gebäudebestandteil, der die äussere Gestalt und das Aussehen eines Gebäudes so wesentlich mitbestimmt, dass er kraft Art. 712b Abs. 2 Ziff. 2 ZGB als zwingend gemeinschaftlich zu gelten hat[38].

d. Gemeinsame Anlagen und Einrichtungen

53 Als zwingend gemeinschaftlich erklärt Art. 712b Abs. 3 ZGB auch Anlagen und Einrichtungen, die wegen ihrer Funktion für alle Stockwerkeigentümer notwendig sind oder diesen dienen und die im gemeinsamen Interesse erstellt sind. Gemeinschaftlich sind Anlagen und Einrichtungen, wenn sie einer **gemeinsamen Zweckbestimmung** zugeführt werden und **allen Stockwerkeigentümern offenstehen sollen**; irrelevant ist demnach, ob die einzelnen Stockwerkeigentümer auch tatsächlich davon Gebrauch machen[39].

54 Gemeinschaftlich sind aufgrund der vorstehenden Umschreibung[40]:

55 - Eingangstüre, Treppenhaus, Korridore;

56 - Lift, falls durch die Grösse der Baute geboten;

57 - Waschküche, Trockenraum;

58 - gemeinsame Einstell- oder Lagerräume;

59 - zentrale Heizanlage;

---

37 Z.B. die Verglasung eines offenen Balkons; vgl. MEIER-HAYOZ/REY, ZGB 712b N 29.

38 MEIER-HAYOZ/REY, ZGB 712b N 31; indessen besteht die Möglichkeit, an Dachterrassen besondere Nutzungsrechte zu begründen, dazu Nr. 95 ff.

39 MEIER-HAYOZ/REY, ZGB 712b N 32.

40 MEIER-HAYOZ/REY, ZGB 712b N 33 ff.

60 - Leitungen (Strom-, Wasser-, Gas-, Fernsehleitungen etc.) bis und mit den Abzweigungen zu den einzelnen Stockwerkeinheiten.

C. Gewillkürte gemeinschaftliche Teile

61 Neben den durch Art. 712b Abs. 2 ZGB als zwingend gemeinschaftlich bezeichneten Teilen können die Stockwerkeigentümer nach Art. 712b Abs. 3 ZGB durch **Rechtsgeschäft** - entweder im Begründungsakt oder durch eine spätere Vereinbarung in derselben Form - weitere Räumlichkeiten, Anlagen und Einrichtungen als gemeinschaftlich erklären. Die Möglichkeit zur Schaffung weiterer gemeinschaftlicher Teile wird zwar nicht unmittelbar durch das Gesetz, wohl aber durch die sachenrechtliche Konstruktion des Stockwerkeigentums und das Wesen des Gemeinschaftsverhältnisses begrenzt[41]:

62 - Der Gemeinschaftsbereich kann nur auf Objekte ausgedehnt werden, welche überhaupt Gegenstand des Stockwerkeigentums sind; diese müssen somit Bestandteils- oder zumindest Zugehörqualität in Bezug auf das zu Stockwerkeigentum aufgeteilte Grundstück aufweisen.

63 - Die Gemeinschaft der Stockwerkeigentümer ist keine juristische Person[42]. Sie verfügt nur im Rahmen ihrer gemeinschaftlichen Verwaltungstätigkeit über ein eigenes Vermögen. Deshalb ist es nicht möglich, ihr gemeinschaftliche Teile zum Betrieb eines in ihrem Namen und auf ihre Rechnung geführten Gewerbes zuzuweisen. Dies würde die Zweckbindung der auf einer rein sachenrechtlichen Grundlage basierenden Gemeinschaft sprengen.

64 Beispiele für gewillkürte gemeinschaftliche Teile sind[43]:

65 - Wohnung für den Hauswart;

66 - besondere Räume als Lager- oder Abstellräume (soweit diese nicht schon aufgrund von Art. 712b Abs. 3 ZGB zwingend gemeinschaftlich sind);

67 - Bastel-, Spiel- und Partyräume;

68 - gewöhnliche Fenster (auch Dachfenster und -luken bei Dachwohnungen und im Sonderrecht stehenden Dachräumen);

---

41 MEIER-HAYOZ/REY, ZGB 712b N 42.

42 Zur Rechtsnatur der Stockwerkeigentümergemeinschaft hinten Nr. 224 ff.

43 MEIER-HAYOZ/REY, ZGB 712b N 43. Vgl. dazu auch Anhang 1 «Beispiel für ein Reglement der Stockwerkeigentümer», Art. 3 Abs. 2.

- Gästezimmer; 69
- Autoeinstellhalle (soweit nicht schon aufgrund von Art. 712b Abs. 3 ZGB zwingend gemeinschaftlich). 70

2. *Teile im Sonderrecht*

A. Räume

71 Sofern Gebäudeteile nicht zwingend gemeinschaftlich sind oder rechtsgeschäftlich als gemeinschaftlich erklärt wurden, können an diesen grundsätzlich Sonderrechte begründet werden. Voraussetzung ist jedoch, dass es sich um **raumbildende Gebäudeteile** handelt[44]. Diese müssen nach Art. 712b Abs. 1 ZGB **in sich abgeschlossen** sein und einen **eigenen Zugang** aufweisen. Der Garten des gemeinschaftlichen Grundstücks kann deshalb ebensowenig Gegenstand eines Sonderrechts sein wie ein Parkplatz[45].

72 Die Erfordernisse der Abgeschlossenheit und des eigenen Zugangs bedeuten, dass ein Stockwerk eine **wirtschaftliche Einheit** bilden muss. Damit soll verhindert werden, dass kleine, für sich selbst nicht existenzfähige Räume zu Sonderrecht ausgeschieden werden oder dass Wohnungen unter mehrere Beteiligte aufgeteilt werden, wie das nach dem Stockwerkeigentumsrecht einzelner Kantone möglich war. Bei der Prüfung dieser Voraussetzungen ist ein strenger Massstab anzulegen. Dabei sind allerdings auch funktionale Gesichtspunkte wie Zweckmässigkeit, bauliche Verhältnisse, moderne Bautechnik etc. zu berücksichtigen[46].

B. Voraussetzungen der Sonderrechtsfähigkeit von Räumen

a. Abgeschlossenheit

73 Nach Art. 712b Abs. 1 ZGB können Gegenstand des Sonderrechts einzelne Stockwerke oder Teile von Stockwerken sein, die «**in sich abgeschlossen**» sind. Damit steht einerseits fest, dass Stockwerkeigentum nur an **Räumen** begründet werden kann und dass andererseits der Raum oder die zu Stock-

---

[44] MEIER-HAYOZ/REY, ZGB 712b N 45.

[45] An einem Gartenteil oder an einem Parkplatz kann indessen zu Gunsten eines Stockwerkeigentümers ein besonderes Nutzungsrecht begründet werden; hinten Nr. 95 ff.

[46] MEIER-HAYOZ/REY, ZGB 712b N 46.

werkeigentum zusammengefassten Räume eine **wirtschaftliche Einheit** bilden müssen[47].

aa. Raumeigenschaft

74 Die zur Bildung eines Sonderrechtsbereiches erforderliche Raumeigenschaft weisen grundsätzlich nur Gebäudeteile auf, welche **allseits von Baustoffen** jeglicher Art[48] **umschlossen** sind. Ein Sonderrechtsbereich muss somit immer **drei Dimensionen** aufweisen, d.h. Boden, Dach bzw. Decke und Wände. Aus der Voraussetzung der Abgeschlossenheit folgt weiter, dass der Raum bzw. die Einheit von Räumen **abschliessbar** sein muss, wobei diesem Erfordernis wiederum Vorrichtungen jeglicher Art[49] genügen[50].

75 Die Beurteilung, ob das Erfordernis der Abgeschlossenheit erfüllt ist, hängt weitgehend vom **Zweck der Nutzung** des entsprechenden Sonderrechtsbereiches ab[51]. Unabdingbare Voraussetzung ist jedenfalls, dass alle Arten von Abgrenzungsvorrichtungen **fest montiert** sind, so dass sie nicht ohne Gewaltanwendung verschoben werden können[52].

76 Das Erfordernis der Abgeschlossenheit bzw. der räumlichen Umgrenzung dient verschiedenen Zwecken[53]:

77 - Klare Abgrenzung zwischen den einzelnen Stockwerkeigentumseinheiten und gegenüber den gemeinschaftlichen Teilen;

78 - Unabhängigkeit des einzelnen Stockwerkeigentümers in der Benutzung und Verwaltung seiner Räume und damit Vermeidung von Konflikten;

79 - möglichst ungestörte Nutzung des Sonderrechtsbereiches, indem der einzelne Stockwerkeigentümer den Innenbereich seiner Einheit mit bautechnischen Mitteln isolieren kann; insbesondere lassen sich durch Lärmschutzmassnahmen störende Immissionen vermeiden.

---

47 MEIER-HAYOZ/REY, ZGB 712b N 47.

48 Wie Mauerwerk, Holz, Glas, Metall, Kunststoffe.

49 Wie Holz- und Glas-, Metalltüren oder Fallgitter.

50 MEIER-HAYOZ/REY, ZGB 712b N 48.

51 Für Estrich- und Kellerabteile genügen z.B. abschliessbare Holzlattenverschläge, für Autoabstellplätze bis zur Decke reichende, abschliessbare Drahtgitter.

52 MEIER-HAYOZ/REY, ZGB 712b N 49.

53 MEIER-HAYOZ/REY, ZGB 712b N 50.

bb. Wirtschaftliche Selbständigkeit der Einheit von Räumen oder von einzelnen Räumen

Aus Art. 712b Abs. 1 ZGB lässt sich ebenfalls das Erfordernis der **wirtschaftlichen Selbständigkeit und Einheit** der zu einer Stockwerkeinheit zusammengefassten Räume ableiten: Sie sollen geeignet sein, die angestrebten Zwecke[54] zu erfüllen. Da vom Gesetz nicht zwingend eine Mehrzahl von zu einer Einheit zusammengefassten Räumen vorgeschrieben ist, kann Sonderrecht auch an einem **einzelnen Raum**, wie z.B. Saunaanlage oder eine Einzimmerwohnung, begründet werden, sofern dieser wirtschaftlich selbständig ist und über einen eigenen Zugang verfügt[55]. 80

Ob das Erfordernis der wirtschaftlichen Selbständigkeit und Einheit erfüllt ist, beurteilt sich nach dem **Zweck**, welchem die Stockwerkeinheit zu dienen hat. Für Wohnzwecke ist dabei vorausgesetzt, dass Mehr- und v.a. auch Einzimmerwohnungen einen Mindestbestand an Einrichtungen wie z.B. Wasserversorgung, Küche, Toilette etc. aufweisen und dass sie dem sozialen und hygienischen Mindeststandard entsprechen. Für Gewerberäume ist auf deren konkrete Funktion abzustellen; erforderlich ist diejenige Einrichtung und Infrastruktur, welche zur Ausübung des Berufes bzw. des Gewerbes üblicherweise notwendig ist[56]. 81

b. Eigener Zugang

Art. 712b Abs. 1 ZGB verlangt als kumulative Voraussetzung neben dem Erfordernis der Abgeschlossenheit das Vorhandensein eines **eigenen Zugangs**. Erst mit einem eigenen Zugang ist die wirtschaftliche Einheit perfekt[57]. 82

«Eigen» ist der Zugang dann, wenn die Stockwerkeigentumseinheit von einem **gemeinschaftlichen Teil inner- oder ausserhalb des Gebäudes aus betreten werden kann**, ohne dass dafür im Sonderrecht anderer Stockwerkeigentümer stehende Räumlichkeiten in Anspruch genommen werden müssen. Ein solcher gemeinschaftlicher Teil ist in der Regel ein geschlossener Gang, ein Korridor, eine Eingangshalle oder ein offener Platz bzw. Weg. Beim gewerblichen Stockwerkeigentum, insbesondere bei Einkaufs- 83

---

54 Wie Wohnzwecke, geschäftliche, gewerbliche oder andere Zwecke.

55 MEIER-HAYOZ/REY, ZGB 712b N 51.

56 MEIER-HAYOZ/REY, ZGB 713b N 52.

57 MEIER-HAYOZ/REY, ZGB 712b N 61.

zentren, handelt es sich regelmässig um die gemeinsame Geschäfts- oder Ladenstrasse[58].

84 Das Erfordernis des eigenen Zugangs **fehlt** z.B. in folgenden Fällen[59]:

85 - Eine Autoeinstellhalle ist zu Sonderrecht ausgeschieden und die einzelnen, nur durch die Halle zugänglichen Autoeinstellräume sollen ebenfalls sonderrechtlich ausgestaltet werden;

86 - eine Arztpraxis kann nur von der angrenzenden Wohnung aus betreten werden;

87 - die Sicherung des einzigen Zugangs erfolgt mittels eines den Stockwerkeigentumsanteil eines anderen Stockwerkeigentümers belastenden Wegrechts, welches in dessen Sonderrechtsbereich ausgeübt werden muss.

c. Sonderfall: Nebenräume

88 Nebenräume sind Räumlichkeiten, die zu einer Stockwerkeigentumseinheit bezüglich Funktion und Nutzung in einem **Unterordnungsverhältnis** stehen[60]. Für die Sonderrechtsfähigkeit derartiger Räume sind, wie sich aus Art. 712b Abs. 1 ZGB ableiten lässt, die Voraussetzungen der Abgeschlossenheit und des eigenen Zuganges weniger streng. Einerseits reicht eine einigermassen solide räumliche Abgrenzung, wie z.B. ein Holzverschlag oder ein Drahtgitter, aus; andererseits ist das Erfordernis des eigenen Zugangs insofern gelockert, als ein Nebenraum grundsätzlich auch von einem anderen Sonderrechtsbereich aus zugänglich sein kann, sofern der damit belastete Stockwerkeigentümer in seinen Rechten nicht übermässig beeinträchtigt wird[61].

C. Beispiele

89 Innerhalb einer Stockwerkeigentumseinheit, somit im **Innenbereich** der gemeinschaftlichen Baute, erfasst das Sonderrecht u.a. folgende bauliche Teile und Einrichtungen:

---

[58] MEIER-HAYOZ/REY, ZGB 712b N 62.

[59] MEIER-HAYOZ/REY, ZGB 712b N 63 f.

[60] Z.B. Keller- und Estrichabteile, Autoeinstellboxe, Garage oder Bastelraum.

[61] Vgl. dazu MEIER-HAYOZ/REY, ZGB 712b N 66 f.

- Nicht tragende Trennwände und Türen, Kücheneinrichtungen, Einbauschränke, Bodenbeläge (z.B. Parkett oder Spannteppiche), Decken- und Wandverkleidungen; 90

- Zu- und Ableitungen, soweit sie ausschliesslich der betreffenden Stockwerkeigentumseinheit dienen, d.h. nach Abzweigung von den gemeinschaftlichen Leitungen[62]; 91

Objekte von Sonderrechten im **Aussenbereich** des gemeinschaftlichen Gebäudes können grundsätzlich sein: 92

- Gewöhnliche Fenster[62a], Rollläden, Jalousien, Türen (die direkt von einer Stockwerkeigentumseinheit ins Freie führen); 93

- Balkon, Veranda, Loggia, jedoch lediglich auf deren Innenseiten. 94

3. *Abgrenzung: Besondere Nutzungsrechte*

A. Allgemeines

Von den Teilen im Sonderrecht sind jene Teile des gemeinschaftlichen Grundstücks zu unterscheiden, an denen besondere Nutzungsrechte von einzelnen Stockwerkeigentümern bestehen. 95

An den gemeinschaftlichen Teilen[63] steht grundsätzlich jedem Stockwerkeigentümer unabhängig von der Grösse seines Miteigentumsanteils das Recht zu, die gemeinschaftlichen Anlagen und Einrichtungen im Rahmen ihres Zwecks zu benutzen[64]. 96

An gemeinschaftlichen Teilen kann kein Sonderrecht zu Gunsten eines einzelnen oder einzelner Stockwerkeigentümer bestehen. Um dennoch die **speziellen Nutzungsbedürfnisse eines einzelnen Stockwerkeigentümers zu befriedigen**, besteht die Möglichkeit, an bestimmten Flächenabschnitten des gemeinschaftlichen Grundstücks[65] oder an einem Teil des gemeinsamen 97

---

[62] An den **gemeinsamen Hauptleitungen** ist kein Sonderrecht möglich, weil diese aufgrund von Art. 712b Abs. 2 Ziff. 3 ZGB **zwingend gemeinschaftlich** sind, vorn Nr. 60.

[62a] Dazu vorn Nr. 45.

[63] Sowohl an den gesetzlich zwingenden als auch an den gewillkürten, MEIER-HAYOZ/REY, ZGB 712g N 39.

[64] MEIER-HAYOZ/REY, ZGB 712g N 37.

[65] Wie z.B. an einem Autoabstellplatz oder im Garten.

Gebäudes[66] ein **besonderes Nutzungsrecht** zu Gunsten eines einzelnen oder mehrerer Stockwerkeigentümer zu begründen. Es handelt sich dabei um ein exklusives Gebrauchsrecht mit gleichzeitiger Ausschlusswirkung gegenüber allen anderen nicht berechtigten Stockwerkeigentümern[67].

98 Besondere Nutzungsrechte sind von ihrer Rechtsnatur her **nicht** dingliche Rechte; durch ihre Aufnahme im Reglement kommen sie diesen jedoch sehr nahe[68]. Dies deshalb, weil sie auch Wirkung gegenüber den Rechtsnachfolgern der Stockwerkeigentümern entfalten[69]. Dadurch zeigt sich der Unterschied dieser Rechte gegenüber den Nutzungsrechten, die lediglich relativer Natur sind[70].

B. Einräumung besonderer Nutzungsrechte und Zuordnung auf die Stockwerkeigentümer

99 Besondere Nutzungsrechte können im **Reglement** begründet werden[71]. Die konkrete Zuordnung dieser Nutzungsrechte auf die einzelnen Stockwerkeigentümer ist auf zwei Arten möglich. Zum einen können diejenigen Stockwerkeigentümer, welchen durch das Reglement Nutzungsrechte eingeräumt werden sollen, in diesem individuell, d.h. namentlich bezeichnet werden. Zum andern kann die Rechtszuständigkeit an einem besonderen Nutzungsrecht mit der Rechtszuständigkeit an einem bestimmten Stockwerkeigentumsanteil verknüpft werden.

a. Zuordnung auf einen bestimmten Stockwerkeigentümer

100 Werden besondere **Nutzungsrechte zu Gunsten von individuell bezeichneten Stockwerkeigentümern** begründet, sind sie strukturell vergleichbar mit den Personalrechten[72]. Wie bei einem Personalrecht, z.B. einer Perso-

---

[66] Z.B. an einem Garageneinstellplatz oder an einer Dachterrasse. Zur Unzulässigkeit, eine Dachterrasse zu Sonderrecht auszuscheiden vorn Nr. 52.

[67] MEIER-HAYOZ/REY, ZGB 712g N 44 a.E., N 45.

[68] MEIER-HAYOZ/REY, ZGB 712g N 46.

[69] Ausführlich zum Reglement und dessen Wirkungen hinten Nr. 461 ff., insbes. Nr. 486 ff.

[70] Z.B. wirkt die Miete eines Parkplatzes durch einen Stockwerkeigentümer nur zwischen den Parteien des Mietvertrages.

[71] MEIER-HAYOZ/REY, ZGB 712g N 44; dazu auch hinten Nr. 468. Anhang 1 «Beispiel für ein Reglement der Stockwerkeigentümer», Art. 5.

[72] REY, ZBJV *134* (1998) S. 469.

naldienstbarkeit, steht bei diesem Konzept eines besonderen Nutzungsrechts die Berechtigung einer individuell bestimmten Person zu, d.h. dem im Reglement namentlich aufgeführten Stockwerkeigentümer.

101 Die **Abtretung** eines solchen individuell zugeordneten besonderen Nutzungsrechts nach den Art. 164 ff. OR **an einen derselben Gemeinschaft angehörenden Stockwerkeigentümer** ist - vorbehältlich einer abweichenden rechtsgeschäftlichen Regelung - **grundsätzlich zulässig**[73]. **Nicht zulässig ist hingegen die Abtretung an einen aussenstehenden Dritten**; als Verfügung über die gemeinschaftliche Sache nach Art. 648 Abs. 2 ZGB bedürfte eine solche Abtretung der Zustimmung der Stockwerkeigentümergemeinschaft[74].

102 Die Problematik der Zuordnung solcher Nutzungsrechte auf individuell bestimmte Personen zeigt sich anschaulich aufgrund von BGE *121* III 24 ff.[75]: In der gegen X gerichteten Betreibung auf Pfandverwertung wurden dessen als Gesamtpfand haftende 33 Stockwerkeigentumsanteile in der Versteigerung einem Berufsvorsorgefonds zugeschlagen. Aufgrund einer Reglementsbestimmung war X gleichzeitig Inhaber von 24 Personaldienstbarkeiten[76], welche die Nutzung von 24 Parkplätzen auf dem gemeinschaftlichen Grundstück zum Inhalt hatten. Pfandobjekt waren vorliegendenfalls ausschliesslich die 33 Stockwerkeigentumsanteile, nicht jedoch auch das übrige Vermögen des X, zu welchem auch die 24 Personaldienstbarkeiten gehörten. Diese konnten folglich auch nicht dem Berufsvorsorgefonds zugeschlagen werden. Dies führte zu einer für den Ersteigerer unbefriedigenden Spaltung der eigentumsmässigen Berechtigung an den Stockwerkeigentumsanteilen und der servitutarischen Berechtigung hinsichtlich der Parkplätze.

b. Zuordnung auf den jeweiligen Eigentümer eines bestimmten Stockwerkeigentumsanteils

103 Erfolgt die Bezeichnung des Berechtigten an einem besonderen Nutzungsrecht im Reglement durch die **Rechtszuständigkeit an einem bestimmten**

---

[73] REY, ZBJV *134* (1998) S. 468.

[74] BGE *115* II 343 Erw. 2c, welcher Entscheid allerdings die grundsätzliche Frage der Zulässigkeit einer solchen Abtretung ausdrücklich offen lässt.

[75] Besprochen von REY, ZBJV *133* (1997) S. 257 ff.

[76] Die sachenrechtliche Zuordnung der Nutzungsbefugnisse erfolgte zwar diesfalls mittels der Begründung von beschränkten dinglichen Rechten; die angeführten bundesgerichtlichen Entscheidungsgründe hätten jedoch auch für den Fall, da die Nutzungsrechte im Reglement auf individuell bestimmte Personen zugeordnet worden wären, Gültigkeit beansprucht.

Stockwerkeigentumsanteil[77], so ist ein solches Nutzungsrecht strukturell mit einem Realrecht - z.B. mit einer Grunddienstbarkeit - vergleichbar[78]. Kennzeichnend für eine derartige Ausgestaltung eines besonderen Nutzungsrechts ist daher, dass die Berechtigung nicht einer individuell bestimmten Person, sondern dem jeweiligen Eigentümer des im Reglement als berechtigt bezeichneten Stockwerkeigentumsanteils zusteht.

104 Wesensmerkmal eines derartigen Konzepts eines besonderen Nutzungsrechts ist die grundsätzlich **untrennbare** Verbindung[79] zwischen der im Reglement eingeräumten Berechtigung und der Eigentümerstellung an dem als berechtigt bezeichneten Stockwerkeigentumsanteil. Folglich kann der Stockwerkeigentumsanteil nicht ohne das besondere Nutzungsrecht, dieses aber auch nicht ohne den Stockwerkeigentumsanteil übertragen werden; eine **separate Abtretung eines solchen besonderen Nutzungsrechts ist daher nicht möglich**[80].

4. *Aufteilungsplan als zeichnerisches Hilfsmittel zur Umschreibung der Teile im Sonderrecht und der besonderen Nutzungsrechte*

A. Allgemeines

105 Die Umschreibung der Teile im Sonderrecht erfolgt im **Begründungsakt**, der öffentlich zu beurkunden ist[81]. Es gibt somit keine spezielle, vom Gründungsakt verschiedene Urkunde über die Aufteilung. Eine solche Urkunde ist deshalb nicht erforderlich, weil aufgrund des schweizerischen Rechts das

---

77 Vgl. dazu Anhang 1 «Beispiel für ein Reglement der Stockwerkeigentümer», Art. 5 Abs. 2.

78 Mit ausführlicher Begründung REY, ZBJV *134* (1998) S. 469 f.

79 Zum Begriff der subjektiv-dinglichen Verbindung vgl. vorn FN 9.

80 **Unhaltbar** ist hingegen die in BGE *122* III 145 ff. vertretene Auffassung, wonach ein mit einem bestimmten Stockwerkeigentumsanteil verbundenes besonderes Nutzungsrecht nach den Bestimmungen von Art. 164 ff. OR abgetreten werden könne; vgl. dazu die ausführliche Entscheidbesprechung von REY, ZBJV *134* (1998) S. 465 ff.; gl.M. auch JÜRG SCHMID, Redaktionelle Bemerkungen zu BGE *122* III 145 ff., ZBGR *79* (1998) S. 329.

81 Vgl. auch Anhang 1 «Beispiel für ein Reglement der Stockwerkeigentümer», Art. 2 Abs. 2.

Stockwerkeigentum grundsätzlich nur durch Rechtsgeschäft begründet werden, jedoch nicht von Gesetzes wegen entstehen kann[82].

106 Können gemeinschaftliche Teile und Sonderrechtsbereiche im Begründungsakt allein nicht genügend lokalisiert werden, **kann** der Grundbuchverwalter gemäss Art. 33b Abs. 2 GBV zusätzlich einen **von allen Stockwerkeigentümern unterzeichneten Aufteilungsplan** verlangen. Ein solcher Aufteilungsplan **muss** vorgelegt werden, wenn Stockwerkeigentum vor der Erstellung des Gebäudes begründet werden soll[83].

107 Beim Aufteilungsplan handelt es sich um ein **zeichnerisches Hilfsmittel** für die Beschreibung der einzelnen Stockwerkeigentumseinheiten, mit welchem gleichzeitig die Abgrenzung der im Sonderrecht stehenden von den gemeinschaftlichen Bauteilen dargestellt werden kann. Dadurch kann eine umständliche Umschreibung in Worten vermieden werden. Der Aufteilungsplan besteht in der Regel aus mehreren Grundrissen oder - falls erforderlich - auch Aufrissen. Für die konkrete Ausgestaltung des Aufteilungsplans enthält das Bundesrecht keine Vorschriften; diese ist somit den Kantonen überlassen[84].

B. Beispiel für das Anlegen eines Aufteilungsplans

108 Das nachfolgend angeführte Konzept für den Aufteilungsplan eines 5-Familienhauses enthält, neben der nummernmässigen Bezeichnung und der Lage der einzelnen Stockwerkeigentumsanteile innerhalb des gemeinschaftlichen Gebäudes, die Angabe der Wertquoten sowie die Beschreibung der Sonderrechtsbereiche eines jeden Stockwerkeigentumsanteils und der dazugehörigen besonderen Nutzungsrechte. Auf der Grundlage dieses Konzepts sind die (Plan-)Grundrisse, allenfalls auch der Aufriss, farblich und graphisch entsprechend auszugestalten.

---

[82] Dazu hinten Nr. 119 a.E., Nr. 165.

[83] MEIER-HAYOZ/REY, ZGB 712d N 50; zur Begründung des Stockwerkeigentums vor Erstellung des Gebäudes vgl. auch hinten Nr. 116, Nr. 178.

[84] Zu Funktion und Ausgestaltung des Aufteilungsplans MEIER-HAYOZ/REY, ZGB 712d N 52 f.

Nr.	Stockwerk	Objekt	Wertquote 0/00	Markierung
1	**EG**	Sonderrecht: **3½-Zimmerwohnung** mit Nebenräumen 1 Kellerraum Nr. 1 1 Kellerabteil Nr. 1 im ZS 1 Estrichabteil Nr. 1 1 Waschküche Nr. 1 besondere Nutzungsrechte: 1 Gartensitzplatz Nr. 1 1 Abstellplatz Nr. 1 im EG 1 Garagenplatz Nr. 1 im UG	**176**	grün umrandet grün schraffiert
2	**EG**	Sonderrecht: **3½-Zimmerwohnung** mit Nebenräumen 1 Kellerraum Nr. 2 1 Kellerabteil Nr. 2 im ZS 1 Estrichabteil Nr. 2 1 Waschküche Nr. 2 besondere Nutzungsrechte: 1 Gartensitzplatz Nr. 2 1 Abstellplatz Nr. 2 im EG 1 Garagenplatz Nr. 2 im UG	**176**	rot umrandet rot schraffiert
3	**1. OG**	Sonderrecht: **4½-Zimmerwohnung** mit Nebenräumen 1 Kellerraum Nr. 3 1 Kellerabteil Nr. 3 im ZS 1 Estrichabteil Nr. 3 1 Waschküche Nr. 3 besondere Nutzungsrechte: 1 Balkon Nr. 3 1 Abstellplatz Nr. 3 im EG 1 Garagenplatz Nr. 3 im UG	**194**	orange umrandet orange schraffiert
4	**1. OG**	Sonderrecht: **4½-Zimmerwohnung** mit Nebenräumen 1 Kellerraum Nr. 4 1 Kellerabteil Nr. 4 im ZS 1 Estrichabteil Nr. 4 1 Waschküche Nr. 4 besondere Nutzungsrechte: 1 Balkon Nr. 4 1 Abstellplatz Nr. 4 im EG 1 Garagenplatz Nr. 4 im UG	**194**	blau umrandet blau schraffiert
5	**2. OG**	Sonderrecht: **6-Zimmerwohnung** mit Nebenräumen 1 Kellerraum Nr. 5 1 Kellerabteil Nr. 5 im ZS 1 Estrichabteil Nr. 5 1 Waschküche Nr. 5 besondere Nutzungsrechte: 1 Balkon Nr. 5 1 Abstellplatz Nr. 5 im EG 1 Garagenplatz Nr. 5 im UG	**260**	gelb umrandet gelb schraffiert
		5 Wohnungen mit Nebenräumen	**1000**	

5. *Zusammenfassung*

Im schweizerischen Sachenrecht gilt der zwar ungeschriebene, jedoch zwingende Grundsatz der Typengebundenheit[85]. Ebenfalls zwingend legt der Gesetzgeber den Minimalinhalt eines sachenrechtlichen Instituts fest. Dies bedeutet jedoch, dass nur jene Elemente eines Rechtsinstitutes zwingend zu beachten sind, die dessen Gerippe, d.h. seine Struktur, bilden. Die **praktisch bedeutsamsten Strukturelemente des Stockwerkeigentums** sind die **gemeinschaftlichen Teile**, an denen kein Sonderrecht begründet werden kann und die **Erfordernisse**, welche erfüllt sein müssen, damit ein oder mehrere **Bereiche innerhalb der gemeinschaftlichen Baute sonderrechtsfähig** sind. 109

Der Gesetzgeber hat in Art. 712b Abs. 2 ZGB bestimmte Objekte als **zwingend** gemeinschaftlich bezeichnet. Daneben können die Stockwerkeigentümer durch Rechtsgeschäft - entweder im öffentlich beurkundeten Begründungsakt oder durch spätere Vereinbarung in derselben Form - weitere Räume, Anlagen und Einrichtungen als gemeinschaftlich erklären. Davon wird in der Praxis sehr häufig Gebrauch gemacht. 110

Sonderrecht kann nur an Gebäudeteilen begründet werden, die einen Raum bilden. Daher ist z.B. die Ausscheidung eines Parkplatzes zu Sonderrecht ausgeschlossen; solche speziellen Nutzungsbedürfnisse der einzelnen Stockwerkeigentümer an nicht sonderrechtsfähigen, gemeinschaftlichen Teilen können nur durch Begründung eines besonderen Nutzungsrechts abgedeckt werden. Die Teile im Sonderrecht müssen nach Art. 712b Abs. 1 ZGB **in sich abgeschlossen** sein und einen **eigenen Zugang** haben. Daraus wird abgeleitet, dass der Sonderrechtsbereich eine wirtschaftliche Selbständigkeit und Einheit aufweisen muss. Diese Voraussetzungen für die Entstehung eines Sonderrechts sind zwingend; ein dagegen verstossendes Rechtsgeschäft ist nichtig. 111

[85] Vgl. dazu hinten Nr. 202 ff.

§ 2 Begründung und Untergang von Stockwerkeigentum

I. Begründung von Stockwerkeigentum

Literatur:

LIVER, SPR V/I, S. 98 ff.

REY, Sachenrecht I, N 932 ff.

SCHMID, N 1025 ff.

SIMONIUS/SUTTER, § 15 N 27 ff.

STEINAUER I, N 1132 ff., insbes. N 1144 ff.

TUOR/SCHNYDER/SCHMID, S. 706 f.

112 Nach Art. 712d Abs. 1 ZGB wird Stockwerkeigentum durch die Eintragung im Grundbuch begründet. Diese Eintragung kann nach Abs. 2 derselben Bestimmung entweder aufgrund eines **Vertrages der Miteigentümer** über die Ausgestaltung ihrer Anteile zu Stockwerkeigentum oder aufgrund einer **Erklärung des Alleineigentümers** über die Bildung von Miteigentumsanteilen und deren Ausgestaltung zu Stockwerkeigentum erfolgen.

113 Die rechtsgeschäftliche Begründung von Stockwerkeigentum setzt damit - wie die Begründung anderer dinglicher Rechte an Grundstücken auch - einen materiell und formell gültigen Rechtsgrund und die Eintragung im Grundbuch voraus[86].

1. Eintragung im Grundbuch

A. Voraussetzungen und Bedeutung der Eintragung

114 Da für das grundbuchliche Eintragungsverfahren grundsätzlich das Antragsprinzip[87] gilt, ist für die Eintragung des Stockwerkeigentums im

---

[86] MEIER-HAYOZ/REY, ZGB 712d N 7.

[87] Das im Grundbuchrecht geltende, in Art. 11 und 61 GBV statuierte **Antragsprinzip** besagt, dass der Grundbuchverwalter, unter Vorbehalt der im Gesetz und in der

Grundbuch primär eine schriftliche Grundbuchanmeldung erforderlich, welche nach Art. 963 Abs. 1 ZGB i.V.m. Art. 15 Abs. 1 GBV von dem im Grundbuch bezeichneten Eigentümer (bzw. dem Inhaber des selbständigen und dauernden Baurechts) auszugehen hat; der Begründungsvertrag bzw. die Begründungserklärung sind der Anmeldung als Ausweise für die Eintragung beizulegen.

115 Das Stockwerkeigentum als besonders ausgestaltetes Miteigentum wird erst durch die **Eintragung im Grundbuch**[88] zu einem **selbständigen Rechtsobjekt**[89], wobei deren Wirkungen nach Art. 972 Abs. 1 und 2 ZGB auf den Zeitpunkt der Tagebucheinschreibung zurückbezogen werden. Der Grundbucheintrag ist grundsätzlich Konstitutiverfordernis für die Entstehung von Stockwerkeigentum[90]. Es gibt in der Regel keine ausserbuchliche Entstehung, weshalb Stockwerkeigentum regelmässig auch **nicht von Gesetzes wegen entsteht**[91].

116 Die Grundbuchanmeldung und die darauf folgende Eintragung des Stockwerkeigentums sind konstitutive Voraussetzungen für die Entstehung des Stockwerkeigentums, weshalb dessen Begründung unabhängig davon erfolgen kann, ob das gemeinschaftliche Gebäude fertig erstellt oder überhaupt errichtet ist[92]. Daher kann die Grundbuchanmeldung auch zu einem Zeitpunkt erfolgen, in dem das aufzuteilende Gebäude noch gar nicht erstellt ist[93]; allerdings ist in dieser Fallkonstellation dem Grundbuchverwalter neben den anderen Anmeldungsbelegen[94] zwingend ein von allen Stockwerk-

---

Grundbuchverordnung vorgesehenen Ausnahmen, eine Einschreibung im Grundbuch (wie Eintragungen, Vormerkungen und Anmerkungen) nur aufgrund eines Antrags, nämlich der Grundbuchanmeldungen nach Art. 963 ZGB, vornehmen darf, vgl. dazu REY, Sachenrecht I, N 1484.

[88] Sog. **absolutes Eintragungsprinzip**, wonach die rechtsgeschäftliche Entstehung bzw. Einräumung oder Übertragung eines dinglichen Rechts an einem Grundstück von der Eintragung im Grundbuch abhängt, dazu REY, Sachenrecht I, N 311 ff.

[89] Ab diesem Zeitpunkt kann damit über einen Stockwerkeigentumsanteil rechtsgeschäftlich verfügt werden, namentlich durch Veräusserung oder Belastung mit einem Grundpfandrecht, und zwar unabhängig davon, ob das Gebäude schon fertiggestellt ist oder nicht, BGE *107* II 214/15.

[90] MEIER-HAYOZ/REY, ZGB 712d N 21; lediglich deklaratorische Bedeutung kommt der Grundbucheintragung hingegen bei der Überführung von altrechtlichem und umgewandeltem Stockwerkeigentum ins neue Recht zu, DIES., ZGB 712d N 22 ff.).

[91] MEIER-HAYOZ/REY, ZGB 712d N 66.

[92] Vgl. Art. 33c GBV.

[93] MEIER-HAYOZ/REY, ZGB 712d N 11.

[94] Zu den bei der Eintragung von Stockwerkeigentum vor Erstellung des Gebäudes der Grundbuchanmeldung beizulegenden Urkunden vgl. BGE *119* II 213 f. Erw. 2a.

eigentümern unterzeichneter Aufteilungsplan einzureichen. Die Fertigstellung des Gebäudes ist nach Art. 33c Abs. 3 GBV dem Grundbuchverwalter anzuzeigen, gegebenenfalls unter Einreichung des nach der Bauausführung berichtigten Aufteilungsplanes[95].

B. Aufnahme im Grundbuch

117 Stockwerkeigentum wird nach dem Grundsatz der Realfolienordnung[96] ins Grundbuch aufgenommen. Für jeden einzelnen Stockwerkeigentumsanteil muss gemäss Art. 2 i.V.m. Art. 10a Abs. 2 GBV ein **eigenes Hauptbuchblatt** mit eigener Nummer und eine Grundstücksbeschreibung hergestellt werden. Dadurch wird die Selbständigkeit des jedem Stockwerkeigentümer zustehenden Sonderrechts besonders hervorgehoben[97]. Durch die Aufnahme im Grundbuch und die Anlegung eines separaten Hauptbuchblattes wird der einzelne Stockwerkeigentumsanteil als besonders ausgestalteter Miteigentumsanteil an einem Grundstück im Rechtsverkehr selbst wie ein Grundstück behandelt.

118 Obschon für jeden einzelnen Stockwerkeigentumsanteil einzelne Hauptbuchblätter eröffnet werden, bleibt das Blatt des zu Stockwerkeigentum aufgeteilten Stammgrundstücks weiterhin geöffnet[98].

---

[95] Von einer solchen Berichtigung des Aufteilungsplanes klar zu unterscheiden ist der Fall, dass im vormals eingereichten Aufteilungsplan als gemeinschaftlich gekennzeichnete Teile in dem bei Fertigstellung des Gebäudes nachgereichten Aufteilungsplan den Sonderrechtsbereichen zugewiesen werden; diesfalls liegt eine **Änderung der** sich aus dem Begründungsakt ergebenden **Eigentumsverhältnisse** vor, welche dieselbe Form erfordert wie der Begründungsakt selbst, nämlich die öffentliche Beurkundung, BGE *118* II 294 Erw. 3b. Entsprechendes gilt auch, wenn vormalige Sonderrechtsbereiche im neuen Aufteilungsplan den gemeinschaftlichen Teilen zugewiesen werden, so REY, ZBJV *130* (1994) S. 221 in der Besprechung von BGE *118* II 291 ff.

[96] Als Konkretisierung des Spezialitätsprinzips im Rahmen des formellen Grundbuchrechts besagt dieser Grundsatz, dass für jedes ins Grundbuch aufgenommene Grundstück ein eigenes Hauptbuchblatt mit eigener Nummer zu eröffnen ist (Art. 945 Abs. 1 ZGB), vgl. dazu REY, Sachenrecht I, N 346, 334.

[97] MEIER-HAYOZ/REY, ZGB 712d N 16.

[98] MEIER-HAYOZ/REY, ZGB 712d N 17.

2. *Der die Eintragung rechtfertigende Rechtsgrund*

Dem im Sachenrecht des ZGB herrschenden Kausalitätsprinzip[99] entspricht es, dass die Wirksamkeit der Grundbuchanmeldung von der Gültigkeit des ihr zugrunde liegenden Rechtsgrundgeschäfts abhängt. In der schweizerischen Ordnung des Stockwerkeigentums sind lediglich zwei Arten von Rechtsgründen vorgesehen. Es handelt sich dabei um **rechtsgeschäftliche** Begründungstatbestände. Für die Begründung von Stockwerkeigentum kommen nach Art. 712d Abs. 2 ZGB einerseits der zwischen den Miteigentümern abgeschlossenen Vertrag über die Ausgestaltung ihrer Miteigentumsanteile zu Stockwerkeigentum und andererseits die Erklärung des Eigentümers der Liegenschaft bzw. des Baurechtsnehmers über die Bildung von Miteigentumsanteilen und deren Ausgestaltung zu Stockwerkeigentum in Frage; diese gesetzliche Aufzählung der rechtsgeschäftlichen Begründungsarten gilt im Hinblick auf Rechts- und Verkehrssicherheit als abschliessend[100]. Es gibt somit keine weiteren, insbesondere **keine gesetzlichen Begründungstatbestände**, bei deren Vorliegen das Stockwerkeigentum unmittelbar kraft Gesetzes begründet wird. 119

A. Der Begründungsvertrag

Die Essentialia, d.h. die objektiv wesentlichen Punkte des Begründungsvertrages ergeben sich aus Art. 712e Abs. 1 ZGB i.V.m. Art. 33b Abs. 1 GBV. Als inhaltlich unbedingt notwendige Elemente werden die **räumliche Ausscheidung der Stockwerkeinheiten** und die **Festsetzung der Wertquoten** vorgeschrieben[101]. 120

Neben den gesetzlich vorgeschriebenen Essentialia des Begründungsvertrages gibt es eine Anzahl von bedingt notwendigen Vertragsbestandteilen, v.a. für Rechtshandlungen, welche für die Beteiligten nur verbindlich sind, wenn sie im Begründungsakt oder allenfalls durch eine spätere Vereinbarung geregelt werden[102]. 121

---

[99] Das **Kausalitätsprinzip** ist jener Grundsatz, wonach sachenrechtliche Verfügungsgeschäfte im Allgemeinen in ihrer Wirksamkeit abhängig sind von dem ihnen zugrunde liegenden Verpflichtungsgeschäft, vgl. dazu ausführlich REY, Sachenrecht I, N 347 ff.

[100] MEIER-HAYOZ/REY, ZGB 712d N 67 f.

[101] MEIER-HAYOZ/REY, ZGB 712d N 71; zur Festsetzung der Wertquoten vgl. hinten Nr. 143 ff.

[102] MEIER-HAYOZ/REY, ZGB 712d N 72.

122 Dazu gehören z.B.[103]:

123 - die Erklärung weiterer Gebäudeteile zu gemeinschaftlichen Teilen;

124 - die Begründung eines Vorkaufs- oder Einspracherechts;

125 - die vom Gesetz abweichende Regelung der Zuständigkeit und Beschlussfassung hinsichtlich Verwaltungshandlungen und baulichen Massnahmen

126 Bei den an einem Begründungsvertrag beteiligten Parteien kann es sich um **natürliche oder juristische Personen** handeln. Die zukünftigen Stockwerkeigentümer müssen sich für die vertragliche Begründung von Stockwerkeigentum zuerst zu einer sog. Gründungsgesellschaft[104] zusammenschliessen, es sei denn, die Gründungsgesellschafter wären identisch mit einer schon vorbestehenden Rechtsgemeinschaft wie etwa einer Miteigentümer- oder Erbengemeinschaft[105].

127 Dementsprechend sind - trotz des zu engen Wortlauts von Art. 712d Abs. 2 Ziff. 1 ZGB - zwei Möglichkeiten der vertraglichen Begründung von Stockwerkeigentum zulässig. Einerseits existiert die in Art. 712d Abs. 2 Ziff. 1 ZGB explizit erwähnte Variante, vorbestehendes Miteigentum in Stockwerkeigentum umzuwandeln, indem die Miteigentümer vereinbaren, ihre Miteigentumsanteile zu Stockwerkeigentum auszugestalten[106].

128 Andererseits muss jedoch die vertragliche Begründung von Stockwerkeigentum nicht notwendigerweise in zwei zeitlich getrennte Rechtsakte zerfallen. Die Begründung von Miteigentum und dessen Ausgestaltung zu Stockwerkeigentum kann vielmehr **uno actu** in ein und derselben Vertragsurkunde erfolgen; dies ermöglicht mehreren Erwerbern eines Grundstücks, die Ausgestaltung desselben zu Stockwerkeigentum bereits im Kaufvertrag vorzunehmen[107].

129 Die vertragliche Begründung von Stockwerkeigentum kann namentlich mittels eines **Erbvertrages** erfolgen[108]. Die Erben können vereinbaren, ein zum Nachlass gehörendes Grundstück zu Stockwerkeigentum aufzuteilen

---

[103] Dazu MEIER-HAYOZ/REY, ZGB 712d N 73 ff.

[104] Es handelt sich dabei i.d.R. um eine einfache Gesellschaft (Art. 530 ff. OR).

[105] MEIER-HAYOZ/REY, ZGB 712d N 81 f.

[106] Dazu MEIER-HAYOZ/REY, ZGB 712d N 83 ff.

[107] MEIER-HAYOZ/REY, ZGB 712d N 86 f.

[108] MEIER-HAYOZ/REY, ZGB 712d N 88.

und die entstehenden Anteile im Sinne des Grundsatzes der Realteilung den Erben zuzuteilen.

B. Die Begründungserklärung

130 Bei der Begründungserklärung nach Art. 712d Abs. 2 Ziff. 2 ZGB handelt es sich um ein **einseitiges Rechtsgeschäft**. Dieses ist dadurch gekennzeichnet, dass die zu Stockwerkeigentum auszugestaltenden Miteigentumsanteile zunächst alle dem Begründer zustehen; dieser kann dann in einem späteren Zeitpunkt einzelne Anteile verkaufen oder verschenken[109]. Formell handelt es sich bei dieser einseitigen Erklärung um den Antrag an das Grundbuchamt, für das Grundstück Stockwerkeigentumsanteile zu bilden und diese im Grundbuch einzutragen[110].

131 **Inhaltlich** muss die einseitige Begründungserklärung **dieselben Essentialia** enthalten **wie der Begründungsvertrag**, also die räumliche Ausscheidung der einzelnen Stockwerkeinheiten und die Festsetzung der Wertquoten. Für den Alleineigentümer einer Liegenschaft bzw. den Inhaber eines Baurechts besteht in diesem Zeitpunkt die zusätzliche Möglichkeit, ebenfalls einseitig eine Nutzungs- und Verwaltungsordnung aufzustellen und ein Reglement festzulegen, bevor eine Stockwerkeigentümergemeinschaft besteht[111].

132 Die einseitige Begründungserklärung kann von jeder natürlichen oder juristischen Person, welche Alleineigentümerin einer Liegenschaft oder alleinige Inhaberin eines Baurechts ist, abgegeben werden. Da es sich bei der Begründungserklärung um ein einseitiges Rechtsgeschäft handelt, können sich jedoch Rechtsgemeinschaften, denen die Handlungsfähigkeit fehlt, dieser Form der Begründung von Stockwerkeigentum nicht bedienen, sondern sie müssen einen Begründungsvertrag i.S.v. Art. 712d Abs. 2 Ziff. 1 ZGB abschliessen[112].

133 Der **Erblasser** kann bereits zu seinen Lebzeiten durch eine einseitige Erklärung Stockwerkeigentum an einem Grundstück begründen. Statt die Stockwerkeigentumsanteile zu veräussern, behält er sie bis zu seinem Tod in seiner Hand vereinigt, um sie alsdann aufgrund eines Testaments oder Erbver-

---

[109] MEIER-HAYOZ/REY, ZGB 712d N 89.

[110] MEIER-HAYOZ/REY, ZGB 712d N 91.

[111] Der Vorteil dieser Vorgehensweise besteht darin, dass sich allfällige Konsensprobleme vermeiden lassen, MEIER-HAYOZ/REY, ZGB 712d N 94.

[112] MEIER-HAYOZ/REY, ZGB 712d N 95 f.

trages seinen Erben oder Vermächtnisnehmern zukommen zu lassen[113]. Der Erblasser hat auch die Möglichkeit, durch eine letztwillige Verfügung zu bestimmen, dass an einem zum Nachlass gehörenden Grundstück nach seinem Tod Stockwerkeigentum zu begründen sei und die entstehenden Anteile auf die einzelnen Erben oder Vermächtnisnehmer verteilt werden sollen[114].

C. Weitere Begründungsmöglichkeiten?

134 Die Frage, ob Stockwerkeigentum im Rahmen der Erbteilung auch gegen den Willen eines oder mehreren Erben durch richterliches Urteil begründet werden kann, ist vom Bundesgericht verneint worden[115]. In der Literatur wird die Frage, ob Stockwerkeigentum durch richterliches Urteil, durch Anordnung einer Teilungsbehörde oder durch eine solche des Willensvollstreckers begründet werden kann, unterschiedlich beantwortet. Nach der wohl herrschenden Lehre lässt sich keine allgemeingültige Lösung finden; nebst den konkreten Umständen des Einzelfalles sind stets sowohl die erb- wie auch die sachenrechtlichen Gesichtspunkte für einen jeweils auf den Einzelfall bezogenen Lösungsansatz ausschlaggebend[116].

D. Formerfordernisse

135 Sowohl der Vertrag über die Begründung von Stockwerkeigentum als auch die Begründungserklärung bedürfen nach Art. 712d Abs. 2 ZGB zu ihrer Gültigkeit der **öffentlichen Beurkundung**; erfolgt die Begründung durch einen Erbteilungsvertrag oder durch eine Verfügung von Todes wegen, ist die im Erbrecht vorgeschriebene Form zu beachten.

E. Exkurs: Die Wertquote

a. Begriff und Bedeutung

136 Die Wertquote ist eine **abstrakte Verhältniszahl**, die den Umfang der Rechtsposition des einzelnen Stockwerkeigentümers im Vergleich zu den

---

[113] MEIER-HAYOZ/REY, ZGB 712d N 97.

[114] MEIER-HAYOZ/REY, ZGB 712d N 98.

[115] BGE *94* II 231 ff.

[116] MEIER-HAYOZ/REY, ZGB 712d N 101 ff. m.w.H.

andern am gemeinsamen Rechtsobjekt arithmetisch ausdrückt; sie fixiert zahlenmässig das Ausmass der Beteiligungen des Stockwerkeigentümers am gesamten, sowohl Rechte als auch Pflichten umfassenden Rechtsinhalt des Miteigentums[117]. Die Wertquote gibt somit nicht nur Auskunft über die Wertverhältnisse der einzelnen Stockwerkeigentumsanteile untereinander, sondern auch über das Wert- bzw. das Beteiligungsverhältnis jedes einzelnen Stockwerkeigentumsanteils am gesamten, zu Stockwerkeigentum aufgeteilten gemeinschaftlichen Grundstück.

Der Wertquote kommt in mehrfacher Hinsicht grosse Bedeutung zu[118]: 137

- Bei Beschlüssen, für welche von Gesetzes wegen eine qualifizierte Mehrheit nach Köpfen und Anteilen vorgeschrieben ist, wie z.B. in Art. 712g Abs. 3 oder Art. 647d Abs. 1 ZGB, hat die Wertquote Auswirkungen auf die **Stimmkraft** des einzelnen Stockwerkeigentümers. 138

- Die Wertquoten sind massgebend für die Feststellung der **Beschlussfähigkeit der Stockwerkeigentümerversammlung**, da nach Art. 712p Abs. 1 ZGB die Hälfte aller Stockwerkeigentümer, die zugleich zur Hälfte anteilsberechtigt ist, anwesend sein muss[119]. 139

- Die Wertquote bildet ferner den **Verteilschlüssel für finanzielle Leistungen**, welche Dritte im Zusammenhang mit dem gemeinschaftlichen Grundstück erbracht haben sowie für **Erträgnisse**, welche das gemeinschaftliche Grundstück abwirft. 140

- Grundsätzlich ebenfalls massgebend sind die Wertquoten für die **Verteilung der gemeinschaftlichen Kosten und Lasten**[120]. 141

- Grundsätzlich **nicht** massgebend ist hingegen die Wertquote für die Festsetzung des erstmaligen oder eines späteren **Verkaufspreises** des Stockwerkeigentumsanteils[121]; dieser hängt vielmehr von Angebot und Nachfrage im Allgemeinen, sowie von Lage, baulichem Zustand und 142

---

117 REY, Strukturen des Stockwerkeigentums, S. 256; MEIER-HAYOZ/REY, ZGB 712e N 4 f.; vgl. auch BGE *116* II 59 Erw. 5.

118 Dazu ausführlich MEIER-HAYOZ/REY, ZGB 712e N 9 ff.

119 Zur Beschlussfähigkeit der Stockwerkeigentümerversammlung vgl. auch hinten Nr. 308 ff.

120 Dies allerdings unter dem Vorbehalt der zwingenden Bestimmung in Art. 712h Abs. 3 ZGB, dazu hinten Nr. 571 ff.

121 FRIEDRICH, Erfahrungen mit dem Stockwerkeigentum, S. 144; vgl. auch BGE *116* II 60 f. Erw. 5b, mit dem Hinweis darauf, dass eine gewisse Wertproportionalität zwischen Wertquote und Verkehrswert sowohl der einzelnen Anteile je zueinander als auch zum Wert der gesamten Liegenschaft als durchaus wünschbar erscheint.

Innenausbau des fraglichen Stockwerkeigentumsanteils im Besonderen ab.

b. Festsetzung der Wertquoten

143 Nach Art. 712e Abs. 1 ZGB ist im Begründungsakt ausser der räumlichen Ausscheidung der Anteil eines jeden Stockwerks in Hundertsteln oder Tausendsteln des Wertes der Liegenschaft oder des Baurechts anzugeben. Da die Angabe der Wertquoten ein Essentiale des Begründungsaktes darstellt[122], müssen die Wertquoten somit **spätestens im Zeitpunkt der Eintragung des Stockwerkeigentums im Grundbuch** definitiv feststehen[123].

144 In Bezug auf die **Berechnung** der Wertquoten enthält das Gesetz keine Bestimmungen darüber, nach welchen Kriterien die einzelnen Wertquoten zu berechnen und welche Faktoren dabei wie zu gewichten sind; es obliegt daher den Stockwerkeigentümern, das Wertverhältnis ihrer Anteile und die Methoden zu deren Ermittlung festzulegen[124]. Da es aufgrund der im Einzelfall sehr verschiedenen wertbestimmenden Faktoren keine allgemeingültige, für jeden konkreten Einzelfall gleich adäquate Berechnungsmethode gibt, empfiehlt es sich i.d.R., einen Sachverständigen, z.B. einen Architekten oder Bauingenieur, beizuziehen[125].

145 Bei den üblicherweise zur Berechnung der Wertquoten herangezogenen Faktoren und Koeffizienten handelt es sich namentlich um:

146 - die Grundfläche der zu Sonderrecht ausgeschiedenen Räumlichkeiten;

147 - die Grundfläche der den Sonderrechtsbereichen zugewiesenen Nebenräume, wie z.B. Keller- oder Estrichabteil, eigene Waschküche, Bastelräume etc.;

148 - die Grundfläche der aufgrund besonderer Nutzungsrechte[126] zur ausschliesslichen Benutzung zugewiesenen Liegenschaftsteile, wie z.B. Gartensitzplätze oder sich im Freien befindliche Autoabstellplätze.

---

[122] Dazu vorn Nr. 120 und 131. Entsprechend den zwei Arten möglicher rechtsgeschäftlicher Begründung von Stockwerkeigentum können Wertquoten entweder durch eine Vereinbarung oder durch einseitiges Rechtsgeschäft festgelegt werden.

[123] MEIER-HAYOZ/REY, ZGB 712e N 14.

[124] MEIER-HAYOZ/REY, ZGB 712e N 19; vgl. dazu auch BGE *116* II 61 f. Erw. 5c m.w.H.

[125] MEIER-HAYOZ/REY, ZGB 712e N 21.

[126] Dazu vorn Nr. 95 ff.

Diese für die Berechnung der Wertquoten herangezogenen Flächen werden in der Regel unterschiedlich gewichtet. Z.B. wird bei einer in einem bestimmten Sonderrecht stehenden Fläche deren Lage und besondere Situation innerhalb der gemeinschaftlichen Baute berücksichtigt. Dabei ist u.a. massgebend, ob sie sich im Parterre oder in einem höher gelegenen Stockwerk befindet, wie sie besonnt wird und ob sie auf die Garten- oder Strassenseite orientiert ist. Als rechnerisches Hilfsmittel für eine derartige Gewichtung der in die Berechnung der Wertquoten einbezogenen Flächen werden spezielle Koeffizienten[127] verwendet. 149

Nachfolgend soll ein Beispiel[128] die Berechnungsmöglichkeiten der Wertquoten veranschaulichen. Ausgegangen wird dabei von einer zu Stockwerkeigentum aufgeteilten Liegenschaft; darauf befindet sich ein Mehrfamilienhaus mit zwei 3½-Zimmerwohnungen im Erdgeschoss, zwei 4½-Zimmerwohnungen im ersten und einer 6-Zimmer-Atttikawohnung im zweiten Obergeschoss, samt unterirdischer Autoeinstellhalle mit fünf Garagenplätzen sowie fünf Autoabstellplätzen im Freien. 150

Die Ziffern im schattierten Bereich der Tabelle stellen die **Koeffizienten** dar, mit welchen **die in die Berechnung der Wertquoten einbezogenen Grundflächen** der Sonderrechtsbereiche, der Nebenräume im Sonderrecht und der besonderen Nutzungsrechte **gewichtet** werden. So wird z.B. die Fläche des Sonderrechtsbereiches mit dem Faktor 1,0 doppelt so stark gewichtet wie die Fläche eines Kellers mit dem Faktor 0,5 und gar zehnmal stärker als die Fläche eines Estrichabteils[129]. Die Summe der für jeden einzelnen Stockwerkeigentumsanteil errechneten ideellen Fläche entspricht 1'000/1'000 der Wertquoten; dividiert man die für jeden Stockwerkeigentumsanteil errechnete ideelle Fläche durch die Gesamtsumme aller ideellen Flächen (i.c. 831. 98 m^2) und multipliziert diese Zahl mit 1000, ergibt sich als Resultat die Wertquote eines jeden Stockwerkeigentumsanteils[130]. 151

[127] Vgl. dazu Nr. 151.

[128] Vgl. dazu das diesem Beispiel entsprechende Konzept für die Anlage eines Aufteilungsplan vorn Nr. 108.

[129] Um die **reale Fläche** der aufgeführten Sonderrechtsbereiche, Nebenräume und besonderen Nutzungsrechte zu errechnen, ist die in der Tabelle angegebene **ideelle Fläche mit dem reziproken Wert des Gewichtungskoeffizienten zu multiplizieren**; die Fläche des Kellers beträgt damit in Wirklichkeit das Doppelte (Faktor 2 = 10/5), diejenige eines Estrichabteils das Zehnfache (Faktor 10 = 10/1) der in der Tabelle aufgeführten ideellen Fläche.

[130] Die Wertquote für die 6-Zimmer-Attikawohnung wird daher folgendermassen berechnet: (217.34 : 831.98) x 1000 = 261.232.

Beispiel für eine Berechnungsmöglichkeit der Wertquoten			Fläche des Sonderrechts
Nr.	Stw.	Objekt	(1,0)/m²
1	**EG**	**3½-Zimmerwohnung** Nebenräume: 1 Kellerraum Nr. 1 1 Kellerabteil Nr. 1 im ZS 1 Estrichabteil Nr. 1 1 Waschküche Nr. 1 besondere Nutzungsrechte: 1 Gartensitzplatz Nr. 1 1 Abstellplatz Nr. 1 im EG 1 Garagenplatz Nr. 1 im UG	110.5
2	**EG**	**3½-Zimmerwohnung** Nebenräume: 1 Kellerraum Nr. 2 1 Kellerabteil Nr. 2 im ZS 1 Estrichabteil Nr. 2 1 Waschküche Nr. 2 besondere Nutzungsrechte: 1 Gartensitzplatz Nr. 2 1 Abstellplatz Nr. 2 im EG 1 Garagenplatz Nr. 2 im UG	110.5
3	**1. OG**	**4½-Zimmerwohnung** Nebenräume: 1 Kellerraum Nr. 3 1 Kellerabteil Nr. 3 im ZS 1 Estrichabteil Nr. 3 1 Waschküche Nr. 3 besondere Nutzungsrechte: 1 Balkon Nr. 3 1 Abstellplatz Nr. 3 im EG 1 Garagenplatz Nr. 3 im UG	130.4
4	**1. OG**	**4½-Zimmerwohnung** Nebenräume: 1 Kellerraum Nr. 4 1 Kellerabteil Nr. 4 im ZS 1 Estrichabteil Nr. 4 1 Waschküche Nr. 4 besondere Nutzungsrechte: 1 Balkon Nr. 4 1 Abstellplatz Nr. 4 im EG 1 Garagenplatz Nr. 4 im UG	130.4
5	**2. OG**	**6-Zimmerwohnung** Nebenräume: 1 Kellerraum Nr. 5 1 Kellerabteil Nr. 5 im ZS 1 Estrichabteil Nr. 5 1 Waschküche Nr. 5 besondere Nutzungsrechte: 1 Balkon Nr. 5 1 Abstellplatz Nr. 5 im EG 1 Garagenplatz Nr. 5 im UG	180.7

Fläche der Nebenräume im Sonderrecht				Fläche der besonderen Nutzungsrechte					
Keller	Keller ZS-Räume	Estrich	Wasch-küche	Balkon	Garten-sitzplatz	Abstell-platz	Garagen-platz	Total ideelle Fläche	Wert-quote
(0,5)/m²	(0,25)/m²	(0,1)/m²	(0,75)/m²	(0,5) m²	(0,2)/m²	(0,2)/m²	(0,5)/m²	m²	0/00
3.30	1.53	2.54	8.10		8.3	2.44	8.48	146.19	**176**
3.30	1.53	2.54	8.10		8.3	2.44	8.48	146.19	**176**
3.30	1.53	2.76	8.10	4.12		2.44	8.48	161.13	**194**
3.30	1.53	2.76	8.10	4.12		2.44	8.48	161.13	**194**
3.30	1.53	3.35	8.10	9.44		2.44	8.48	217.34	**260**

c. Änderung der Wertquoten

152 Eine Änderung der einmal im Begründungsakt festgesetzten Wertquoten ist gemäss Art. 712e Abs. 2 ZGB zwar möglich, jedoch nur unter bestimmten einschränkenden Voraussetzungen.

153 Eine Änderung der Wertquoten kann zum einen auf einem **Rechtsgeschäft** beruhen. Nebst der Zustimmung aller unmittelbar Beteiligten[131] bedarf eine solche Zustimmungsvereinbarung - da es sich dabei um ein eigentumsübertragendes Rechtsgeschäft handelt - der öffentlichen Beurkundung sowie der Genehmigung durch die Stockwerkeigentümerversammlung[132].

154 Zum anderen hat jeder Stockwerkeigentümer einen **Anspruch auf Berichtigung** seiner Wertquote, sofern diese unrichtig festgesetzt wurde oder aufgrund baulicher Veränderungen am Gebäude bzw. in der Umgebung unrichtig geworden ist. Dieser Berichtigungsanspruch kann nötigenfalls auch unter Inanspruchnahme des Richters durchgesetzt werden; eine solche richterliche Berichtigung der Wertquoten erfolgt durch ein **Gestaltungsurteil**, da Quotenkorrekturen immer einer Übertragung von Grundeigentum gleichkommen[133]. Passivlegitimiert sind diejenigen Stockwerkeigentümer[134], deren Wertquoten in der Folge ebenfalls angepasst werden müssen[135].

155 Der Anspruch auf Änderung der Wertquote wegen ursprünglicher Unrichtigkeit setzt voraus, dass die Wertquote im Begründungsakt irrtümlicherweise unrichtig festgesetzt worden ist, z.B. wegen falscher Anwendung des

---

[131] Es sind dies all jene, welche durch die beabsichtigte Quotenkorrektur und die damit verbundene Änderung der tatsächlichen oder rechtlichen Verhältnisse in ihrer Rechtsstellung direkt betroffenen sind; dazu gehören namentlich auch die Inhaber beschränkter dinglicher Rechte, MEIER-HAYOZ/REY, ZGB 712e N 46.

[132] Dabei genügt ein **einfacher Mehrheitsbeschluss**, MEIER-HAYOZ/REY, ZGB 712e N 50. In Übereinstimmung mit Art. 712m Abs. 2 i.V.m. Art. 67 Abs. 2 ZGB ist auch diesfalls die Mehrheit der in der Versammlung der Stockwerkeigentümer Anwesenden massgebend; dies unter dem Vorbehalt einer abweichenden rechtsgeschäftlichen Regelung, falls z.B. im Reglement das einfache Mehr der abgegebenen Stimmen vorgesehen ist.

[133] MEIER-HAYOZ/REY, ZGB 712e N 55. Zur Beweislast desjenigen, der eine richterliche Quotenkorrektur fordert, s. BGE *127* III 142 ff.

[134] Ausgeschlossen ist es hingegen, die Klage auf Berichtigung der Wertquoten gegen die Stockwerkeigentümergemeinschaft zu richten; dieser fehlt in diesem Bereich die Partei- und Prozessfähigkeit, BGE *116* II 58 f. Erw. 4.

[135] MEIER-HAYOZ/REY, ZGB 712e N 24 ff., mit dem Hinweis dass diese Art der Berichtigung der Wertquoten klar von der Geltendmachung eines Irrtums i.S.v. Art. 23 ff. OR zu unterscheiden sei, da dieser auf das Dahinfallen des abgeschlossenen Vertrages ausgerichtet sei.

gewählten Bewertungsmassstabes. Die Geltendmachung eines solchen Irrtums bei der Festlegung der Wertquoten erfordert somit die Kenntnis der bei der ursprünglichen Quotenfestsetzung massgebenden Kriterien[136].

Der Anspruch auf nachträgliche Änderung einer anfänglich richtig festgesetzten Wertquote kann sich z.B. aufgrund baulicher Umgestaltungen am gemeinschaftlichen Gebäude oder in der Umgebung, einer Modifikation der Aufteilung zwischen Sonderrechtsbereichen und gemeinschaftlichen Teilen oder einer Veränderung im Bestand der Stockwerkeigentümer ergeben. Denkbar sind namentlich folgende Fallkonstellationen[137]: 156

- Räumliche **Vergrösserung oder Verkleinerung des Gebäudes**, sofern nicht nur gemeinschaftliche Teile oder aber nicht alle Stockwerkeigentumseinheiten in etwa gleichem Ausmass betroffen sind; 157
- bauliche **Veränderungen in der Umgebung des Gebäudes**, sofern der entsprechende Faktor für die ursprüngliche Festsetzung der Wertquoten nachweisbar relevant war, wie z.B. eine unverbaute Aussicht; 158
- **teilweise Veräusserung** eines Stockwerkeigentumsanteils[138] an einen aussenstehenden Dritten, an einen oder mehrere Stockwerkeigentümer oder an die Stockwerkeigentümergemeinschaft; 159
- **Zusammenlegung von Stockwerkeigentumsanteilen**, welche im Eigentum desselben Stockwerkeigentümers stehen; die neue Wertquote wird diesfalls durch Addition der beiden alten Wertquoten gebildet; 160
- einstimmige **rechtsgeschäftliche Aufhebung des Sonderrechts** an einem Stockwerkeigentumsanteil, welcher im Miteigentum aller Stockwerkeigentümer steht und dadurch in der Folge zu einem gemeinschaftlichen Teil i.S.v. Art. 712b Abs. 3 ZGB wird; 161
- **Verzicht auf einen Stockwerkeigentumsanteil** durch einen Stockwerkeigentümer; die verbleibenden Stockwerkeigentümer bilden in Bezug auf diesen Anteil eine sog. Untergemeinschaft und werden daran im Verhältnis ihrer Wertquoten als Miteigentümer berechtigt; 162
- **Tausch** einer im Sonderrecht stehenden Einheit gegen einen Raum, welcher gemeinschaftlich genutzt wird. 163

---

[136] Vgl. BGE *116* II 62 Erw. 6a.

[137] Ausführlicher zu den nachfolgend aufgezählten Sachverhaltskonstellationen MEIER-HAYOZ/REY, ZGB 712e N 27 ff.

[138] Eine solche Aufspaltung ist möglich, sofern der neu geschaffene Teil die strukturtypischen Merkmale von Art. 712b Abs. 1 ZGB (dazu vorn Nr. 73 ff.) erfüllt.

3. Zusammenfassung

164 Art. 712d Abs. 2 ZGB sieht nur zwei Begründungsarten von Stockwerkeigentum vor: Den Vertrag sowie die Begründungserklärung. Stockwerkeigentum wird somit ausschliesslich auf **rechtsgeschäftlichem** Weg begründet und entsteht daher erst durch die konstitutiv wirkende **Eintragung im Grundbuch**. Die Frage, ob Stockwerkeigentum auch gegen den Willen eines Erben durch den Richter begründet werden kann, ist vom Bundesgericht verneint worden.

165 Aufgrund der Tatsache, dass Stockwerkeigentum nicht von Gesetzes wegen entsteht, sondern nur durch ein Rechtsgeschäft begründet werden kann, wird deutlich, dass der Gesetzgeber der Privatautonomie im Bereich des Stockwerkeigentumsrechts einen grossen Stellenwert zumisst: So ist nicht nur die Entstehung des Stockwerkeigentums, sondern auch die konkrete inhaltliche Ausgestaltung desselben - vorbehältlich einzelner zwingender Normen[139] - grundsätzlich dem parteiautonomen Willen der Beteiligten anheim gestellt.

166 Ebenfalls ausschliesslich der Privatautonomie überlassen bleibt die Festsetzung der Wertquoten, deren Angabe im Begründungsakt zwingend erforderlich ist. In Anbetracht der für die Rechtsstellung des einzelnen Stockwerkeigentümers fundamentalen Bedeutung[140] empfiehlt es sich, der Festsetzung der Wertquoten besondere Beachtung zu schenken und sie namentlich sorgfältig auf das konkrete Erscheinungsbild des Stockwerkeigentums und den Zweck, dem das gemeinschaftliche Grundstück zu dienen hat, abzustimmen.

---

[139] Dazu hinten Nr. 189 ff.

[140] Vorn Nr. 137 ff.

II. Untergang von Stockwerkeigentum

Literatur:

LIVER, SPR V/I, S. 96 ff. (ausschliesslich zum Aufhebungsanspruch)

REY, Sachenrecht I, N 956 ff.

SCHMID, N 1032 ff.

STEINAUER I, N 1171 ff.

TUOR/SCHNYDER/SCHMID, S. 708

167 Das Institut des Stockwerkeigentums ist entsprechend seiner wirtschaftlichen und sozialen Funktion auf einen möglichst **dauerhaften Bestand** ausgerichtet. Daher ist seine **Auflösung** im Gegensatz zum gewöhnlichen Miteigentum **erschwert** und kann nur erfolgen, wenn einer der nachfolgend dargestellten, qualifizierten Untergangsgründen vorliegt[141]. Nach Eintritt eines solchen Untergangsgrundes kann nach Art. 712f Abs. 1 ZGB die Löschung des Stockwerkeigentums im Grundbuch verlangt werden.

1. Untergangsgründe

A. Untergang der Liegenschaft oder des Baurechts

168 Stockwerkeigentum endigt nach Art. 712f Abs. 1 ZGB mit dem **Untergang der Liegenschaft** und dem sich darauf befindlichen Gebäude. Es muss sich dabei um einen vollständigen, nach menschlichem Ermessen und unter Berücksichtigung der neuesten technischen Erkenntnisse irreversiblen Untergang handeln[142]. Da diesfalls die Sache und damit das Eigentumsobjekt an sich untergeht, entfällt eines der wesentlichen Strukturelemente des Stockwerkeigentums, nämlich die direkte Sachherrschaft[143].

169 Sofern ein zu Stockwerkeigentum ausgestaltetes Gebäude aufgrund eines Baurechts errichtet worden ist, fällt dieses mit dem zeitlichen **Ablauf der**

---

[141] MEIER-HAYOZ/REY, ZGB 712f N 4, 8.

[142] Z.B. durch Absinken einer am Seeufer errichteten Terrassensiedlung mit Grund und Boden im Gewässer.

[143] MEIER-HAYOZ/REY, ZGB 712f N 21 ff.

Baurechtsdienstbarkeit aufgrund des Akzessionsprinzips[144] ohne weiteres ins Eigentum des Baurechtsbelasteten. Dies deshalb, weil die Baute Bestandteil des nunmehr von der Baurechtsbelastung frei gewordenen Grundstücks wird[145].

B. Aufhebungsvereinbarung oder Aufhebungserklärung

170 Nach Art. 712f Abs. 2 ZGB kann die Löschung von Stockwerkeigentum im Grundbuch gestützt auf eine **Aufhebungsvereinbarung** verlangt werden. Voraussetzung ist, dass eine übereinstimmende Willenserklärung **aller Beteiligten** vorliegt; diese darf nicht durch einen Mehrheitsbeschluss ersetzt werden[146].

171 Inhalt dieser Aufhebungsvereinbarung ist grundsätzlich lediglich die Aufhebung des Stockwerkeigentums und dessen Umwandlung in gewöhnliches Miteigentum. Zusätzlich kann dann noch - entweder gleichzeitig und formell in der gleichen Urkunde oder aber in einer zeitlich später abgeschlossenen Vereinbarung - die Aufhebung des gewöhnlichen Miteigentums beschlossen werden[147].

172 Stockwerkeigentum kann auch unter der Voraussetzung untergehen, dass alle Stockwerkeigentumsanteile in einer Hand vereinigt sind. Zusätzlich bedarf es jedoch einer einseitigen, vom betreffenden Stockwerkeigentümer an den Grundbuchverwalter gerichteten **Aufhebungserklärung**. Darauf abgestützt kann hernach die Löschung des Stockwerkeigentums im Grundbuch und dessen Umwandlung in Alleineigentum erfolgen[148].

173 Die Umwandlung von Stockwerkeigentum in gewöhnliches Mit- oder Alleineigentum kann - unabhängig davon, ob diese aufgrund einer Aufhebungsvereinbarung oder einer einseitigen Aufhebungserklärung erfolgt - nicht ohne Rücksichtnahme auf jene Personen erfolgen, welche an den einzelnen Stockwerkeigentumsanteilen dinglich berechtigt sind[149]. Sofern diese

---

[144] Zum Begriff vgl. vorn FN 1.

[145] MEIER-HAYOZ/REY, ZGB 712f N 25.

[146] MEIER-HAYOZ/REY, ZGB 712f N 28. Vgl. dazu auch Anhang 1 «Beispiel für ein Reglement der Stockwerkeigentümer», Art. 40 Abs. 1.

[147] MEIER-HAYOZ/REY, ZGB 712f N 31 ff.

[148] MEIER-HAYOZ/REY, ZGB 712f N 43 f.

[149] Z.B. als Inhaber einer Wohnrechtsdienstbarkeit oder eines auf einem Stockwerkeigentumsanteil lastenden Grundpfandrechts.

durch die Umgestaltung in ihrer Rechtsstellung beeinträchtigt werden, muss zur Löschung im Grundbuch nach Art. 712f Abs. 2 ZGB deren **schriftliche Zustimmung** vorliegen[150].

C. Erfolgreich geltend gemachter Aufhebungsanspruch

174 Vom Grundsatz, dass bei dem auf Dauer konzipierten Stockwerkeigentum grundsätzlich kein Aufhebungsanspruch besteht, statuiert Art. 712f Abs. 3 ZGB eine Ausnahme. Jedem Stockwerkeigentümer steht ein Aufhebungsanspruch zu unter folgenden, streng zu handhabenden Voraussetzungen[151]:

- 175 Das gemeinschaftliche Gebäude (namentlich die gemeinschaftlichen Teile) muss zu mehr als der Hälfte seines Wertes zerstört sein und
- 176 der Wiederaufbau muss für den betroffenen Stockwerkeigentümer eine finanziell schwer tragbare Belastung darstellen.

177 Bei Vorliegen dieser Voraussetzungen ist zu beachten, dass das Stockwerkeigentum nicht ohne weiteres untergeht. Für den betreffenden Stockwerkeigentümer besteht einerseits nur ein **Anspruch** auf Aufhebung, welchen er geltend machen kann, jedoch nicht muss. Andererseits können diejenigen Stockwerkeigentümer, welche die Gemeinschaft fortsetzen wollen, die Aufhebung durch Abfindung derjenigen Stockwerkeigentümer verhindern, für welche der Wiederaufbau eine finanziell schwer tragbare Belastung wäre. Für den Wert einer allfälligen Abfindungssumme dürfte wohl der objektive Verkehrswert des betreffenden Stockwerkeigentumsanteils massgebend sein[152].

D. Zwangsweise Umwandlung von Stockwerkeigentum in gewöhnliches Miteigentum

178 Bei der Begründung von Stockwerkeigentum **vor der Erstellung des Gebäudes** muss gemäss Art. 33c Abs. 1 GBV gleichzeitig mit der Grundbuchanmeldung ein Aufteilungsplan eingereicht werden. Dieser ist nach Abschluss der Bauarbeiten bei vorhandenen Divergenzen mit dem fertiggestellten Gebäude zu berichtigen und auf Verlangen des Grundbuchverwal-

---

150 MEIER-HAYOZ/REY, ZGB 712f N 40, 46.

151 MEIER-HAYOZ/REY, ZGB 712f N 49 ff. Vgl. auch Anhang 1 «Beispiel für ein Reglement der Stockwerkeigentümer», Art. 26.

152 MEIER-HAYOZ/REY, ZGB 712f N 52 a.E.

ters durch eine amtliche (baupolizeiliche) Bestätigung i.S.v. Art. 33b Abs. 2 GBV, wonach das Stockwerkeigentum die strukturtypischen Merkmale erfüllt, zu ergänzen. Kommen die Stockwerkeigentümer dieser Aufforderung nicht nach, kann der - praktisch allerdings wohl eher seltene - Fall eintreten, dass das Stockwerkeigentum aufgrund einer richterlichen Verfügung zwangsweise in gewöhnliches Miteigentum zurückgeführt und der Grundbucheintrag entsprechend geändert wird[153].

2. *Löschung im Grundbuch*

179 Geht Stockwerkeigentum unter, muss es nach Art. 712f Abs. 1 ZGB grundsätzlich im Grundbuch gelöscht werden. Diese Löschung kann je nach dem im konkreten Fall vorliegenden Untergangsgrund konstitutiven oder lediglich deklaratorischen Charakter aufweisen.

180 Beim **Untergang der Liegenschaft oder des Baurechts** erfolgt der Eigentumsverlust unabhängig vom Grundbuch. Das Stockwerkeigentum besteht im Grundbuch nur noch formell, weshalb die nachfolgende Löschung lediglich **deklaratorischen** Charakter aufweist[154].

181 Nach Art. 712f Abs. 2 ZGB kann aufgrund einer **Aufhebungsvereinbarung oder einer Aufhebungserklärung** die Löschung des Stockwerkeigentums im Grundbuch verlangt werden. Erst nachdem diese erfolgt ist, geht das Stockwerkeigentum unter; die Löschung hat somit **rechtsaufhebenden** Charakter. Gleiches gilt im Fall der zwangsweisen Überführung von Stockwerkeigentum in gewöhnliches Miteigentum.

3. *Teilung des Erlöses*

182 Der Frage nach der Teilung des aus dem Untergang des Stockwerkeigentums allenfalls resultierenden Erlöses kommt je nach dem konkret vorliegenden Untergangsgrund unterschiedliche praktische Relevanz zu. Sie wird daher nachfolgend anhand der einzelnen, vorgängig dargestellten Untergangsgründe behandelt.

---

[153] MEIER-HAYOZ/REY, ZGB 712f N 58.

[154] MEIER-HAYOZ/REY, ZGB 712f N 24, 25.

Beim **Untergang der Liegenschaft** stellt sich diese Frage wohl gar nicht, da diesfalls das Eigentumsobjekt an sich untergeht[155] und daher grundsätzlich kein Erlös daraus resultieren kann[156].

183

Beim **Untergang eines selbständigen und dauernden Baurechts** ist die Frage nach der Teilung des Erlöses insofern von praktischer Bedeutung, als der Grundeigentümer dem bisherigen Baurechtsberechtigten, d.h. der Gesamtheit der Stockwerkeigentümer, nach Art. 779d Abs. 1 ZGB für die heimfallenden Bauwerke eine angemessen Entschädigung[157] zu leisten verpflichtet ist. Da diese Entschädigung das «Surrogat» für das ehemals den Stockwerkeigentümern nach Massgabe ihrer Wertquoten zustehende gemeinschaftliche Grundstück darstellt, ist dieser Erlös grundsätzlich proportional zu den vormals vorhandenen Wertquoten aufzuteilen[158].

184

Bei Untergang des Stockwerkeigentums aufgrund einer **Aufhebungsvereinbarung** ist danach zu differenzieren, ob lediglich das Stockwerkeigentum bei weiterbestehendem Miteigentum oder ob gleichzeitig auch das dem Stockwerkeigentum zugrunde liegende Miteigentumsverhältnis aufgehoben werden soll. Besteht das Miteigentum weiter, stellt sich die Frage nach einer Teilung nicht, da die bisherigen Stockwerkeigentümer am gemeinschaftlichen Grundstück immer noch in ihrer Gesamtheit als Miteigentümer dinglich berechtigt sind[159]. Wird hingegen gleichzeitig auch das Miteigentum aufgehoben, kann aufgrund des dazu nötigen Erfordernisses der Einstim-

185

---

155 Dazu vorn Nr. 168.

156 Vorbehalten bleibt wohl die als Folge des Untergangs seitens eines Dritten geleistete **Entschädigungssumme** (z.B. eine Versicherungsleistung); da diese Entschädigungssumme das «Surrogat» für das untergegangene Grundstück darstellt, ist sie entsprechend der vormals vorhandenen Wertquoten aufzuteilen, vgl. zur entsprechenden Regelung hinsichtlich der Heimfallsentschädigung anschliessend Nr. 184.

157 Sog. **Heimfallsentschädigung**, welche dafür geschuldet wird, dass mit dem Untergang des Baurechts die darauf stehenden Gebäude aufgrund des Akzessionsprinzips ohne weiteres wieder ins Eigentum des Grundeigentümers und ehemaligen Baurechtsgebers fallen, dazu vorn Nr. 169.

158 Zur wertquotenproportionalen Verteilung von Erträgnissen aus dem gemeinschaftlichen Grundstück MEIER-HAYOZ/REY, ZGB 712e N 11; vgl. auch vorn Nr. 140.

159 Beim Ausarbeiten einer entsprechenden Aufhebungsvereinbarung ist zu prüfen, wie die nunmehr gewöhnlichen Miteigentumsanteile umfangmässig festzulegen sind. Weil insbesondere die flächenmässige Ausdehnung der Sonderrechtsbereiche die Grösse der Wertquote beeinflusst (vgl. dazu vorn Nr. 146 f.), die Sonderrechte und damit auch die Sonderrechtsbereiche indessen aufgehoben werden, kann es zweckdienlich sein, für das nunmehr gewöhnliche Miteigentum gegenüber dem vorbestandenen Stockwerkeigentum umfangmässig abweichende Anteilsbeteiligungen an der gemeinschaftlichen Sache zu vereinbaren.

migkeit[160] wohl davon ausgegangen werden, dass sich die Stockwerkeigentümer gleichzeitig auch über die Art und Weise der Teilung geeinigt haben. Entsprechend Art. 651 Abs. 1 ZGB lässt sich die körperliche Teilung[161], der Verkauf aus freier Hand oder auf dem Wege der Versteigerung mit Teilung des Erlöses[162] oder die Übertragung der ganzen Sache auf einen oder mehrere Miteigentümer unter Auskauf der übrigen vereinbaren. Sollten sich die Stockwerkeigentümer zwar über die Aufhebung des Miteigentums einig sein, nicht jedoch über die Art und Weise der Teilung, so wird die gemeinschaftliche Sache nach Art. 651 Abs. 2 ZGB nach Anordnung des Richters körperlich geteilt oder, wenn dies ohne wesentlichen Wertverlust nicht möglich ist, öffentlich oder unter den Miteigentümern versteigert[163].

186 Soll Stockwerkeigentum aufgrund einer einseitigen **Aufhebungserklärung** gelöscht werden, stellt sich die Frage nach der Verteilung eines Erlöses deshalb nicht, da diesfalls alle vorhandenen Stockwerkeigentumsanteile in der Hand eines einzigen Stockwerkeigentümers vereinigt sind[164], welcher nach der Löschung des Stockwerkeigentums im Grundbuch auch formell Alleinberechtigter am ehemals gemeinschaftlichen Grundstück wird. Veräussert er dieses, steht ihm der Erlös allein zu. Sind einzelne Stockwerkeigentumsanteile mit beschränkten dinglichen Rechten (namentlich mit Grundpfandrechten) belastet, ist allerdings zu beachten, dass der Stockwerkeigentümer das Stockwerkeigentum nach Art. 712f Abs. 2 ZGB nur mit der schriftlichen Zustimmung der Berechtigten löschen lassen kann[165]. Diese Zustimmungserklärung werden die Berechtigten in aller Regel nur dann abgeben, wenn sie vom Stockwerkeigentümer dem Wert ihrer Berechtigung entsprechend entschädigt worden sind.

187 Geht Stockwerkeigentum durch den seitens eines Stockwerkeigentümers erfolgreich geltend gemachten **Aufhebungsanspruch**[166] unter, richtet sich

---

[160] Dazu vorn Nr. 170.

[161] Eine solche kann allerdings nur im Falle des **vertikalen** Stockwerkeigentums (vgl. dazu vorn Nr. 18) in Frage kommen, MEIER-HAYOZ/REY, ZGB 712f N 34.

[162] Als «Surrogat» des gemeinschaftlichen Grundstücks ist dieser Erlös wohl wiederum nach Massgabe der einzelnen Wertquoten zu verteilen; dies zumindest unter dem Vorbehalt einer anders lautenden, einstimmigen Vereinbarung.

[163] Dazu MEIER-HAYOZ/REY, ZGB 712f N 42.

[164] Dazu vorn Nr. 172.

[165] Dies unter dem Vorbehalt, dass deren Rechte nicht ohne Nachteil auf das ganze Grundstück übertragen werden können.

[166] Zur verfahrensmässigen Geltendmachung des Aufhebungsanspruchs MEIER-HAYOZ/REY, ZGB 712f N 54 ff.

eine allfällige Teilung des Erlöses ebenfalls nach den Bestimmungen des Miteigentumsrechts[167].

4. Zusammenfassung

188 Der Gesetzgeber hat zwar beim Stockwerkeigentum hinsichtlich dessen Begründung und inhaltlicher Ausgestaltung die Privatautonomie in den Vordergrund gestellt. Um dem Stockwerkeigentum jedoch einen möglichst **dauernden Bestand zu sichern**, hat er die **Untergangsgründe zwingend festgelegt**. Stockwerkeigentum geht nur unter, wenn einer der vom Gesetz in Art. 712f ZGB vorgesehenen Untergangsgründe vorliegt. Gemildert wird diese grundsätzliche Strenge hingegen dadurch, dass die Stockwerkeigentümer die Löschung des im Grundbuch eingetragenen Stockwerkeigentums aufgrund einer Aufhebungsvereinbarung jederzeit beantragen können. Dem Zweck der dauernden Bestandessicherung entsprechend, muss eine solche Aufhebungserklärung jedoch durch übereinstimmende Willenserklärungen **aller** Stockwerkeigentümer zustande kommen[168]. Ein Mehrheitsbeschluss, selbst ein qualifizierter, genügt diesfalls nicht, vielmehr ist Einstimmigkeit aller Beteiligten erforderlich.

---

[167] Dazu schon vorn Nr. 185.

[168] Dazu vorn Nr. 185.

§ 3 Zwingende Gesetzesbestimmungen und Stockwerkeigentum

I. Zwingende Gesetzesbestimmungen als Schranken der rechtsgeschäftlichen Betätigungsfreiheit

189 Der Gesetzgeber hat im Recht des Stockwerkeigentums der Privatautonomie, d.h. der den Rechtssubjekten gewährten Freiheit bei der Begründung und Ausgestaltung ihrer Rechtsbeziehungen, einen hohen Stellenwert eingeräumt. Dies zeigt sich einerseits darin, dass den Stockwerkeigentümern relativ weite Freiräume zustehen, die ihnen eine autonome Regelung ihres Gemeinschaftsverhältnisses erlauben. Andererseits sind zahlreiche Gesetzesbestimmungen im Mit- und Stockwerkeigentum dispositiver Natur; diese gelten somit nur dann und insoweit, als sie von den beteiligten Stockwerkeigentümern nicht aufgehoben oder abgeändert werden. Indessen bestehen auch unabänderbare, stets wirksame gesetzliche Regelungen. Von diesen **zwingenden** Bestimmungen im Mit- und Stockwerkeigentums werden nachfolgend nur jene dargestellt, welche sich auch tatsächlich als **Schranken der rechtsgeschäftlichen Betätigungsfreiheit** erweisen.

1. Schranken der rechtsgeschäftlichen Begründung von Stockwerkeigentum

190 Eine der im Zusammenhang mit der rechtsgeschäftlichen Betätigungsfreiheit bedeutsamsten zwingenden gesetzlichen Bestimmungen ist in **Art. 712b Abs. 2 ZGB** enthalten. Es handelt sich dabei um die Umschreibung derjenigen **gemeinschaftlichen Teile** des im Stockwerkeigentum stehenden Grundstücks, an denen **keine Sonderrechte** begründet werden können[169]. Diese Bestimmung stellt eine Konkretisierung des im schweizerischen Sachenrecht geltenden Grundsatzes der Typenfixierung[170] dar. Durch diese ge-

---

[169] Dazu vorn Nr. 27 ff.

[170] Der Grundsatz der **Typenfixierung** besagt, dass der Gesetzgeber den **Inhalt** bestimmter sachenrechtlicher Institute, wie jenes des Stockwerkeigentums, in Teilbereichen zwingend festlegt; vgl. dazu MEIER-HAYOZ, Syst. Teil N 86; REY, Sachenrecht I, N 320; vgl. auch hinten Nr. 202 ff.

setzliche Anordnung ist es daher ausgeschlossen, an bestimmten gemeinschaftlichen Teilen durch ein Rechtsgeschäft Sonderrechte und damit exklusive Rechtspositionen zu Gunsten einzelner Stockwerkeigentümer zu begründen[171].

2. *Schranken der rechtsgeschäftlichen Gestaltungsmöglichkeiten der gemeinschaftlichen Verwaltung*

Die gesetzlich vorgesehene **Organisation der gemeinschaftlichen Verwaltung** weist ein Minimum an zwingenden Anordnungen auf. Um den Stockwerkeigentümern zu ermöglichen, die Ausgestaltung dieser Organisation den jeweiligen konkreten Verhältnissen anzupassen, ist ihnen auf diesem Gebiet ein grosser Raum privatautonomer Gestaltungsmöglichkeiten gewährt[172]. 191

A. Zwingend vorgeschriebenes Organ

Einziges zwingend vorgesehenes Organ ist die **Stockwerkeigentümerversammlung**[173]. Die Stockwerkeigentümer machen daher von der rechtsgeschäftlichen Gestaltungsfreiheit in der Praxis insofern häufig Gebrauch, als sie durch Rechtsgeschäft einen Verwalter, einen Ausschuss oder einen oder mehrere Abgeordnete (Delegierte) bestimmen. So kann z.B. im Reglement vorgesehen werden, dass bei der Durchführung von Erneuerungsarbeiten an der gemeinschaftlichen Baute dem Verwalter zwei Stockwerkeigentümer als Abgeordnete der Stockwerkeigentümerversammlung beratend zur Seite stehen. 192

---

[171] Indessen ist zu beachten, dass die Stockwerkeigentümer zusätzlich zu den zwingend gemeinschaftlichen Bereichen durch ein **Rechtsgeschäft** weitere Teile des zu Stockwerkeigentum aufgeteilten Grundstückes als gemeinschaftlich erklären können, vorn Nr. 61 ff.

[172] MEIER-HAYOZ/REY, ZGB 712n N 9.

[173] Dazu ausführlich hinten Nr. 279 ff.

B. Zwingende Bestimmungen über die Mindestbefugnisse der Stockwerkeigentümerversammlung

193 Im Bereich der **gemeinschaftlichen** Verwaltung bestehen insofern weitgehende Möglichkeiten, von der rechtsgeschäftlichen Betätigungsfreiheit Gebrauch zu machen, als durch das Gesetz lediglich **Mindestbefugnisse der Stockwerkeigentümerversammlung** zwingend festgelegt sind.

194 Der zwingende Charakter derartiger Mindestbefugnisse ergibt sich teilweise aufgrund des Gesetzeswortlauts[174]. Obschon dies aufgrund des Gesetzestextes nicht direkt erkennbar ist, sind jedoch auch diejenigen Befugnisse zur Vornahme von Verwaltungshandlungen durch Rechtsgeschäft **nicht** abänderbar, welche von Gesetzes wegen eines Mehrheitsbeschlusses bedürfen[175]. Dies gilt uneingeschränkt für eine Erleichterung der gesetzlich vorgesehenen Quoren; zur Stärkung des Minderheitenschutzes ist hingegen eine rechtsgeschäftliche Erschwerung derselben zulässig[176].

C. Zwingende gesetzliche Normen im Zusammenhang mit Stimmrecht und Quoren

195 Durch Rechtsgeschäft kann grundsätzlich für die Ausübung des Stimmrechts in der Stockwerkeigentümerversammlung entweder das Kopfstimmrecht oder das Wertquotenstimmrecht vorgesehen werden[177].

196 Gesetzliche Quorumsbestimmungen mit zwingendem Charakter sind Ausnahmen[178]. Die Stockwerkeigentümer haben somit die Möglichkeit, die meisten gesetzlichen Normen über ein Quorum durch Rechtsgeschäft abzuändern. Beispielsweise sieht das Gesetz ein qualifiziertes Mehr nach Personen und Anteilen vor zur Durchführung von wichtigen Verwaltungshandlungen i.S.v. Art. 647b Abs. 1 ZGB, für nützliche bauliche

---

174 So z.B. hinsichtlich der Protokollführung nach Art. 712n Abs. 2 ZGB oder bezüglich der Einberufung einer zweiten Versammlung gemäss Art. 712p Abs. 2 ZGB im Falle der ungenügenden Beteiligung an der ersten.

175 Wie z.B. die Vornahme von wichtigen Verwaltungshandlungen gemäss Art. 647b Abs. 1 ZGB; darunter fällt etwa die Änderung der bisher ausschliesslich zu Wohnzwecken bestehenden Benutzungsweise der gemeinschaftlichen Baute in teilweise gewerbliches Stockwerkeigentum.

176 Dazu auch hinten Nr. 296.

177 MEIER-HAYOZ/REY, ZGB 712n N 63.

178 Z.B. das Erfordernis der Einstimmigkeit im Falle der Verfügung über die gemeinschaftliche Sache, Art. 648 Abs. 2 ZGB; vgl. dazu MEIER-HAYOZ/REY, ZGB 712n N 90.

Massnahmen (Art. 647d Abs. 1 ZGB) sowie für den Erlass eines Reglements gemäss Art. 712g Abs. 3 ZGB. Diese Quorumsbestimmungen lassen sich jedoch nur insofern durch Rechtsgeschäft abändern, als sie zum Zweck der Stärkung des Minderheitenschutzes erschwert werden können[179].

D. Zwingende Ausnahmebestimmung vom Grundsatz der quotenproportionalen Kosten- und Lastenverteilung

197 Durch Rechtsgeschäft - durch Beschluss oder im Reglement - kann **nicht** vereinbart werden, dass Kosten und Lasten auch dann quotenproportional, d.h. anteilsmässig durch die einzelnen Stockwerkeigentümer zu tragen sind, wenn diese Kosten gemeinschaftliche Bauteile, Anlagen oder Einrichtungen betreffen, die einzelnen Stockwerkeigentümer überhaupt nicht oder nur in ganz geringem Ausmass dienen. Aus der zwingenden Bestimmung in Art. 712h Abs. 3 ZGB ergibt sich, dass in derartigen Fällen für die betreffenden Stockwerkeigentümer eine Kostenübernahme entfällt oder der quotenproportionale Anteil vermindert werden muss[180].

E. Zwingender Mindestschutz für den einzelnen Stockwerkeigentümer

198 Um den einzelnen Stockwerkeigentümer gegenüber der Mehrheit zu schützen, sind im Bereich der gemeinschaftlichen Verwaltung vor allem zwei zwingende gesetzliche Bestimmungen erlassen worden. Einem Stockwerkeigentümer kann weder durch einen Beschluss noch durch das Reglement das Recht entzogen werden, dringliche Massnahmen durchzuführen (Art. 647 Abs. 2 Ziff. 2 ZGB) und gewöhnliche Verwaltungshandlungen vorzunehmen (Art. 647a Abs. 1 ZGB). Zu beachten ist jedoch, dass ein Stockwerkeigentümer diese Rechte nicht geltend machen kann, wenn ein Verwalter aufgrund eines Rechtsgeschäfts oder durch den Richter eingesetzt ist[181].

---

179 MEIER-HAYOZ/REY, ZGB 712m N 90.

180 MEIER-HAYOZ/REY, ZGB 712h N 66 ff.; zu der mit der Bestimmung in Art. 712h Abs. 3 ZGB verbundenen Problematik hinten Nr. 571 ff.

181 Vgl. dazu im Einzelnen hinten Nr. 424.

II. Exkurs: Zwingende Prinzipien im schweizerischen Sachenrecht als Schranken der rechtsgeschäftlichen Betätigungsfreiheit

1. *Vorbemerkungen*

199 Wie vorgängig aufgezeigt, gibt es im Bereich des Stockwerkeigentums relativ wenige Bestimmungen, denen zwingender Charakter zukommt. Der Gesetzgeber war bestrebt, den Stockwerkeigentümern einen möglichst grossen Raum für die rechtsgeschäftliche Regelung ihrer Beziehungen zu ermöglichen.

200 Jedoch ist zu beachten, dass das schweizerische Sachenrecht, und damit auch das Stockwerkeigentum, von mehreren, z.T. zwingenden **Prinzipien** beherrscht wird, **welche nicht in speziellen Gesetzesartikeln normiert** sind. Diese Prinzipien werden vielmehr aus mehreren im vierten Teil des ZGB (Art. 641-977 ZGB) enthaltenen Rechtsnormen und Rechtsinstituten durch Abstraktion abgeleitet[182].

201 Sofern diese Prinzipien zwingender Natur sind, schränken sie die Möglichkeit ein, rechtsgeschäftliche Beziehungen frei zu begründen und ebenso inhaltlich auszugestalten. Ein Rechtsgeschäft, somit vor allem eine vertragliche Vereinbarung, welche gegen ein zwingendes sachenrechtliches Prinzip verstösst, ist gemäss Art. 20 Abs. 1 OR **nichtig**.

2. *Die Problematik*

202 In der schweizerischen Sachenrechtsordnung kommt dem Grundsatz der **Typengebundenheit** und jenem der **Typenfixierung** eine sehr grosse Bedeutung zu. Diese beiden Prinzipien sind mit dem **Publizitätsprinzip**[183] eng verbunden.

203 Das Publizitätsprinzip und damit auch die Publizitätsmittel weisen in der schweizerischen Sachenrechtsordnung einen sehr hohen Stellenwert auf[184].

---

[182] REY, Sachenrecht I, N 270.

[183] Das **Publizitätsprinzip** ist jener Grundsatz, wonach dingliche Rechte aufgrund ihrer gegenüber jedem Dritten bestehenden Wirkung auch für jedermann erkennbar und somit offenkundig zu machen sind, REY, Sachenrecht I, N 272 ff.

[184] Auf die konstitutiv wirkende Grundbucheintragung im Zusammenhang mit dem rechtsgeschäftlichen Erwerb dinglicher Rechte an Grundstücken wurde bereits im

Um im Dienste des Publizitätsprinzips die Transparenz und Sicherheit des Rechtsverkehrs aufrecht erhalten zu können, stellt der Gesetzgeber für den Rechtsverkehr lediglich eine **begrenzte Anzahl dinglicher Rechte** zur Verfügung[185]. Zu demselben Zweck legt er auch den **Inhalt der sachenrechtlichen Institute weitgehend zwingend** fest[186].

204 Die aus der Privatautonomie fliessende rechtsgeschäftliche Betätigungs- und Gestaltungsfreiheit ist daher bei der Begründung und inhaltlichen Ausgestaltung dinglicher Rechte - und dies gilt besonders auch für das **Stockwerkeigentum** - durch den zwingenden Grundsatz der Typengebundenheit und jenen der Typenfixierung beschränkt.

205 Wie bereits erwähnt, sind diese beiden Grundsätze, obschon sie zwingenden Charakter aufweisen, nirgends im Gesetz ausdrücklich normiert. In der **Praxis** kann es daher zu Problemen kommen, wenn die an einem Rechtsgeschäft beteiligten Parteien zwar die gesetzlich normierten zwingenden Bestimmungen beachten, jedoch die **ungeschriebenen Grundsätze** der Typengebundenheit und der Typenfixierung **übersehen**.

3. *Fallbeispiele*

A. Begründung von übertragbaren Nutzungsdienstbarkeiten an einem Stockwerk

206 Ein Rechtsgeschäft, welches die subjektiv-dingliche Verbindung von gewöhnlichen Miteigentumsanteilen mit übertragbaren Nutzungsdienstbarkeiten zum Inhalt hat, wobei deren Ausübung auf **Stockwerke** eingeschränkt wird, ist nichtig. Dies unter anderem deshalb, weil neben dem vom Gesetz in den Art. 776 ff. ZGB mit rein persönlichem Charakter ausgestalteten und folglich unübertragbaren und unvererblichen Wohnrecht nicht ein übertragbares Wohnrecht in der Form einer irregulären Personaldienstbar-

---

Zusammenhang mit der Begründung von Stockwerkeigentum hingewiesen, vorn Nr. 115.

185 Der Grundsatz der **Typengebundenheit** bedeutet, dass das Gesetz den Rechtssubjekten lediglich eine bestimmte Anzahl (numerus clausus) sachenrechtlicher Institute zur Verfügung stellt; durch Parteiabrede können daher keine zusätzlichen Typen geschaffen werden; MEIER-HAYOZ, Syst. Teil, N 78; REY, Sachenrecht I, N 318.

186 Grundsatz der **Typenfixierung**; zum Begriff vorn FN 170.

keit (Art. 781 ZGB) rechtswirksam vereinbart werden kann, ohne gegen den Grundsatz der Typengebundenheit zu verstossen[187].

B. Begründung von sog. «time-sharing»-Eigentum

207 Ein Rechtsgeschäft über die Begründung eines «**time-sharings**» beim schweizerischen Stockwerkeigentum hat die Aufteilung eines Stockwerkeigentumsanteils zu mehreren Miteigentumsanteilen zum Inhalt. Dabei sollen sich die aus dem **Sonderrecht** ergebenden Befugnisse auf bestimmte Zeiträume pro Jahr aufspalten, jedoch periodisch wiederkehrend auf die einzelnen Miteigentümer zugeordnet werden. Eine derartige zeitliche (periodische) Staffelung der Miteigentümerbefugnisse unter mehreren Miteigentümern widerspricht wohl den sachenrechtlichen Grundsätzen der Typengebundenheit und der Typenfixierung[188].

C. Bewirtschaftung bei Apparthotels

208 Die **Stockwerkeigentümerversammlung** ist der zentrale Funktionsträger der Stockwerkeigentümergemeinschaft. Sie wird als einziges obligatorisches und damit als **zwingend vorgeschriebenes «Gemeinschaftsorgan»** bezeichnet[189]. Die notwendige Existenz der Stockwerkeigentümerversammlung und damit deren Funktionsfähigkeit ist zwar gesetzlich nicht ausdrücklich vorgesehen, doch ergibt sie sich aus dem Grundsatz der Typengebundenheit.

209 Die Existenz der Stockwerkeigentümerversammlung ist auch beim Betrieb eines Apparthotels zwingend notwendig[190]. Als Apparthotel gilt ein zu

---

[187] BGE *113* II 146 ff., besprochen von REY in ZBJV *125* (1989) S. 147 ff.; so schon BGE *103* II 176 ff., insbes. S. 180 f.

[188] MEIER-HAYOZ/REY, ZGB 712a N 14; a.M. FRIEDRICH, ZBGR *67* (1986) S. 82 f., sowie STEPHAN SCHALCH, Time-Sharing an Ferienimmobilien, Diss. Zürich 1989, S. 98, 123 f. Die Begründung von «time-sharing»-Eigentum setzt m.E. eine durch den **Gesetzgeber** zu schaffende, somit ausdrückliche gesetzliche Grundlage voraus; diese liesse sich unter Berücksichtigung der *EU-Richtlinie 94/47/EG vom 26. Oktober 1994 zum Schutz der Erwerber im Hinblick auf bestimmte Aspekte von Verträgen über den Erwerb von Teilzeitnutzungsrechten an Immobilien* konzipieren.

[189] MEIER-HAYOZ/REY, ZGB 712g N 25; vgl. auch hinten Nr. 279.

[190] Zur Stellung der Stockwerkeigentümergemeinschaft im Apparthotel vgl. URS RASCHEIN, Die Rechtsausübung der Stockwerkeigentümergemeinschaft mit besonderer Berücksichtigung von Gewährleistungsansprüchen und des Sonderfalles Aparthotel, Diss. Zürich 1996, S. 82 f.

Stockwerkeigentum aufgeteiltes Grundstück, auf welchem ein Hotel betrieben wird dann, wenn[191]:

- der Betreiber der Hotelanlage über mindestens 51% der Wertquoten an dem zu Stockwerkeigentum aufgeteilten Grundstück (Anlagen und Einrichtungen für den Hotelbetrieb sowie Wohneinheiten) verfügt, 210
- die Wohneinheiten im Umfang von mindestens 65% der Wertquoten dauernd hotelmässig bewirtschaftet werden, einschliesslich der dem Betreiber zustehenden Wohneinheiten, 211
- ein angemessenes Dienstleistungsangebot[192], eine entsprechende bauliche und betriebliche Eignung und mutmassliche Wirtschaftlichkeit vorliegen. 212

Die dauernde hotelmässige Bewirtschaftung wird dadurch sichergestellt, dass die einzelnen Stockwerkeigentümer im Begründungsakt und im Reglement darauf verpflichtet werden[193]; sie haben daher ihre Stockwerkeigentumsanteile dem Betreiber in einem gewissen Umfang zur hotelmässigen Bewirtschaftung zur Verfügung zu stellen[194]. 213

Obschon in dieser Fallkonstellation die hotelmässige Nutzung und Bewirtschaftung im Vordergrund steht, dürfen der Stockwerkeigentümergemeinschaft auch diesfalls die zwingenden Mindestbefugnisse[195] **nicht entzogen** werden. Eine rechtsgeschäftliche Vereinbarung, wonach z.B. bei dem zu einem Apparthotel ausgestalteten, im Stockwerkeigentum stehenden Grundstück wesentliche Funktionen der Stockwerkeigentümerversammlung[196] aus- 214

[191] Zu den Voraussetzungen für das Vorliegen eines Apparthotels Art. 10 BewG; vgl. dazu auch HANSPETER GEISSMANN/FELIX HUBER/THOMAS WETZEL, Grundstückerwerb in der Schweiz durch Personen im Ausland, Von der Lex Friedrich zur Lex Koller, Zürich 1998, N 119.

[192] Zu den minimalen Anforderungen an ein solches Dienstleistungsangebot vgl. BGE *106* Ib 212 ff.

[193] Vgl. Art. 7 Abs. 2 BewV.

[194] Diese Auflage ist gemäss Art. 11 Abs. 2 lit. g BewV auf dem Hauptbuchblatt des betreffenden Stockwerkeigentumsanteils anzumerken, dazu i.A. GEISSMANN/HUBER/WETZEL (FN 191), N 208 ff.

[195] Es sind dies alle Verwaltungshandlungen, welche von Gesetzes wegen eines Mehrheitsbeschlusses bedürfen und alle Kompetenzen, welche die Wahl, Beaufsichtigung und Abberufung anderer, durch Rechtsgeschäft bestimmter Organe betreffen, vgl. dazu hinten Nr. 292.

[196] Z.B. der Entscheid über Bau und Sanierung von auf gemeinschaftlichen Teilen gelegenen, hauptsächlich dem Hotelbetrieb dienenden Einrichtungen wie Hallenbäder, Tennisplätze etc.

schliesslich durch die Hoteldirektion wahrzunehmen sind, ist m.E. nichtig, weil der Grundsatz der Typenfixierung verletzt ist.

III. Zusammenfassung

215 Die gesetzliche Regelung des Stockwerkeigentumsrechts enthält nur wenige Normen mit zwingendem Charakter. Sie sind Ausnahmen des grundsätzlich durch dispositives Gesetzesrecht geregelten Stockwerkeigentums.

216 Die wichtigsten zwingenden Bestimmungen sind einerseits jene betreffend die **strukturbildenden Merkmale des Stockwerkeigentums** in Art. 712b Abs. 1 und Abs. 2 ZGB, welche für die Sonderrechtsfähigkeit von Räumen die Erfordernisse der Abgeschlossenheit und des eigenen Zugangs statuieren sowie den Mindestumfang der gemeinschaftlichen Teile festlegen. Im Bereich der gemeinschaftlichen Kosten und Lasten ist andererseits **Art. 712h Abs. 3 ZGB** über die **besondere Kostenverteilung** zwingend zu beachten.

217 Aufgrund der kleinen Anzahl zwingender gesetzlicher Bestimmungen ist das Risiko eines Verstosses gegen eine zwingende Gesetzesbestimmung beim Abschluss von Rechtsgeschäften und insbesondere bei Beschlussfassungen der Stockwerkeigentümer eher gering. Indessen bilden auch die nicht in einzelnen Gesetzesbestimmungen normierten Prinzipien des Sachenrechts Schranken der rechtsgeschäftlichen Betätigungsfreiheit bei der Begründung und Ausgestaltung von Stockwerkeigentum.

218 Vor allem die **Prinzipien der Typengebundenheit und der Typenfixierung** sind zwingende Rechtsgrundsätze, welche auch beim Abschluss von Rechtsgeschäften im Zusammenhang mit dem Stockwerkeigentum zu beachten sind.

219 Beim Stockwerkeigentum besteht grundsätzlich ein **weiter Freiraum** sowohl für die rechtsgeschäftliche Regelung der Rechtspositionen der einzelnen Berechtigten am gemeinschaftlichen Grundstück, als auch hinsichtlich der Ausgestaltungsmöglichkeiten der Stockwerkeigentümergemeinschaft als Nutzungs- und Verwaltungsgemeinschaft.

§ 4 Die Stockwerkeigentümergemeinschaft

I. Entstehung der Stockwerkeigentümergemeinschaft

220 Die Entstehung der Stockwerkeigentümer**gemeinschaft** hängt ebenso wie diejenige des Stockwerkeigentums an sich von einer Grundbucheintragung ab[197]. Diese setzt ein gültiges Grundgeschäft voraus, welches in einem Vertrag oder einer Begründungserklärung bestehen kann[198].

221 Wird Stockwerkeigentum durch einen **Vertrag** begründet, so werden die an diesem Rechtsgeschäft beteiligten Personen in dem Moment Mitglieder der Stockwerkeigentümergemeinschaft, in dem das Stockwerkeigentum entsteht. Das ist der Zeitpunkt der Eintragung im Hauptbuch, wobei die Wirkungen auf denjenigen der Tagebucheinschreibung zurückbezogen werden (Art. 972 Abs. 1 und 2 ZGB)[199].

222 Wird Stockwerkeigentum durch eine einseitige **Begründungserklärung** des Alleineigentümers (oder des Inhabers eines selbständigen und dauernden Baurechts) begründet, welcher die Stockwerkeigentumsanteile vorerst alle in seiner Hand vereinigt behält, entsteht die Stockwerkeigentümergemeinschaft erst dann, wenn der Begründer einen oder mehrere **Anteile an einen Dritten** bzw. an Dritte **veräussert** und diese als neue Eigentümer auf den Hauptbuchblättern der veräusserten Stockwerkeigentumsanteile eingeschrieben werden. Diesfalls entsteht die Stockwerkeigentümergemeinschaft in dem Zeitpunkt, in welchem mindestens zwei voneinander verschiedene Personen als Stockwerkeigentümer im Grundbuch eingetragen sind.

223 Der Grundbucheintragung kommt folglich für die Entstehung der Stockwerkeigentümergemeinschaft unabhängig von der Art der Begründung des Stockwerkeigentums (Vertrag oder Begründungserklärung) konstitutive Bedeutung zu[200].

---

197 Dabei handelt es sich technisch gesehen um mehrere Buchungsvorgänge; zur Eintragung im Grundbuch vgl. auch vorn Nr. 114 ff.

198 Dazu vorn Nr. 120 ff. sowie Nr. 130 ff.

199 Vgl. dazu vorn Nr. 115.

200 Zur ebenfalls konstitutiven Bedeutung der Eintragung im Grundbuch für die Entstehung des Stockwerkeigentums vgl. vorn Nr. 115, Nr. 164.

II. Rechtsnatur der Stockwerkeigentümergemeinschaft

Literatur:

LIVER, SPR V/I, S. 106 ff.

REY, Sachenrecht I, N 836 ff.

SCHMID, N 1053 ff.

SIMONIUS/SUTTER, § 15 N 50

STEINAUER I, N 1302 ff.

TUOR/SCHNYDER/SCHMID, S. 710/11

224 Die Gemeinschaft der Stockwerkeigentümer hat ihre **Grundlage in der gemeinsamen und unmittelbaren dinglichen Berechtigung an dem im Miteigentum aller stehenden Grundstück** einschliesslich seiner Bestandteile. Kennzeichnend für das Miteigentum ist die mehrfache Trägerschaft an ein und demselben Recht; die Stockwerkeigentümergemeinschaft bildet daher eine Rechtsgemeinschaft. Charakteristisch für diese ist, dass ihr die Rechtspersönlichkeit fehlt: **Die Stockwerkeigentümergemeinschaft ist keine juristische Person**[201].

225 Die Funktion der Stockwerkeigentümergemeinschaft besteht lediglich in der Verfügung, Nutzung, Verwaltung und Erhaltung des wirtschaftlichen Wertes des gemeinsamen Grundstücks; die Kollektivsphäre wird somit zwar stark betont und die Stockwerkeigentümergemeinschaft dadurch der juristischen Person angenähert[202]. Dennoch stellt die Rechtsgemeinschaft der Stockwerkeigentümer eine **selbständige Form der Mehrheitsbeteiligung** dar, welche **neben** der juristischen Person steht.

226 Um die Stockwerkeigentümergemeinschaft trotz fehlender Rechtspersönlichkeit als geschlossene Einheit am Rechtsverkehr teilnehmen zu lassen, hat ihr der Gesetzgeber für den Bereich der gemeinschaftlichen Verwaltungstätigkeit[203] die **Handlungs- und Vermögensfähigkeit** verliehen. Der Gemeinschaft der Stockwerkeigentümer fehlt zwar die Rechtsfähigkeit, doch wird sie im Bereich der gemeinschaftlichen Verwaltungstätigkeit nach aussen verselbständigt und so behandelt, wie wenn sie eine juristische Person wäre[204].

---

[201] MEIER-HAYOZ/REY, Vorbem. zu ZGB 712a-712t N 45 ff.

[202] MEIER-HAYOZ/REY, Vorbem. zu ZGB 712a-712t N 50 f.

[203] Zum Begriff der gemeinsamen Verwaltung vgl. hinten Nr. 237.

[204] MEIER-HAYOZ/REY, ZGB 712l N 4.

Demzufolge bestimmt Art. 712l Abs. 1 ZGB, dass die Gemeinschaft unter ihrem eigenen Namen das sich aus ihrer Verwaltungstätigkeit ergebende Vermögen erwirbt. Zur Erleichterung des Rechtsverkehrs mit Dritten hat der Gesetzgeber der Gemeinschaft der Stockwerkeigentümer in Ergänzung zu ihrer beschränkten Vermögensfähigkeit eine ebenfalls beschränkte Handlungsfähigkeit verliehen: **Die Stockwerkeigentümergemeinschaft ist im Bereiche der gemeinschaftlichen Verwaltung geschäfts- und delikts-** sowie nach Art. 712l Abs. 2 ZGB **prozess- und betreibungsfähig**[205]. 227

III. Vermögen der Stockwerkeigentümergemeinschaft

Literatur:

REY, Sachenrecht I, N 839 ff.

STEINAUER I, N 1349 ff.

Art. 712l ZGB bestimmt u.a., dass die Gemeinschaft der Stockwerkeigentümer das sich aus ihrer Verwaltungstätigkeit ergebende Vermögen unter eigenem Namen erwirbt. 228

1. Bedeutung

Der Gesetzgeber hat der Stockwerkeigentümergemeinschaft eine **beschränkte Vermögensfähigkeit** verliehen, um die gemeinsame Verwaltung zu erleichtern. Der Vorteil eigener Vermögensbildung für die Ausübung der Verwaltungstätigkeit besteht vor allem darin, dass die anfallenden Verwaltungskosten unmittelbar durch vorhandene liquide Mittel gedeckt werden können, ohne dass ein spezielles Tätigwerden der Stockwerkeigentümergemeinschaft erforderlich wäre[206]. 229

Im Aussenbereich zeigt sich die Bedeutung des Verwaltungsvermögens insofern, als es gegenüber den Gläubigern der Stockwerkeigentümergemeinschaft das **primäre Haftungssubstrat** darstellt. Im Rahmen des Verwaltungsvermögens haftet die Stockwerkeigentümergemeinschaft und kann für die Forderungen ihrer Gläubiger auch betrieben werden; Höhe und Umfang 230

---

[205] MEIER-HAYOZ/REY, ZGB 712l N 6.

[206] MEIER-HAYOZ/REY, ZGB 712l N 7.

des vorhandenen Verwaltungsvermögens beeinflussen zudem die Kreditwürdigkeit der Stockwerkeigentümergemeinschaft[207].

2. *Rechtsnatur des Verwaltungsvermögens*

231 Das Verwaltungsvermögen der Stockwerkeigentümergemeinschaft stellt ein **zweckgebundenes Sondervermögen** dar[208].

232 Die **Zweckgebundenheit** dieses Sondervermögens ergibt sich daraus, dass es von Gesetzes wegen der gemeinschaftlichen Verwaltung zu dienen hat.

233 **Sondervermögen** ist es insofern, als zwar einerseits die einzelnen Vermögensobjekte hinsichtlich der materiellen Rechtszuständigkeit den einzelnen Stockwerkeigentümern in ihrer Eigenschaft als Mitglieder der Rechtsgemeinschaft zustehen. Andererseits erscheint dieses Vermögen jedoch formell als eine der Gemeinschaft der Stockwerkeigentümer zugeordnete Einheit, welche in Bezug auf die Haftung, Verwaltung und Nutzung anders behandelt wird als das übrige Vermögen der einzelnen Stockwerkeigentümer.

234 Wesentliches Merkmal des Verwaltungsvermögens ist somit die Aufspaltung der Rechtszuständigkeit: Obschon die effektive, materielle Rechtsträgerschaft mangels eigener Rechtspersönlichkeit der Stockwerkeigentümergemeinschaft bei der Gesamtheit der einzelnen Stockwerkeigentümer liegt, ist formell die Gemeinschaft zur Rechtsausübung zuständig, wie wenn sie eigene Rechtspersönlichkeit hätte[209].

3. *Vermögenserwerb unter «eigenem Namen»*

235 Nach Art. 712l Abs. 1 ZGB kann die Stockwerkeigentümergemeinschaft **«unter ihrem eigenen Namen»** Vermögensobjekte erwerben. Die Gemeinschaft ist zwar nicht von Gesetzes wegen verpflichtet, sich einen Namen zuzulegen; den Mitgliedern steht es vielmehr frei, ihre Gemeinschaft in einem Reglement oder durch einen Versammlungsbeschluss mit einem Namen zu kennzeichnen. Ein solcher Name stellt eine **Kollektivbezeichnung** dar, un-

---

207 MEIER-HAYOZ/REY, ZGB 712l N 8 f.

208 Ausführlich dazu MEIER-HAYOZ/REY, ZGB 712l N 10 ff.

209 MEIER-HAYOZ/REY, ZGB 712l N 14.

ter welcher die Stockwerkeigentümergemeinschaft im Rahmen ihrer Verwaltungstätigkeit nach aussen in Erscheinung tritt[210].

4. *Vermögenserwerb im Rahmen der Verwaltungstätigkeit*

236 Zwischen dem Vermögen, welches die Stockwerkeigentümergemeinschaft erwerben kann und ihrer Verwaltungstätigkeit besteht eine **funktionelle Beziehung**. Dieses Vermögen dient - anders als dasjenige einer Gesellschaft, welches für eine durch die Gesellschafter festgelegte Zweckverfolgung bestimmt ist - einzig und allein dem Interesse an der Verwaltung, Nutzung und Erhaltung der gemeinsamen Sache. Die Bindung des Vermögens im Rahmen der gemeinschaftlichen Verwaltung bestimmt somit auch die **Vermögensfähigkeit** der Stockwerkeigentümergemeinschaft. Diese ist auf den **Bereich der gemeinschaftlichen Verwaltung beschränkt**[211]. Die Vermögensfähigkeit der Gemeinschaft der Stockwerkeigentümer steht somit in einem funktionellen Abhängigkeitsverhältnis zu der gemeinsamen Verwaltungstätigkeit.

237 Unter den Begriff der **gemeinschaftlichen Verwaltung** fallen dabei alle Handlungen tatsächlicher oder rechtlicher Natur, welche dazu bestimmt sind, die gemeinsame Sache zu erhalten, zu mehren oder der ihrem Zweck entsprechenden Verwendung zuzuführen, somit alle Massnahmen tatsächlicher oder rechtlicher Art, die der Natur und der wirtschaftlichen Bestimmung des gemeinsamen Grundstücks dienen[212].

5. *Objekte des Verwaltungsvermögens*

238 Das Verwaltungsvermögen kann aus Forderungen und dinglichen Rechten an Sachen bestehen, sofern diese in einem funktionellen Zusammenhang mit der gemeinsamen Verwaltung stehen[213].

---

210 MEIER-HAYOZ/REY, ZGB 712l N 15.

211 MEIER-HAYOZ/REY, ZGB 712l N 17.

212 MEIER-HAYOZ/REY, ZGB 712g N 13. Als Leitlinie der Verwaltungstätigkeit ist dabei immer jenes Ziel zu verfolgen, welches der Stockwerkeigentümergemeinschaft aufgrund der konkreten Umstände am besten dient, MEIER-HAYOZ/REY, ZGB 712l N 18.

213 MEIER-HAYOZ/REY, ZGB 712l N 19.

239 Die gemeinsame Verwaltung bezieht sich zwar immer auf die **gemeinschaftlichen Teile**; diese fallen jedoch **nicht in das Verwaltungsvermögen der Stockwerkeigentümergemeinschaft**. Die materielle sowie formelle Rechtszuständigkeit an den gemeinschaftlichen Teilen[214] verbleibt vielmehr bei der Gesamtheit aller Stockwerkeigentümer, die daran im Umfang ihrer Wertquote zur Rechtsausübung berechtigt sind.

A. Beitragsforderungen gegenüber den Stockwerkeigentümern

240 Die **Beitragsforderungen** der Stockwerkeigentümergemeinschaft gegenüber den einzelnen Stockwerkeigentümern sind in der Praxis das **wichtigste Substrat des Verwaltungsvermögens**. Diese Forderungen ergeben sich aus der in Art. 712h Abs. 1 ZGB statuierten Pflicht, an die Lasten des gemeinschaftlichen Eigentums und an die Kosten der gemeinsamen Verwaltung beizutragen[215]. Die als Realobligationen[216] ausgestalteten Beitragsforderungen werden im Zeitpunkt ihrer Entstehung von Gesetzes wegen Bestandteil des Verwaltungsvermögens. Die Höhe dieser Beiträge bemisst sich grundsätzlich nach den Kosten, welche der Gemeinschaft durch die gegenüber aussenstehenden Dritten eingegangenen Verpflichtungen entstehen[217].

241 Für die von ihr eingegangenen Verbindlichkeiten besteht eine **ausschliessliche Haftung der Stockwerkeigentümergemeinschaft**; auf die Einführung einer direkten, solidarischen Haftung der Stockwerkeigentümer hat der Gesetzgeber verzichtet[218].

242 Hauptsächliches Haftungssubstrat bilden die Beitragsforderungen gegenüber den Stockwerkeigentümern. Zur Erleichterung der Eintreibung der Beitragsforderungen und damit zur Sicherstellung einer möglichst risikolosen Befriedigung der Gemeinschaftsgläubiger gewährt das Gesetz der Stockwerkeigentümergemeinschaft nach Art. 712i Abs. 1 ZGB den Anspruch auf Errichtung eines gesetzlichen Grundpfandrechts für die auf die

---

214 Dazu vorn Nr. 27 ff.

215 Zur **Beitragspflicht** der Stockwerkeigentümer ausführlicher hinten Nr. 456, insbes. Nr. 513 ff.

216 Die **Realobligation** ist ein Schuldverhältnis, welches eine positive Leistung zum Inhalt hat (i.c. die Leistung von Beiträgen an die gemeinschaftlichen Kosten und Lasten) und bei dem der Schuldner und oft auch der Gläubiger durch die dingliche Berechtigung an einer Sache (i.c. Berechtigung an einem bestimmten Stockwerkeigentumsanteil) individualisiert wird, vgl. dazu REY, Sachenrecht I, N 240 m.w.H.

217 MEIER-HAYOZ/REY, ZGB 712l N 20 und hinten Nr. 260 ff.

218 Dazu hinten Nr. 272 f.

letzten drei Jahre entfallenden Beitragsforderungen[219]. Die Beitragsforderungen sind zudem durch ein Retentionsrecht gemäss Art. 712k ZGB gesichert[220].

B. Forderungen gegenüber Dritten

243 Ansprüche und Forderungen, welche die Stockwerkeigentümergemeinschaft im Zusammenhang mit ihrer Verwaltungstätigkeit gegenüber Dritten erwirbt, fallen grundsätzlich in ihr Verwaltungsvermögen. Im Vordergrund stehen **Forderungen** gegenüber Dritten, welche sich aus der **Vermietung oder Verpachtung gemeinschaftlicher Grundstücksteile** ergeben. Solche Forderungen können jedoch auch aufgrund von Gewährleistungsansprüchen aus der Reparatur oder der Erneuerung gemeinschaftlicher Teile entstehen[221].

244 Unmittelbar ins Verwaltungsvermögen fallen somit alle vermögensrechtlichen **Forderungen aus Verträgen**, welche die Gemeinschaft als geschlossene Einheit in ihrem Namen durch den Verwalter oder einen bevollmächtigten Stockwerkeigentümer abschliesst[222].

245 Ebenfalls zum Verwaltungsvermögen der Stockwerkeigentümergemeinschaft können **Forderungen** gegenüber Dritten oder einzelnen Stockwerkeigentümern **aus ausservertraglicher Schädigung** gehören, insoweit die Schädigung Auswirkungen auf die gemeinsame Verwaltung hat; so z.B., wenn die Beschädigung der gemeinschaftlichen Baute Instandstellungsarbeiten unter entsprechender Kostenfolge seitens der Gemeinschaft bedingt[223].

246 Soweit die Stockwerkeigentümergemeinschaft Grundeigentum erwerben kann[224], fällt eine allfällig damit verbundene realobligatorische **Forderung aus einer Realgrundlast**, z.B. jene auf Bezug von Warmwasser, ebenfalls

---

219 Zu diesem Gemeinschaftspfandrecht ausführlich hinten Nr. 526 ff.

220 Dazu hinten Nr. 530 ff.

221 MEIER-HAYOZ/REY, ZGB 712l N 21. Ebenfalls ins Verwaltungsvermögen der Stockwerkeigentümergemeinschaft fallen die ihr von einem **Dritten abgetretenen Gewährleistungsansprüche**, soweit sich diese auf gemeinschaftliche Teile beziehen, BGE *109* II 426 f. Erw. 1e.

222 MEIER-HAYOZ/REY, ZGB 712l N 22.

223 MEIER-HAYOZ/REY, ZGB 712l N 31.

224 Dazu anschliessend Nr. 248 ff.

in ihr Verwaltungsvermögen; gleich verhält es sich, wenn die Gemeinschaft der Stockwerkeigentümer Berechtigte aus einer **Personalgrundlast** ist[225].

C. Rechte an beweglichen Sachen

247 Teile des Verwaltungsvermögens bilden sodann **Fahrnisgegenstände**, die im Dienste der täglichen Verwaltung stehen, wie Büro- und Reinigungsmaterial, Werkzeuge, Heizölvorräte etc.[226].

D. Rechte an Grundstücken

a. Erwerb von Grundeigentum

248 Der Erwerb von Grundeigentum oder von beschränkten dinglichen Rechten an Grundstücken fällt grundsätzlich **nicht** in den Bereich der gemeinsamen Verwaltung, weshalb sich die Vermögensfähigkeit der Stockwerkeigentümergemeinschaft prinzipiell nicht auf solche Rechte erstreckt[227].

249 Der Erwerb von dinglichen Rechten an Grundstücken durch die Stockwerkeigentümergemeinschaft ist nur **ausnahmsweise** möglich, wenn dies durch ihre Verwaltungstätigkeit als geboten erscheint. Der Erwerb von Grundeigentum ist damit z.B. in folgenden Fallkonstellationen grundsätzlich zulässig[228]:

250 - Erwerb des mit dem Gemeinschaftspfandrecht belasteten Stockwerkeigentumsanteils in der Zwangsvollstreckung;

251 - Erwerb eines Stockwerkeigentumsanteils zwecks Nutzung des Sonderrechtsbereiches als Hauswartswohnung;

252 - Erwerb eines Nachbargrundstücks zur Verhinderung der davon ausgehenden Immissionen, sofern damit eine möglichst störungsfreie Nutzung der gemeinschaftlichen Baute und damit deren Werterhaltung gewährleistet werden kann.

---

225 MEIER-HAYOZ/REY, ZGB 712l N 32.

226 MEIER-HAYOZ/REY, ZGB 712l N 33.

227 MEIER-HAYOZ/REY, ZGB 712l N 34.

228 MEIER-HAYOZ/REY, ZGB 712l N 35 f.

b. Beschränkte dingliche Rechte

253 Im Rahmen der Verwaltungstätigkeit kann die Gemeinschaft der Stockwerkeigentümer auch beschränkte dingliche Rechte erwerben. Darunter fallen namentlich das **Pfandrecht der Gemeinschaft** für die auf die letzten drei Jahre entfallenden Beitragsforderungen gegenüber dem einzelnen Stockwerkeigentümer nach Art. 712i ZGB sowie das **Retentionsrecht** an den Einrichtungsgegenständen für dieselben Forderungen[229].

E. Spezielle Vermögenskomplexe

254 Entsprechend ihrer bestimmungsgemässen Verwendung können Teile des Verwaltungsvermögens zu speziellen Vermögenskomplexen zusammengefasst werden. Dementsprechend werden die Mittel für die laufende Verwaltung zumeist in einem Verwaltungsfonds, diejenigen für grössere Unterhaltsarbeiten und Renovationen in einem Erneuerungsfonds zusammengefasst[230].

a. Der Verwaltungsfonds

255 Durch die Schaffung eines Verwaltungsfonds[231] als Barkasse, Postscheck- oder Bankkonto kann die laufende Verwaltung insofern erleichtert werden, als nicht für jede einzelne, kleinere Ausgabe einzelne Beiträge von den Stockwerkeigentümern einzufordern sind, sondern dem Fonds entnommen werden können[232].

b. Der Erneuerungsfonds

256 Um die Ausführung grösserer Unterhalts- und/oder Renovationsarbeiten zu erleichtern, **kann** ein Erneuerungsfonds geäufnet werden[233]. Dadurch soll verhindert werden, dass die einzelnen Stockwerkeigentümer ihre für um-

---

229 MEIER-HAYOZ/REY, ZGB 712l N 37.

230 MEIER-HAYOZ/REY, ZGB 712l N 42.

231 Vgl. dazu auch Anhang 1 «Beispiel für ein Reglement der Stockwerkeigentümer», Art. 20.

232 MEIER-HAYOZ/REY, ZGB 712l N 43.

233 Vgl. dazu auch Anhang 1 «Beispiel für ein Reglement der Stockwerkeigentümer», Art. 21. Zur Besteuerung von Anteil und Ertrag am Erneuerungsfonds im interkantonalen Verhältnis s. Pra *89* (2000) Nr. 61, Anhang 2.

fangreiche Instandstellungsarbeiten anfallenden Kostenanteile kurzfristig erbringen müssen. Die Bildung des Erneuerungsfonds steht zwar grundsätzlich im Belieben der Stockwerkeigentümer, dessen ausdrückliche Erwähnung in den Art. 712l Abs. 1 i.f. und 712m Abs. 1 Ziff. 5 ZGB lässt hingegen darauf schliessen, dass der Gesetzgeber die Schaffung eines Erneuerungsfonds als wünschenswert erachtete[234].

257 Der Erneuerungsfonds wird **gespiesen durch zusätzliche Beitragsleistungen** der Stockwerkeigentümer bzw. die Überschüsse aus den ordentlichen Beiträgen. Über die Höhe der Beiträge bzw. über das Vorgehen bei der Beanspruchung der geäufneten Gelder entscheidet die Stockwerkeigentümerversammlung[235].

258 Über die **Höhe** der von jedem Stockwerkeigentümer periodisch in den Erneuerungsfonds zu entrichtenden Beiträge kann entweder jedes Jahr neu von der Stockwerkeigentümergemeinschaft beschlossen werden[236] oder es kann im Reglement ein bestimmter Betrag[237] fixiert werden.

259 Der Erneuerungsfonds ist von den übrigen eingehenden Mitteln für die gemeinschaftlichen Kosten und Lasten getrennt zu verwalten und die einzelnen Beträge auf ein besonderes, auf den Namen der Gemeinschaft lautendes Konto einzuzahlen[238].

---

[234] MEIER-HAYOZ/REY, ZGB 712l N 44.

[235] MEIER-HAYOZ/REY, ZGB 712l N 45.

[236] Vgl. dazu Anhang 1 «Beispiel für ein Reglement der Stockwerkeigentümer», Art. 19 Abs. 2.

[237] Z.B. proportional zur Fläche der einzelnen Stockwerkeigentumseinheiten, als Bruchteil der Wertquote oder des Brandassekuranzwertes.

[238] MEIER-HAYOZ/REY, ZGB 712s N 57. Zu regeln ist diesfalls auch die Art und Weise der Zeichnungsberechtigung, z.B. des Verwalters zusammen mit einem andern dafür bestimmten Stockwerkeigentümer.

IV. Haftung der Stockwerkeigentümergemeinschaft

Literatur:

REY, Sachenrecht I, N 850 ff.

SIMONIUS/SUTTER, § 15 N 52 ff.

STEINAUER I, N 1363 ff.

1. Beschränkte Haftung aus Vertrag

Im Bereich der gemeinschaftlichen Verwaltung ist die Stockwerkeigentümergemeinschaft sowohl gegenüber jedem einzelnen Stockwerkeigentümer als auch gegenüber Dritten handlungsfähig. Sie kann somit aufgrund eines Rechtsgeschäftes Rechte erwerben und Verpflichtungen eingehen[239]. 260

Die vermögenswerten Rechte, welche die Stockwerkeigentümergemeinschaft erwirbt, bilden unmittelbar Bestandteil ihres Sondervermögens und damit das **Haftungssubstrat für die im Rahmen der gemeinschaftlichen Verwaltung eingegangenen Verpflichtungen**. Im Bereich dieser rechtsgeschäftlichen Verpflichtungen ist somit die Stockwerkeigentümergemeinschaft selbst direkte formelle Trägerin der Haftung und das Verwaltungsvermögen ist unmittelbares Haftungssubstrat[240]. 261

Gemeinschaftliche Schulden entstehen vornehmlich aus **Rechtsgeschäften**, welche der Verwalter[241], die Stockwerkeigentümer oder ein anderer, kraft rechtsgeschäftlicher Vertretungsmacht eingesetzter Vertreter für die Gemeinschaft eingehen[242]. Ebenso haftet die Gemeinschaft für **Verbindlichkeiten**, welche **im Zusammenhang mit dem gemeinschaftlichen Eigentum** stehen[243]. 262

---

[239] Sog. **aktive** bzw. **passive Geschäftsfähigkeit**, dazu MEIER-HAYOZ/REY, ZGB 712l N 49.

[240] MEIER-HAYOZ/REY, ZGB 712l N 50.

[241] Zum Aufgabenbereich des Verwalters vgl. hinten Nr. 360 ff.

[242] Z.B. aus Kaufvertrag, Werkvertrag oder Auftrag.

[243] Z.B. für die Bezahlung von Baurechtszinsen; vgl. MEIER-HAYOZ/REY, ZGB 712l N 53, N 57 ff.

263 Wird bei der Abwicklung eines von der Gemeinschaft abgeschlossenen Vertrages ein Schaden verursacht (z.B. durch den Verwalter), hat diese dafür einzustehen. Selbstverständlich besteht keine Haftung der Gemeinschaft für eigene, selbständige Handlungen des Verwalters. Ebenfalls ausgeschlossen ist eine Organhaftung der Stockwerkeigentümergemeinschaft nach Art. 55 ZGB, da der Verwalter kein Organ im Sinne dieser Bestimmung ist[244].

264 Zu beachten ist, dass - falls die erforderlichen Voraussetzungen erfüllt sind - sowohl einzelne Stockwerkeigentümer als auch aussenstehende Dritte gegenüber der Stockwerkeigentümergemeinschaft Ansprüche aus ungerechtfertigter Bereicherung geltend machen können[245].

2. *Beschränkte Haftung aus Delikt*

265 Die **beschränkte Deliktsfähigkeit** der Stockwerkeigentümergemeinschaft ergibt sich aus ihrer auf den Bereich der Verwaltung und Nutzung der gemeinschaftlichen Sache (Art. 712e ZGB) beschränkten Geschäftsfähigkeit. Diese beschränkte Deliktsfähigkeit ist namentlich im Zusammenhang mit der Werkeigentümerhaftpflicht nach Art. 58 OR und der Grundeigentümerhaftpflicht nach Art. 679 ZGB von Bedeutung. Dies deshalb, weil eine ordnungsgemässe Verwaltung verlangt, das gemeinschaftliche Grundstück samt der gemeinschaftlichen Baute und Anlagen in einem derartigen Zustand zu unterhalten, dass keine Schädigungen Dritter eintreten. Entsteht durch die Nutzung und/oder Verwaltung der gemeinsamen Sache dennoch ein ersatzpflichtiger Schaden, so kann der Schadenersatzanspruch des Dritten als Kosten, die mit der Verwaltung zusammenhängen, bezeichnet werden. Dafür hat die Stockwerkeigentümergemeinschaft zu haften[246]. Diese Haftung dürfte auch für deliktisches Verhalten des Verwalters im Bereich der gemeinschaftlichen Nutzung und Verwaltung gelten.

266 Da sich die Deliktsfähigkeit der Stockwerkeigentümergemeinschaft lediglich auf den Bereich der Verwaltung und Nutzung des gemeinschaftlichen Grundstücks beschränkt, ist zu beachten, dass Ansprüche aus Werk- oder Grundeigentümerhaftpflicht nur dann gegenüber der Stockwerkeigentümergemeinschaft geltend gemacht werden können, wenn die **Schädigung von**

---

[244] MEIER-HAYOZ/REY, ZGB 712l N 54.

[245] MEIER-HAYOZ/REY, ZGB 712l N 55. So steht einem einzelnen Stockwerkeigentümer ein Anspruch aus ungerechtfertigter Bereicherung z.B. für zuviel bezahlte Beiträge an die gemeinsamen Kosten und Lasten zu.

[246] MEIER-HAYOZ/REY, ZGB 712l N 60.

gemeinschaftlichen Teilen ausgeht, nicht jedoch von Bereichen, die im Sonderrecht einzelner Stockwerkeigentümer stehen[247]. Tritt aufgrund eines Werkmangels an einem gemeinschaftlichen Gebäudeteil bei einem Dritten oder auch bei einem Stockwerkeigentümer ein Schaden ein, so haftet in diesem externen Verhältnis ausschliesslich die Stockwerkeigentümergemeinschaft.

3. *Beschränkte Prozess- und Betreibungsfähigkeit*

A. Allgemeines

267 Wie die Handlungs- und Deliktsfähigkeit ist die **Prozess- und Betreibungsfähigkeit** der Stockwerkeigentümergemeinschaft nach Art. 712l Abs. 2 ZGB umfangmässig **eingeschränkt auf die Nutzungs- und Verwaltungstätigkeit**. Die aktive Prozess- und Betreibungsfähigkeit sichert die Durchsetzung der Ansprüche, welche die Gemeinschaft aufgrund ihrer Vermögensfähigkeit erworben hat. Die passive Prozess- und Betreibungsfähigkeit stellt für den Gläubiger der Gemeinschaft in verfahrensmässiger Hinsicht eine wesentliche Erleichterung bei der Geltendmachung seiner Ansprüche dar[248]. Die Gemeinschaft kann am **Ort der gelegenen Sache** (d.h. dort, wo sich das zu Stockwerkeigentum aufgeteilte Grundstück befindet) beklagt[248a] und betrieben werden. Dieser Gerichtsstand gilt auch für die gerichtliche Geltendmachung von Ansprüchen der einzelnen Stockwerkeigentümer gegen die Gemeinschaft (z.B. hinsichtlich der gerichtlichen Bestellung oder Abberufung der Verwaltung).

268 Weil der Stockwerkeigentümergemeinschaft **keine Rechtspersönlichkeit** zukommt, steht ihr die in Art. 191 SchKG statuierte Möglichkeit, durch eine Insolvenzerklärung die Konkurseröffnung herbeizuführen, nicht offen. Gegen die Stockwerkeigentümergemeinschaft kann folglich auch **nicht die Konkursbetreibung** eingeleitet werden[249], da ihr die gesetzlich geforderte «Eigenschaft» für die Eintragung im Handelsregister, welche nach Art. 39 SchKG Voraussetzung für die Konkursbetreibung bildet, fehlt.

---

[247] MEIER-HAYOZ/REY, ZGB 712l N 61.

[248] MEIER-HAYOZ/REY, ZGB 712l N 47, im Einzelnen N 76 ff.

[248a] Art. 19 Abs. 1 lit. b GestG; mit dem Inkrafttreten dieses Gesetzes am 1. Januar 2001 wurde die Gerichtsstandsbestimmung in Art. 712l Abs. 2 ZGB aufgehoben.

[249] MEIER-HAYOZ/REY, ZGB 712l N 100.

B. Beispiele aus der bundesgerichtlichen Rechtsprechung zur Prozessfähigkeit der Stockwerkeigentümergemeinschaft

269 Die Prozessfähigkeit als Korrelat zur Handlungsfähigkeit der Stockwerkeigentümergemeinschaft hat deshalb zu Streitfragen Anlass gegeben, weil - entsprechend der beschränkten Handlungsfähigkeit - die Stockwerkeigentümergemeinschaft lediglich in **beschränktem Umfang prozessfähig** ist.

a. Prozessfähigkeit hinsichtlich einer Forderungsklage im Zusammenhang mit dem Baurechtszins[250]?

270 Aufgrund einer Erklärung der Inhaber eines selbständigen und dauernden Baurechts wurde Stockwerkeigentum neu begründet. Im Baurechtsvertrag ist die Anpassung des Baurechtszinses an die Teuerung vorgesehen. Der Baurechtsgeber macht diese Anpassung gegenüber der Stockwerkeigentümergemeinschaft geltend; er klagt auf Bezahlung des Teuerungsausgleichs. Zu prüfen ist die Frage, ob die Stockwerkeigentümergemeinschaft prozessfähig ist. Die **Bezahlung von Baurechtszinsen gehört zu den gemeinschaftlichen Verwaltungsaufgaben**. Es handelt sich dabei um eine gemeinschaftliche Last[251]. Die Handlungsfähigkeit ist bezüglich der Bezahlung der Baurechtszinsen zu bejahen. Weil die **Prozessfähigkeit eine Konsequenz der Handlungsfähigkeit** ist, kommt der Gemeinschaft auch die auf den Bereich ihrer Nutzungs- und Verwaltungstätigkeit beschränkte Prozessfähigkeit zu. Die Stockwerkeigentümergemeinschaft ist hinsichtlich der Klage auf Bezahlung des Teuerungsausgleichs prozessfähig.

b. Prozessfähigkeit bezüglich einer Klage auf Ersatz des Minderwertes aus Kaufverträgen[252]?

271 Die Begründer von Stockwerkeigentum verkauften die einzelnen Stockwerkeigentumsanteile. Die Käufer machten verschiedene Mängel an gemeinschaftlichen Bauteilen geltend. Nicht die einzelnen Stockwerkeigentümer, sondern die Stockwerkeigentümergemeinschaft erhebt Klage gegen die Verkäufer. Sie verlangt Ersatz des Minderwertes. Die Stockwerkeigentümergemeinschaft kann im Bereich ihrer Verwaltungstätigkeit Gewährleistungsansprüche erwerben. Diese haben ihre Grundlage entweder in einem Vertrag, den die Gemeinschaft mit einem aussenstehenden Dritten abschliesst. Sie kann solche Ansprüche aber auch durch Abtretung von den einzelnen Stockwerkeigentümern

[250] BGE *117* II 40 ff.

[251] Vgl. dazu hinten Nr. 558.

[252] BGE *114* II 239 ff.; zur Partei- und Prozessfähigkeit der Stockwerkeigentümergemeinschaft in Bezug auf Gewährleistungsansprüche, welche aus Schäden an der Fassade des gemeinschaftlichen Gebäudes resultieren vgl. auch BGE *109* II 423 ff.

erwerben, wenn der entsprechende Anspruch abtretbar ist[253]. Im konkreten Fall liegen keine schriftlichen Zessionen vor. Die Stockwerkeigentümergemeinschaft ist deshalb davon ausgegangen, dass der **Übergang von Gewährleistungsansprüchen** bzw. der Forderungen auf teilweise Rückerstattung der von den einzelnen Stockwerkeigentümern geleisteten Kaufpreiszahlungen von Gesetzes wegen, somit durch **Legalzession erfolgt sei**. Dies entspricht der von einem Teil der Lehre und der kantonalen Rechtsprechung vertretenen Auffassung. Das **Bundesgericht lehnt diese Meinung ab**[254].

4. Keine unmittelbare solidarische Haftung der Stockwerkeigentümer neben der Gemeinschaft

272 Gegen die Stockwerkeigentümergemeinschaft können lediglich Ansprüche geltend gemacht werden, wenn diese in einem funktionellen Zusammenhang mit der gemeinschaftlichen Nutzung und Verwaltung stehen[255].

273 Ist diese Voraussetzung erfüllt, kann jedoch **nur und ausschliesslich** die Stockwerkeigentümergemeinschaft haftbar gemacht werden. Auch wenn für Forderungen, welche in den Schuld- und Haftungsbereich der Stockwerkeigentümergemeinschaft fallen, die einzelnen Stockwerkeigentümer mittelbar über ihre Beitragsleistungen haften, können diese nicht direkt belangt werden. Es gibt somit **keine unmittelbare solidarische**, neben der Haftung der Stockwerkeigentümergemeinschaft bestehende **Haftung der einzelnen Stockwerkeigentümer**[256].

5. Zusammenfassung

274 Der Stockwerkeigentümergemeinschaft fehlt zwar die Rechtspersönlichkeit. Um sie dennoch im Rechtsverkehr als geschlossene Einheit auftreten zu lassen, hat ihr der Gesetzgeber eine auf den **Bereich der gemeinschaftlichen Verwaltung eingeschränkte Vermögens- und Handlungs- bzw. Ge-**

---

[253] Zu beachten ist allerdings, dass nicht der Minderungsanspruch, sondern der Anspruch auf ganze oder teilweise Rückerstattung der geleisteten Vergütung abtretbar ist, so GAUCH/SCHLUEP/REY, N 3556a; zur Abtretung von (Sach-) Gewährleistungsansprüchen aus Kaufverträgen vgl. auch BGE *111* II 458 ff. und die diesbezügliche Besprechung von LIVER, ZBJV *123* (1987) S. 145 ff.

[254] So schon BGE *111* II 461 f. Erw. 3b.

[255] MEIER-HAYOZ/REY, ZGB 712l N 70.

[256] MEIER-HAYOZ/REY, ZGB 712l N 63 ff.; BGE *119* II 404 ff., insbes. 409 f. Erw. 6.

schäftsfähigkeit verliehen; in diesem Bereich ist sie gemäss Art. 712l ZGB auch **aktiv und passiv prozess- und betreibungsfähig**.

275 Weil die Stockwerkeigentümergemeinschaft keine juristische Person ist, lässt sich ihre beschränkte Vermögensfähigkeit theoretisch wohl nur dadurch erklären, dass sie lediglich formale Trägerin von Vermögenswerten sein kann und die materielle Rechtsträgerschaft bei der Gesamtheit der einzelnen Stockwerkeigentümer liegt.

276 Die beschränkte Deliktsfähigkeit und damit die Haftung der Stockwerkeigentümergemeinschaft im ausservertraglichen Bereich ist im Gesetz zwar nicht ausdrücklich vorgesehen, sie wird jedoch aus ihrer beschränkten Geschäftsfähigkeit abgeleitet.

V. Organe der Stockwerkeigentümergemeinschaft

Literatur:

LIVER, SPR V/I, S. 100 ff.

REY, Sachenrecht I, N 872 ff.

SCHMID, N 1058 ff.

SIMONIUS/SUTTER, § 15 N 58 ff.

STEINAUER I, N 1305 ff.

TUOR/SCHNYDER/SCHMID, S. 711 f.

1. Allgemeines

277 Für die Besorgung der gemeinsamen Angelegenheiten ist es zweckmässig, dass die Stockwerkeigentümer einheitlich vorgehen können; auch eine so lose Gemeinschaft wie die Stockwerkeigentümergemeinschaft braucht eine in den Grundzügen im Gesetz vorgezeichnete Organisation. Deshalb müssen die unterschiedlichen Organfunktionen[257] verschiedenen Organträgern zugewiesen werden. Der Begriff «Organ» ist allerdings nicht im streng juristischen Sinn zu verstehen: Da der Stockwerkeigentümergemeinschaft die Rechtspersönlichkeit fehlt, kann sie keine Organe im engeren körperschaftlichen Sinn haben. In Übereinstimmung mit der übrigen Literatur

[257] Die Willensbildung im internen Bereich, die Geschäftsführung sowie Vertretung nach aussen.

werden nachfolgend die Funktionsträger der Stockwerkeigentümergemeinschaft dennoch als «Organe» bezeichnet[258].

278 Der Gesetzgeber hatte den Leitgedanken, den Stockwerkeigentümern eine den jeweiligen **konkreten Verhältnissen entsprechende Ausgestaltung der Organisation** zu ermöglichen. Auf eine allzu stark differenzierte Organisationsstruktur der Stockwerkeigentümergemeinschaft wurde daher verzichtet. Die Bestimmungen in den Art. 712m-712t ZGB schaffen vielmehr eine **ausserordentlich elastische gesetzliche Grundlage**, um der Gemeinschaft eine möglichst weitgehende Organisationsautonomie einzuräumen[259].

2. *Einziges zwingend vorgeschriebenes Organ: Die Stockwerkeigentümerversammlung*

A. Allgemeines

279 In der Gemeinschaft der Stockwerkeigentümer ist die Stockwerkeigentümerversammlung zentraler Funktionsträger. Sie ist das **einzige obligatorische Gemeinschaftsorgan** und übt als einziges **Willensbildungsorgan** die **oberste Gewalt in der Gemeinschaft aus**[260].

280 Die für die Stockwerkeigentümerversammlung massgebende Regelung ist in den Art. 712m-712p ZGB enthalten. Für alle Fragen, die im Zusammenhang mit der Versammlung der Stockwerkeigentümer durch diese Bestimmungen entweder überhaupt nicht oder nur unvollständig beantwortet werden, ist aufgrund des Legalverweises in Art. 712m Abs. 2 ZGB **das Vereinsrecht subsidiär anwendbar**[261].

[258] MEIER-HAYOZ/REY, ZGB 712g N 7, 712m N 8.

[259] MEIER-HAYOZ/REY, ZGB 712g N 24, 712m N 9.

[260] MEIER-HAYOZ/REY, ZGB 712g N 25, 712m N 11, 12.

[261] MEIER-HAYOZ/REY, ZGB 712m N 15 f.

B. Teilnahmeberechtigung an der Stockwerkeigentümerversammlung

a. Allgemeines

281 Die Bestimmung in Art. 712o ZGB regelt die **Ausübung des Stimmrechts**[262] in der Stockwerkeigentümerversammlung und damit indirekt auch die **Teilnahmeberechtigung** an derselben. Gesetzgeberischer Zweckgedanke von Art. 712o ZGB ist es u.a., die **Aufsplittung der Stimmkraft** in jenen Fällen **zu verhindern**, wo mehrere Personen an einem Stockwerkeigentumsanteil dinglich berechtigt sind[263].

b. Der Alleineigentümer eines Stockwerkeigentumsanteils

282 Die Aufsplittung des Stimmrechts, welche das Gesetz zu verhindern bezweckt, ist in derjenigen Fallkonstellation nicht zu befürchten, wo ein Stockwerkeigentumsanteil im Eigentum einer Einzelperson steht. An der Stockwerkeigentümerversammlung teilnahme- und auch stimmberechtigt ist somit jedenfalls der **Alleineigentümer** eines Stockwerkeigentumsanteils.

c. Die Mitglieder einer Untergemeinschaft

283 Steht ein Stockwerkeigentumsanteil entweder im Mit- oder im Gesamteigentum mehrerer Personen, einer sogenannten **Untergemeinschaft**, so bestimmt Art. 712o Abs. 1 ZGB, dass ihnen **lediglich eine Stimme** zusteht, welche durch einen Vertreter abzugeben ist[264]. Das **Stimmrecht** ist somit für den betreffenden Stockwerkeigentumsanteil **einheitlich** auszuüben. Sowohl für die interne Willensbildung als auch für die Bestellung des gemeinsamen Vertreters sind diejenigen gesetzlichen Vorschriften massgebend, welche auf das der Untergemeinschaft zugrunde liegende Gemeinschaftsverhältnis Anwendung finden[265]. Stimmberechtigt ist somit allein der durch die Mitglieder der Untergemeinschaft bestimmte Vertreter nach Massgabe der gemeinschaftlichen Willensbildung. Hingegen sind die übrigen, nicht stimmberechtigten Mit- oder Gesamteigentümer aufgrund ihrer dinglichen Mitbe-

---

[262] Ausführlich zu den einzelnen Modalitäten des Stimmrechts als grundsätzlich unentziehbarem Mitgliedschaftsrecht der Stockwerkeigentümer hinten Nr. 425 ff.

[263] In diesem Sinne MEIER-HAYOZ/REY, ZGB 712o N 4.

[264] Vgl. dazu auch Anhang 1 «Beispiel für ein Reglement der Stockwerkeigentümer», Art. 30 Abs. 2.

[265] MEIER-HAYOZ/REY, ZGB 712o N 5.

rechtigung an dem betreffenden Stockwerkeigentumsanteil zumindest berechtigt, an der Stockwerkeigentümerversammlung teilzunehmen.

d. Nutzniesser oder Wohnrechtsberechtigter

284 Als qualifizierter Miteigentumsanteil an einem Grundstück wird ein Stockwerkeigentumsanteil im Rechtsverkehr als Grundstück behandelt. Es kann daran sowohl ein **Nutzniessungs**- wie auch ein **Wohnrecht** begründet werden. Dinglich berechtigt sind folglich nicht nur der Eigentümer des Stockwerkeigentumsanteils, sondern auch der Nutzniesser bzw. der aus der Wohnrechtsdienstbarkeit Berechtigte. Daher stellt sich wie bei den Untergemeinschaften die Frage, wer in der Stockwerkeigentümerversammlung das Stimmrecht ausüben darf. Auch in dieser Sachverhaltskonstellation lässt sich dem gesetzgeberischen Motiv entsprechend das **Stimmrecht** nicht aufspalten; es kann deshalb in der Stockwerkeigentümerversammlung immer nur durch einen einzigen der an einem Stockwerkeigentumsanteil Berechtigten ausgeübt werden[266].

285 Art. 712o Abs. 2 ZGB erwähnt zwar lediglich die Nutzniessung ausdrücklich; diese Bestimmung findet jedoch auch analog auf das Wohnrecht Anwendung, da das Wohnrecht einen Spezialfall der Nutzniessung darstellt. Dies gilt jedoch nur, wenn ein **ausschliessliches** Wohnrecht begründet worden ist. Haben die Parteien lediglich ein Mitbenutzungsrecht vereinbart, gilt der Eigentümer des Stockwerkeigentumsanteils als stimmberechtigt[267].

286 Über die Ausübung des Stimmrechts können der Eigentümer eines Stockwerkeigentumsanteils und der daran aufgrund einer Nutzniessung bzw. eines Wohnrechts Berechtigte grundsätzlich eine **privatautonome Regelung** treffen. Das Stimmrecht kann generell entweder dem einen oder dem anderen eingeräumt werden oder es kann eine Unterscheidung nach sachlichen Kriterien erfolgen[268].

287 Kommt eine solche einvernehmliche Regelung nicht zustande oder fehlt sie überhaupt, findet die subsidiäre gesetzliche Regelung von Art. 712o Abs. 2 ZGB Anwendung: Der Nutzniesser bzw. Wohnrechtsberechtigte ist in allen Fragen der Verwaltung stimm- und damit an der Stockwerkeigentümerversammlung teilnahmeberechtigt. Hingegen verbleibt die Stimm- und Teilnahmeberechtigung in Fragen der nützlichen oder der Verschönerung die-

---

[266] MEIER-HAYOZ/REY, ZGB 712o N 9.

[267] MEIER-HAYOZ/REY, ZGB 712o N 13.

[268] MEIER-HAYOZ/REY, ZGB 712o N 10.

nenden baulichen Massnahmen dem Eigentümer des Stockwerkeigentumsanteils[269]. Wie bei der Untergemeinschaft gilt auch hier, dass der im konkreten Fall nicht stimmberechtigte Stockwerkeigentümer oder Nutzniessungs- bzw. Wohnrechtsberechtigte an der Stockwerkeigentümerversammlung zumindest teilnahmeberechtigt ist.

e. Die an einem Stockwerkeigentumsanteil nur obligatorisch Berechtigten?

288 Das Gesetz macht die Möglichkeit der Stimmrechtsausübung grundsätzlich von einer dinglichen Berechtigung an einem Stockwerkeigentumsanteil abhängig. Daraus folgt, dass den nur **obligatorisch Berechtigten**, wie z.B. dem Mieter oder Pächter eines Stockwerkeigentumsanteils, grundsätzlich **kein Stimmrecht** zusteht; dieses verbleibt beim Eigentümer als Vermieter oder Verpächter. Dementsprechend sind die lediglich obligatorisch an einem Stockwerkeigentumsanteil Berechtigten (vorbehältlich einer speziellen Ermächtigung) auch nicht befugt, an der Stockwerkeigentümerversammlung teilzunehmen.

C. Überblick über den Kompetenzbereich der Stockwerkeigentümerversammlung

a. Allgemeines

289 Die Tätigkeitsbereiche der Stockwerkeigentümerversammlung werden in Art. 712m Abs. 1 ZGB aufgezählt. Diese Aufzählung der Kompetenzen ist jedoch nicht abschliessender Natur; dies ergibt sich daraus, dass der Gesetzgeber ausdrücklich auf die «in anderen Bestimmungen genannten» Zuständigkeiten verweist (gemeint sind z.B. Art. 647 ff., 712e Abs. 2, 712g Abs. 2 und 3, 712r Abs. 1 ZGB)[270].

290 Als oberstes Organ ist die Stockwerkeigentümerversammlung ohnehin in **allen Fragen zuständig, welche nicht kraft gesetzlicher Anordnung oder rechtsgeschäftlicher Vereinbarung einem anderen Organ zugewiesen sind**. Es besteht somit eine **Vermutung zu Gunsten der Zuständigkeit der Stockwerkeigentümerversammlung**[271].

---

[269] MEIER-HAYOZ/REY, ZGB 712o N 11. Vgl. dazu auch Anhang 1 «Beispiel für ein Reglement der Stockwerkeigentümer», Art. 30 Abs. 3.

[270] MEIER-HAYOZ/REY, ZGB 712m N 19.

[271] MEIER-HAYOZ/REY, ZGB 712m N 20.

Der in Art. 712m Abs. 1 ZGB vorgezeichnete Kompetenzenkatalog[272] der Stockwerkeigentümerversammlung kann innerhalb bestimmter Schranken **rechtsgeschäftlich abgeändert** werden[273]. 291

Diesbezüglich ist zu beachten, dass alle Verwaltungshandlungen, welche von Gesetzes wegen eines Mehrheitsbeschlusses bedürfen und alle Kompetenzen, welche die Wahl, Beaufsichtigung und Abberufung anderer, durch Rechtsgeschäft bestimmter Organe[274] betreffen, zu den **zwingenden**, der Stockwerkeigentümerversammlung **unentziehbaren Mindestbefugnissen** gehören[275]. 292

b. Gesetzliche Kompetenzen der Stockwerkeigentümerversammlung

aa. Entscheide in Verwaltungsangelegenheiten

Durch ihre Stellung als oberstes Organ der Gemeinschaft steht der Stockwerkeigentümerversammlung nach Art. 712m Abs. 1 Ziff. 1 ZGB die **Entscheidung in allen Verwaltungsangelegenheiten** zu, welche nicht dem Verwalter zustehen[276]. 293

Unter Verwaltung ist die Geschäftsführung im gemeinschaftlichen Interesse zu verstehen. Es handelt sich um Handlungen tatsächlicher oder rechtlicher Natur, die dazu bestimmt sind, das betreffende Rechtsgut zu erhalten, zu mehren, oder der seinem Zweck entsprechenden Verwendung zuzuführen[277]. 294

Vorbehältlich rechtsgeschäftlicher Änderungen findet im Stockwerkeigentumsrecht die für das gewöhnliche Miteigentum gesetzlich vorgesehene Verwaltungsordnung ebenfalls Anwendung[278]. Es handelt sich dabei um die Bestimmungen in den Art. 647-647e ZGB. 295

Das nachfolgende Schema zeigt die Arten der im Gesetze vorgesehenen Verwaltungshandlungen auf: Die eingekreisten Ziffern bezeichnen dabei die 296

---

[272] Zu dessen näherer Ausdifferenzierung vgl. gleich anschliessend Nr. 293 ff.

[273] MEIER-HAYOZ/REY, ZGB 712m N 56.

[274] Zu den rechtsgeschäftlich bestellten Organen der Gemeinschaft der Stockwerkeigentümer hinten Nr. 357 ff.

[275] MEIER-HAYOZ/REY, ZGB 712m N 59 f., sowie vorn Nr. 194.

[276] MEIER-HAYOZ/REY, ZGB 712m N 21.

[277] MEIER-HAYOZ/REY, ZGB 712m N 22.

[278] MEIER-HAYOZ/REY, ZGB 712m N 23.

für die Anordnung der entsprechenden Massnahmen von Gesetzes wegen erforderlichen Quoren bzw. die Zuständigkeit. Bei den einzelnen Kategorien von Verwaltungshandlungen ist zusätzlich angeführt, ob die Möglichkeit einer rechtsgeschäftlichen Erschwerung (+) bzw. Erleichterung (—) des gesetzlich vorgesehenen Quorums besteht.

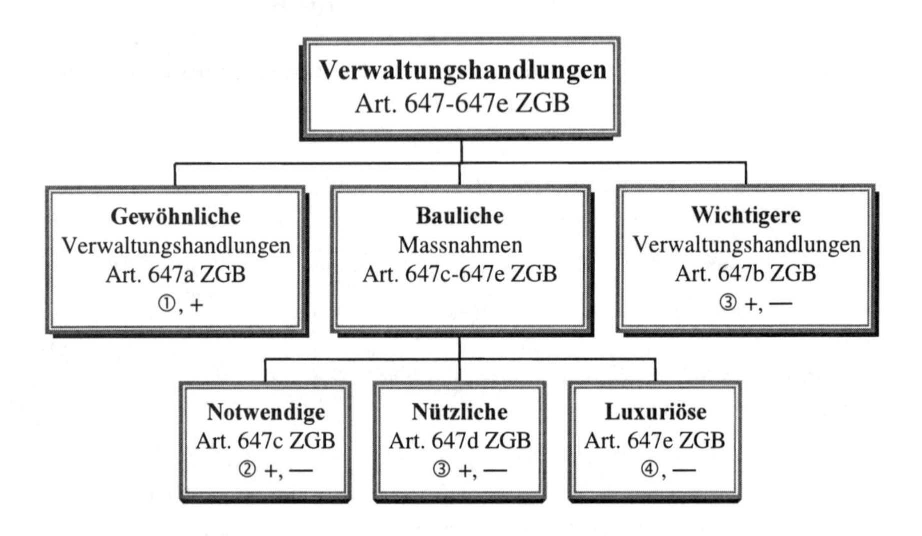

① Jeder einzelne Mit- bzw. Stockwerkeigentümer ist zuständig, unter Vorbehalt einer mit der Mehrheit nach Köpfen getroffenen abweichenden Vereinbarung.

② Einfache Mehrheit nach Köpfen.

③ Qualifizierte Mehrheit nach Köpfen und Anteilen.

④ Einstimmigkeit, unter Vorbehalt der in Art. 647e Abs. 2 ZGB normierten Ausnahmeregelung.

bb. Bestellung und Beaufsichtigung des Verwalters

297 Nach Art. 712m Abs. 1 Ziff. 2 ZGB steht der Stockwerkeigentümerversammlung die unentziehbare Kompetenz zu, einen **Verwalter zu bestellen**. Damit verbunden ist das **Aufsichtsrecht** über dessen Tätigkeit und das Recht, einen bestellten Verwalter auch wieder abzuberufen[279]. Die Bestellung eines Verwalters ist vom Gesetz nicht zwingend vorgesehen, doch

[279] Zu Bestellung und Abberufung des Verwalters vgl. hinten Nr. 357 ff. und Nr. 382 ff.

steht jedem einzelnen Stockwerkeigentümer das unentziehbare Recht zu, die Einsetzung eines Verwalter durch den Richter zu verlangen, wenn eine Bestellung durch die Stockwerkeigentümerversammlung nicht zustande kommt[280].

cc. Bestellung und Beaufsichtigung weiterer Organisationsträger (Ausschuss, Abgeordneter)

Aufgrund der Gemeinschaftsautonomie, welche der Stockwerkeigentümergemeinschaft zusteht, und gestützt auf die Bestimmung von Art. 712m Abs. 1 Ziff. 3 ZGB kann die Stockwerkeigentümerversammlung auch einen Ausschuss oder einen Abgeordneten bestellen[281]. Da ein Ausschuss in erster Linie beratende und überwachende Funktionen ausüben soll, ist die Bestellung eines solchen Organs, welche **nicht zwingend** vorgesehen ist, v.a. bei grösseren Gemeinschaften sinnvoll[282]. 298

dd. Grundsatzentscheide in wirtschaftlicher und finanzieller Hinsicht

Gemäss Art. 712m Abs. 1 Ziff. 4 ZGB hat die Stockwerkeigentümerversammlung jährlich den **Kostenvoranschlag, die Jahresrechnung und die Verteilung der Kosten unter den Eigentümern zu genehmigen.** Da somit weder der Verwalter noch ein allfälliger Ausschuss allein über den Finanzhaushalt der Gemeinschaft bestimmen können, kommt der Stockwerkeigentümerversammlung die Kompetenz zu, in wirtschaftlicher und finanzieller Hinsicht grundsätzliche Entscheide zu fällen[283]. 299

ee. Schaffung eines Erneuerungsfonds

Die Schaffung eines Erneuerungsfonds[284] ist zwar vom Gesetz nicht zwingend vorgeschrieben, doch gibt Art. 712m Abs. 1 Ziff. 5 ZGB der Stockwerkeigentümerversammlung die Kompetenz, über die Schaffung eines solchen zu befinden[285]. 300

---

280 MEIER-HAYOZ/REY, ZGB 712m N 24 f.

281 Vgl. dazu hinten Nr. 392 ff.

282 MEIER-HAYOZ/REY, ZGB 712m N 26 f.

283 MEIER-HAYOZ/REY, ZGB 712m N 42.

284 Zum Erneuerungsfonds vgl. auch vorn Nr. 256 ff.

285 MEIER-HAYOZ/REY, ZGB 712m N 44.

ff. Abschluss von Versicherungen

301 Die Stockwerkeigentümergemeinschaft ist hinsichtlich der gemeinschaftlichen Angelegenheiten für verursachte Schäden sowohl aus Vertrag als auch aus Delikt haftbar[286]. Es empfiehlt sich daher, das Risiko solcher unerwartet anfallender Belastungen durch den Abschluss einer entsprechenden Versicherung abzudecken[287].

302 Die Stockwerkeigentümerversammlung ist nicht Exekutivorgan der Gemeinschaft. Daher handelt es sich bei der ihr in Art. 712m Abs. 1 Ziff. 6 ZGB zugestandenen Kompetenz vor allem um einen Akt der internen Willensbildung zur Festlegung, welche Risiken und Gefahren konkret zu versichern sind. Der eigentliche Abschluss des bzw. der entsprechenden Versicherungsverträge wird durch einen für die Stockwerkeigentümergemeinschaft handelnden Vertreter, zumeist durch den Verwalter vorgenommen[288].

303 Als wichtigste, das Stockwerkeigentum betreffende Versicherungen, deren Abschluss der Stockwerkeigentümergemeinschaft zu empfehlen ist, gelten die:

304 - **Haftpflichtversicherung** zur Deckung von Personen- und Sachschäden im Zusammenhang mit der Werk- und Grundeigentümerhaftpflicht (Art. 58 OR und Art. 679 ZGB);

305 - **Feuerversicherung**[289] zur Deckung von Schäden, welche durch Brand, Blitzschlag, Explosion, Elementarereignisse und abstürzende Luftfahrzeuge oder Teilen davon entstehen[290];

306 - **Wasserschadensversicherung** zur Deckung von Schäden, welche durch Wasser entstehen, das z.B. aus Leitungsanlagen eines im Vertrag bezeichneten Gebäudes fliesst[291];

---

[286] Dazu vorn Nr. 260 ff., Nr. 265 ff.

[287] MEIER-HAYOZ/REY, ZGB 712m N 50.

[288] MEIER-HAYOZ/REY, ZGB 712m N 52. Vgl. zur Versicherung des Gebäudes auch hinten, Anhang 1 «Beispiel für ein Reglement der Stockwerkeigentümer», Art. 22.

[289] Diese ist in den meisten Kantonen **obligatorisch**.

[290] Zur versicherten Feuergefahr vgl. ALFRED MAURER, Schweizerisches Privatversicherungsrecht, 3. Aufl., Zürich 1995, S. 510 f.

[291] Zu weiteren Schadensursachen, welche versichert werden können MAURER (FN 290) S. 517.

- **Glasbruchversicherung**[292], wobei häufig lediglich der Ersatz von Schäden an Verglasungen der gemeinschaftlichen Teile Gegenstand der Versicherungsleistung ist. 307

D. Beschlussfassung in der Stockwerkeigentümerversammlung

a. Beschlussfähigkeit der Stockwerkeigentümerversammlung

308 Nach Art. 712p Abs. 1 ZGB ist die Stockwerkeigentümerversammlung beschlussfähig, wenn die Hälfte aller Stockwerkeigentümer, welche zugleich zur Hälfte anteilsberechtigt ist, mindestens aber zwei Stockwerkeigentümer anwesend oder vertreten sind. Diese Beschlussfähigkeitsvorschrift, welche ein sog. **doppeltes Quorum** verlangt, bezweckt, dass die für die Gemeinschaft relevanten Entscheidungen sowohl von einer bestimmten Mitgliederzahl als auch einem bestimmten Anteilspotential getragen werden; ihr kommt folglich eine **mehrheitsschützende Funktion** zu[293]. Diese gesetzliche Ordnung über die Beschlussfähigkeit ist einseitig **zwingend**; eine rechtsgeschäftliche **Erleichterung der Beschlussfähigkeitsquoren** ist daher **nicht zulässig**[294].

309 Für die Feststellung der Beschlussfähigkeit ist - gleich wie für die Beschlussfassung[295] - die Mehrheit der anwesenden und vertretenen, nicht aber diejenige der stimmenden Stockwerkeigentümer massgebend[296]. Sie muss nicht nur zu Beginn der Versammlung, sondern auch noch im Moment der Beschlussfassung tatsächlich gegeben sein, andernfalls ist der Versammlungsbeschluss anfechtbar oder allenfalls gar nichtig[297].

310 Ist die Stockwerkeigentümerversammlung von Anfang an nicht beschlussfähig oder wird sie es im Verlaufe der Versammlung, ist nach Art. 712p Abs. 2 ZGB eine **zweite** Versammlung einzuberufen, die jedoch **nicht vor**

---

292 Dazu MAURER (FN 290), S. 518.

293 MEIER-HAYOZ/REY, ZGB 712p N 4.

294 MEIER-HAYOZ/REY, ZGB 712p N 12.

295 Dazu hinten Nr. 326.

296 Daher sind auch z.B. die in einer bestimmten Angelegenheit aufgrund einer Interessenkollision nicht stimmberechtigten Stockwerkeigentümer für die Feststellung der Beschlussfähigkeit mitzuzählen, MEIER-HAYOZ/REY, ZGB 712p N 8.

297 MEIER-HAYOZ/REY, ZGB 712p N 9. Um dem Risiko der Beschlussunfähigkeit vorzubeugen besteht die Möglichkeit, entweder im Begründungsakt oder später durch einstimmigen Beschluss in einem Reglement die Möglichkeit der schriftlichen Beschlussfassung durch Urabstimmung vorzusehen, dazu hinten Nr. 336 ff.

Ablauf von zehn Tagen seit der ersten stattfinden darf[298]. Diese zweite Versammlung ist gemäss Art. 712p Abs. 3 beschlussfähig, wenn ein Drittel aller Stockwerkeigentümer, mindestens jedoch zwei anwesend oder vertreten sind. Für die Feststellung der Beschlussfähigkeit und die rechtsgeschäftliche Änderung der Beschlussfähigkeitsquoren der zweiten Versammlung gilt das für die erste Versammlung Ausgeführte entsprechend.

311 Erreicht auch die zweite Versammlung nicht das für die Beschlussfähigkeit erforderliche Quorum, muss keine dritte Versammlung einberufen werden; das Gesetz gewährleistet die Lebensfähigkeit der Gemeinschaft dadurch, dass jeder Stockwerkeigentümer sowie der Verwalter die erforderlichen Massnahmen treffen oder durch den Richter anordnen lassen können[299].

b. Quoren der Beschlussfassung

aa. Anwendbare Bestimmungen

312 Da die Art. 712m-712p ZGB keine Angaben hinsichtlich der Quoren für die Beschlussfassung enthalten, kommen diesbezüglich vorwiegend die **Bestimmungen des Miteigentums- sowie des Vereinsrechts** zur Anwendung. Nach herrschender Meinung sind die Quorumsbestimmungen dem Miteigentumsrecht zu entnehmen, währenddem für die Berechnung der Mehrheiten auf die Vorschriften des Vereinsrecht abzustellen ist[300].

313 Die Quorumsbestimmungen sind - Ausnahmen vorbehalten - grundsätzlich **nicht zwingender** Natur und können daher namentlich zum **Zweck des Minderheitenschutzes** gegenüber der gesetzlichen Ordnung **erschwert** werden[301]. Ob die Quoren hingegen erleichtert werden können, kann nicht allgemein beantwortet, sondern muss in jedem Fall einzeln abgeklärt werden[302].

---

[298] Diese Vorschrift bezweckt zum einen die Verhinderung einer missbräuchlichen Ansetzung der zweiten Versammlung unmittelbar im Anschluss an die erste; zum anderen soll für die Vorbereitung der zweiten Versammlung genügend Zeit eingeräumt werden, MEIER-HAYOZ/REY, ZGB 712p N 13.

[299] MEIER-HAYOZ/REY, ZGB 712p N 15.

[300] MEIER-HAYOZ/REY, ZGB 712m N 89.

[301] Vgl. dazu auch vorn Nr. 296.

[302] MEIER-HAYOZ/REY, ZGB 712m N 90.

bb. Erforderliche Quoren

Gesetzlich vorgesehen sind die **Einstimmigkeit**, die **qualifizierte Mehrheit**[303] und die **einfache Mehrheit**. 314

Eines **einstimmigen** Beschlusses in der Stockwerkeigentümerversammlung bedürfen namentlich folgende Anordnungen[304]: 315

- Festlegung gewillkürter gemeinschaftlicher Teile nach Art. 712b Abs. 3 ZGB und Abänderung der Sonderrechtsbereiche; 316
- Begründung, Änderung und Aufhebung rechtsgeschäftlicher Verfügungsbeschränkungen wie des Vorkaufsrechts nach Art. 712c Abs. 1 ZGB und des Einspracherechts nach Art. 712c Abs. 2 ZGB; 317
- luxuriöse bauliche Massnahmen nach Art. 647e Abs. 1 ZGB, wobei eine rechtsgeschäftliche Erleichterung dieses Quorums nicht ausgeschlossen ist; 318
- Verfügungen über das gemeinschaftliche Grundstück und Änderung der Zweckbestimmung, soweit die Stockwerkeigentümer nicht ein anderes Quorum vereinbart haben. 319

Eine **qualifizierte Mehrheit** nach Köpfen und Anteilen ist insbesondere vorausgesetzt für[305]: 320

- die Feststellung der Beschlussfähigkeit der ersten Stockwerkeigentümerversammlung nach Art. 712p Abs. 1 ZGB; 321
- wichtigere Verwaltungshandlungen nach Art. 647b Abs. 1 ZGB, wobei dieses Quorum sowohl verschärft wie erleichtert werden kann; 322
- nützliche bauliche Massnahmen (Art. 647d Abs. 1 ZGB) sowie für luxuriöse bauliche Massnahmen, sofern ein Stockwerkeigentümer, welcher nicht zustimmt, durch diese Massnahme in seinem Nutzungs- und Gebrauchsrecht nicht dauernd beeinträchtigt wird und ihm für eine vorübergehende Beeinträchtigung Ersatz geleistet und sein Kostenanteil übernommen wird (Art. 647e Abs. 2 ZGB); 323
- Erlass und Änderung eines Reglements nach Art. 712g Abs. 3 ZGB sowie Aufhebung eines reglementarisch begründeten besonderen Nutzungsrechts. 324

---

[303] Kumulierung der Mehrheit nach Köpfen mit der Mehrheit nach Anteilen.

[304] MEIER-HAYOZ/REY, ZGB 712m N 93 ff.

[305] MEIER-HAYOZ/REY, ZGB 712m N 103 ff.

325 Für alle anderen Beschlüsse, die weder Einstimmigkeit noch eine qualifizierte Mehrheit voraussetzen, genügt die **einfache Mehrheit nach Personen**[306].

cc. Berechnung der Mehrheit

326 Über die Angelegenheiten der gemeinschaftlichen Verwaltung beschliesst die **Mehrheit der in der Versammlung anwesenden Mitglieder** und nicht die Mehrheit aller Mitglieder der Gemeinschaft[307].

327 Die Frage, ob bei einer Abstimmung die Mehrheit der anwesenden oder lediglich der tatsächlich stimmenden Stockwerkeigentümer erforderlich ist, beantwortet sich kraft des Verweises in Art. 712m Abs. 2 ZGB aufgrund der massgebenden Bestimmung des Vereinsrechts. Art. 67 Abs. 2 ZGB spricht nicht von der Mehrheit der stimmenden, sondern von der **Mehrheit der anwesenden Mitglieder**[308]. Die Mehrheitsberechnung aufgrund der in der Versammlung anwesenden Stockwerkeigentümer ist indessen **nicht zwingend**, so dass im Reglement die Mehrheit der stimmenden Stockwerkeigentümer als ausreichend erklärt werden kann[309].

328 Ein Beschluss bedarf nach Art. 67 Abs. 2 ZGB grundsätzlich der **absoluten Mehrheit**, also mehr als der Hälfte der Stimmen der anwesenden Stockwerkeigentümer. Nicht ausreichend ist bei Sachfragen die relative Mehrheit; ein Beschluss ist somit nicht zustande gekommen, wenn bei einer Abstimmung über mehrere Anträge der eine mehr Stimmen erhält als die anderen. Hingegen kann bei Wahlen vom zweiten Wahlgang an die relative Mehrheit genügen[310].

329 Für qualifizierte Beschlüsse ist grundsätzlich - anders als bei der Mehrheit nach Personen - nicht nur die Mehrheit der in der Versammlung anwesenden oder vertretenen, sondern die **Mehrheit aller Anteile** erforderlich. Es erscheint hingegen zulässig, rechtsgeschäftlich nur die Mehrheit der «anwesenden» Miteigentumsanteile vorzusehen[311].

---

306 MEIER-HAYOZ/REY, ZGB 712m N 110.

307 MEIER-HAYOZ/REY, ZGB 712m N 111.

308 Stimmenthaltungen wirken sich somit wie Nein-Stimmen aus.

309 MEIER-HAYOZ/REY, ZGB 712m N 112. Zur Regelung des Stimmrechts in der Stockwerkeigentümerversammlung vgl. auch hinten Anhang 1 «Beispiel für ein Reglement der Stockwerkeigentümer», Art. 30 und Art. 31.

310 MEIER-HAYOZ/REY, ZGB 712m N 114.

311 MEIER-HAYOZ/REY, ZGB 712m N 115.

Als Beispiel für die Berechnung der Mehrheiten wird dem nachfolgenden Schema wiederum die Gemeinschaft der Stockwerkeigentümer des Grundstücks zugrunde gelegt, auf welchem ein 5 Einheiten umfassendes Mehrfamilienhaus erstellt ist[312]; die Gemeinschaft der Stockwerkeigentümer besteht folglich aus 5 Personen. An der Stockwerkeigentümerversammlung vom 17. April sind fünf Stockwerkeigentümer anwesend; nicht anwesend ist der Inhaber der Attikawohnung im 2. Obergeschoss, Einheit Nr. 5, dessen Wertquote 260/1000 beträgt. Die Mehrheiten der gesetzlich vorgesehenen Quoren berechnen sich daher wie folgt: 330

[312] Zu dem diesbezüglichen Aufteilungsplan und der entsprechenden Berechnung der Wertquoten vgl. vorn Nr. 108 und Nr. 151.

dd. Fall der Stimmengleichheit

331 Bei **Stimmengleichheit** ist noch **kein wirksamer positiver Beschluss** zustande gekommen. Um ein solches Nichtzustandekommen eines befürwortenden Beschlusses infolge Stimmengleichheit insbesondere bei kleineren Gemeinschaften zu verhindern, kann rechtsgeschäftlich im Reglement ein **Stichentscheid**, z.B. des Verwalters oder des Versammlungsvorsitzenden, vorgesehen werden. Da kein Verstoss gegen das Gleichgewichtsprinzip vorliegt, ist die Zulässigkeit eines solchen Stichentscheids zu bejahen[313].

332 Besteht eine **Gemeinschaft lediglich aus zwei Stockwerkeigentümern**, stellt sich die Frage, was bei **Stimmengleichheit** zu geschehen hat. Grundsätzlich zu empfehlen ist die Lösung durch eine Reglementsbestimmung. Mangels einer solchen relativiert sich die Problematik insofern, als der einzelne Stockwerkeigentümer nach Art. 647 Abs. 2 Ziff. 1 ZGB zum einen das Recht hat, um richterliche Anordnung der für die Erhaltung des Wertes und der Gebrauchsfähigkeit der gemeinschaftlichen Sache notwendigen Verwaltungshandlungen nachzusuchen; zum andern kann er die dringlichen Massnahmen und gewöhnlichen Verwaltungshandlungen selbständig, ohne Mitwirkung der anderen Stockwerkeigentümer, vornehmen[314]. Soweit sich aufgrund dieser gesetzlichen Möglichkeiten keine Lösung finden lässt, dürfte wohl praktisch lediglich noch die Ausschlussklage[315] als Ausweg in Frage kommen[316].

c. Schriftliche Beschlussfassung

aa. Zirkulationsbeschlüsse

333 Das schriftliche Abstimmungsverfahren ist im Stockwerkeigentumsrecht nicht ausdrücklich geregelt. Aufgrund des Legalverweises in Art. 712m Abs. 2 ZGB ist auf das Vereinsrecht zurückzugreifen. Art. 66 Abs. 2 ZGB bestimmt, dass dem Beschluss einer Versammlung die **schriftliche Zustimmung aller Mitglieder** zu einem Antrag gleichgestellt ist. Somit müssen sich sämtliche Stockwerkeigentümer bei einer schriftlichen Beschluss-

---

313 MEIER-HAYOZ/REY, ZGB 712m N 116.

314 Dazu hinten Nr. 418 ff.

315 Zum Ausschluss eines Stockwerkeigentümers aus der Gemeinschaft vgl. hinten Nr. 397 ff.

316 MEIER-HAYOZ/REY, ZGB 712m N 117.

fassung einig sein; verweigert auch nur ein einziger seine Stimme, muss eine Versammlung abgehalten werden[317].

334 Zirkulationsbeschlüsse sind insbesondere dann sinnvoll, wenn eine Massnahme unbestritten ist und sich die Durchführung einer Versammlung nicht lohnt. Eine ausdrückliche Reglementsbestimmung ist wegen der in Art. 712m Abs. 2 i.V.m. Art. 66 Abs. 2 ZGB vorhandenen gesetzlichen Grundlage nicht erforderlich[318]. Hingegen kann das schriftliche Abstimmungsverfahren einstimmig ausgeschlossen werden, da der einzelne Stockwerkeigentümer keinen unentziehbaren Anspruch auf die Möglichkeit schriftlicher Stimmabgabe hat[319].

335 **Zustandegekommen** ist ein Zirkulationsbeschluss im Moment, da die **letzte Zustimmungserklärung eingegangen** ist. Kommt in der Versammlung ein einstimmiger Beschluss nicht zustande, ist es zulässig, die schriftliche Zustimmung der Abwesenden und der in der Versammlung Ablehnenden nachzuholen. Da Einstimmigkeit vorliegen muss, ist von den in der Versammlung Zustimmenden eine schriftliche Bestätigung einzuholen. Unzulässig ist es hingegen, die zur Erreichung eines qualifizierten Quorums erforderlichen Stimmen lediglich nachträglich einzuholen[320].

bb. Urabstimmung

336 Urabstimmung ist jene Art der Beschlussfassung, bei der die Zustimmung der Mitglieder zwar ausserhalb der Versammlung auf schriftlichem Wege erfolgt, im Gegensatz zum Zirkulationsbeschluss aber nur die **Zustimmung der Mehrheit**[321] und **nicht Einstimmigkeit** erforderlich ist[322].

337 Lehre und Praxis befürworten dieses an sich für Genossenschaften mit mehr als 300 Mitgliedern statutarisch mögliche Verfahren auch für Vereine mit zahlreichen Mitgliedern. Weil Art. 712m Abs. 2 ZGB auf das Vereinsrecht verweist, müsste die Urabstimmung auch in der Stockwerkeigentümergemeinschaft zulässig sein. Dies ist jedoch darum problematisch, weil bei der Stockwerkeigentümergemeinschaft die Aufgabe optimaler Nutzung und

---

[317] MEIER-HAYOZ/REY, ZGB 712m N 118.

[318] Vgl. dennoch Anhang 1 «Beispiel für ein Reglement der Stockwerkeigentümer», Art. 31 Abs. 2.

[319] MEIER-HAYOZ/REY, ZGB 712m N 119.

[320] MEIER-HAYOZ/REY, ZGB 712m N 120.

[321] Es handelt sich diesfalls um sog. schriftliche **Mehrheitsbeschlüsse**.

[322] MEIER-HAYOZ/REY, ZGB 712m N 121.

Werterhaltung des Gebäudes im Vordergrund steht; bei der Erfüllung dieser Aufgabe sollte der Einzelne direkt mitwirken. Demgegenüber spricht das Risiko der Beschlussunfähigkeit der Versammlung für die Zulässigkeit von Urabstimmungen. Diese wird denn auch allgemein bejaht, wenn auch teilweise nur mit Zurückhaltung[323].

338 Wie im Genossenschafts- und Vereinsrecht bedarf die Möglichkeit der Urabstimmung im Stockwerkeigentumsverhältnis einer rechtsgeschäftlichen Grundlage entweder im Begründungsakt oder in einer durch einstimmigen Beschluss angenommenen Reglementsbestimmung[324].

d. Unzulässigkeit von Delegiertenversammlungen

339 Die Durchführung einer Stockwerkeigentümerversammlung kann bei sehr grossen Gemeinschaften auf Schwierigkeiten stossen. Die Praxis lässt diesfalls beim Verein die Durchführung von Delegiertenversammlungen zu; weil das Stockwerkeigentumsrecht in Art. 712m Abs. 2 ZGB auf das Vereinsrecht verweist, fragt es sich daher, ob die Durchführung einer Delegiertenversammlung auch im Stockwerkeigentumsrecht zulässig ist.

340 Da die Teilnahme an einer Stockwerkeigentümergemeinschaft qualitativ und strukturell nicht gleich zu bewerten ist wie diejenige beim Verein und die Verbundenheit mit den Regelungsgegenständen[325] besonders eng ist, muss die **Einführung einer Delegiertenversammlung für das Stockwerkeigentum als unzulässig** erachtet werden[326].

e. Wirkung der Beschlüsse

341 Für das Stockwerkeigentum als qualifiziertes Miteigentum gelten u.a. auch die Bestimmungen des Miteigentumsrechts[327]. Da das Stockwerkeigentumsrecht keine ausdrückliche Bestimmung über die Wirkungen der von der Stockwerkeigentümerversammlung gefassten Beschlüsse enthält, findet Art. 649a ZGB Anwendung. Diese Bestimmung legt fest, dass die von den Mit- bzw. Stockwerkeigentümern gefassten Verwaltungsbeschlüsse nicht nur für

---

[323] MEIER-HAYOZ/REY, ZGB 712m N 123 m.w.H.

[324] MEIER-HAYOZ/REY, ZGB 712m N 125.

[325] Nämlich die Ordnung der täglichen Lebensverhältnisse im Rahmen der Gemeinschaft der Stockwerkeigentümer.

[326] MEIER-HAYOZ/REY, ZGB 712m N 84.

[327] Dazu vorn Nr. 6 f.

die direkt an der Beschlussfassung beteiligten Mit- bzw. Stockwerkeigentümer, sondern auch für deren Rechtsnachfolger[328] sowie für den Erwerber eines dinglichen Rechts an einem Mit- bzw. Stockwerkeigentumsanteil verbindlich sind[329].

f. Anfechtung von Beschlüssen[330]

aa. Allgemeines

342 Für die Anfechtung von Beschlüssen der Stockwerkeigentümerversammlung verweist Art. 712m Abs. 2 ZGB - unter Vorbehalt abweichender Bestimmungen - auf die entsprechende Norm des Vereinsrechts, somit auf Art. 75 ZGB. Gemäss dieser Bestimmung können Beschlüsse, die das Gesetz oder die Statuten verletzen, von jedem Mitglied, welches nicht zugestimmt hat, binnen Monatsfrist seit Kenntnisnahme beim Richter angefochten werden[331].

343 **Gerichtsstand** für die Anfechtung solcher Beschlüsse ist nach Art. 712l Abs. 2 ZGB der Ort der gelegenen Sache.

bb. Anfechtungsobjekt

344 In erster Linie anfechtbar sind die **Beschlüsse der Stockwerkeigentümerversammlung**; da neben den in der eigentlichen Versammlung gefassten Beschlüssen Ersatzformen der Beschlussfassung wie Zirkulationsbeschlüsse sowie Urabstimmungen zulässig sind[332], werden dieselben in Bezug auf die

---

[328] Dies gilt nicht nur für Gesamtrechtsnachfolger wie z.B. die Erben eines Stockwerkeigentümers, sondern auch für Einzelrechtsnachfolger, wie z.B. für den Erwerber eines Stockwerkeigentumsanteils durch Kauf, Schenkung oder Zuschlag in der Zwangsversteigerung.

[329] Zu den **Wirkungen des Reglements**, welche mit denjenigen der von der Stockwerkeigentümerversammlung gefassten Beschlüsse identisch sind vgl. hinten Nr. 486 ff.

[330] Vgl. dazu auch die entsprechenden Ausführungen für die Stockwerkeigentümergemeinschaft bei HANS MICHAEL RIEMER, Anfechtungs- und Nichtigkeitsklage im schweizerischen Gesellschaftsrecht (AG, GmbH, Genossenschaft, Verein, Stockwerkeigentümergemeinschaft), Bern 1998.

[331] Vgl. auch Anhang 1 «Beispiel für ein Reglement der Stockwerkeigentümer», Art. 32.

[332] Die Zulässigkeit der Zirkulationsbeschlüsse ergibt sich direkt aufgrund von Art. 712m Abs. 2 i.V.m. Art. 66 ZGB (vorn Nr. 333), für die Einführung von Urabstimmungen hingegen bedarf es einer rechtsgeschäftlichen Grundlage entweder im Begründungsakt oder einer einstimmig angenommenen Reglementsbestimmung (vorn Nr. 338).

Anfechtung den eigentlichen Versammlungsbeschlüssen gleichgestellt[333]. Für Zirkulationsbeschlüsse ist allerdings einschränkend festzuhalten, dass sie wegen des Erfordernisses der Einstimmigkeit nur aufgrund von Willensmängeln des Anfechtungsklägers angefochten werden können[334].

345 Ebenfalls anfechtbar sind die im Gesetz nicht ausdrücklich erwähnten sogenannten **Spezialbeschlüsse** wie[335]:

346 - der Beschluss, durch den die Abberufung des Verwalters abgelehnt wurde[336];

347 - der Beschluss über den Ausschluss eines Stockwerkeigentümers aus der Gemeinschaft[337]:

348 - der Einsprachebeschluss[338] hinsichtlich der Veräusserung, Vermietung oder der Belastung eines Stockwerkes mit einer Nutzniessung oder einem Wohnrecht.

349 Die Anfechtung von Beschlüssen bzw. Verfügungen von anderen, rechtsgeschäftlich bestellten Organen (z.B. des Ausschusses oder des Verwalters) ist nur ausnahmsweise möglich und zwar - analog zur Regelung im Vereinsrecht - lediglich dann, wenn diese gemeinschaftsintern «letztinstanzlich» sind und Mitgliedschaftsrechte betreffen[339].

cc. Anfechtungsvoraussetzungen

350 Aufgrund des in Art. 712m Abs. 2 ZGB enthaltenen Legalverweises auf Art. 75 ZGB ist für eine Anfechtung in **sachlicher** Hinsicht erforderlich, dass der **Beschluss das Gesetz oder die Statuten verletzt**. Unter dem Gesetz ist dabei der gesamte das Stockwerkeigentum betreffende Normenkomplex, geschrieben oder ungeschrieben[340], zu verstehen; den Statuten des

---

[333] MEIER-HAYOZ/REY, ZGB 712m N 131; RIEMER (FN 330), N 44 f.

[334] RIEMER (FN 330), N 46.

[335] MEIER-HAYOZ/REY, ZGB 712m N 132.

[336] Dazu hinten Nr. 383.

[337] Dazu hinten Nr. 400.

[338] Zum rechtsgeschäftlich vorgesehenen **Einspracherecht** als Einschränkung der freien Verfügung vgl. hinten Nr. 408 f.

[339] RIEMER (FN 330), N 48; ebenso MEIER-HAYOZ/REY, ZGB 712m N 133 ff.

[340] Z.B. allgemeine Prinzipien des Sachenrechts (so RIEMER [FN 330], N 111; zu den zwingenden sachenrechtlichen Prinzipien vgl. auch vorn Nr. 199 ff.) oder der Gleichbehandlungsgrundsatz.

Vereinsrechts entspricht im Stockwerkeigentumsverhältnis die Gesamtheit der in der konkreten Gemeinschaft massgebenden rechtsgeschäftlichen Beziehungen wie der Begründungsakt, das Reglement oder die Hausordnung[341].

351 Zu beachten ist, dass nur Beschlüsse anfechtbar sind, bei welchen sich die **Verletzung** von objektivem oder gemeinschaftsinternem Recht im Ergebnis **effektiv ausgewirkt hat** oder auswirken konnte, d.h. wenn ohne die Verletzung die Entscheidung anders gelautet hätte oder anders hätte lauten können[342].

dd. Klagelegitimation

352 Die Aktivlegitimation steht grundsätzlich jedem **Stockwerkeigentümer** zu; dies jedoch nur unter der Voraussetzung, dass er dem von ihm angefochtenen **Beschluss nicht zugestimmt** hat[343]. Die Klage richtet sich nicht gegen die einzelnen Stockwerkeigentümer, sondern gegen die **Gemeinschaft**; diese ist **passivlegitimiert**[344].

353 Zur Anfechtung von Beschlüssen sind auch die Vertreter einer Untergemeinschaft berechtigt, Nutzniesser bzw. Wohnrechtsberechtigte hingegen nur insoweit, als sie stimmberechtigt[345] sind[346].

354 Dritte sind zur Anfechtung von Beschlüssen der Stockwerkeigentümerversammlung nicht aktivlegitimiert; dazu gehören in erster Linie der Verwalter[347], aber auch ein Nutzniesser in Bezug auf Angelegenheiten, in welchen er nicht stimmberechtigt ist, oder ein Grundpfandgläubiger.

---

[341] MEIER-HAYOZ/REY, ZGB 712m N 128; RIEMER (FN 330), N 120.

[342] RIEMER (FN 330), N 80 m.w.H.

[343] MEIER-HAYOZ/REY, ZGB 712m N 136; RIEMER (FN 330), N 126, 142; zu konkreten Beispielen, wo keine Zustimmung vorliegt RIEMER (FN 330), N 144 ff.

[344] Zur passiven Prozessfähigkeit der Stockwerkeigentümergemeinschaft vgl. im Übrigen vorn Nr. 267.

[345] Zur Stimmberechtigung von Nutzniesser bzw. Wohnrechtsberechtigtem vgl. vorn Nr. 284 ff.

[346] MEIER-HAYOZ/REY, ZGB 712m N 137; a.M. RIEMER (FN 330), N 159, der weder den Nutzniesser noch den Wohnrechtsberechtigten als zur Anfechtungsklage legitimiert erachtet, mit der Begründung, eine Analogie zur Stimmrechtsausübung sei aufgrund der unterschiedlichen Bedeutung und Auswirkung von Stimmrechtsausübung und Anfechtungsklage fragwürdig.

[347] MEIER-HAYOZ/REY, ZGB 712m N 138; RIEMER (FN 330), N 140.

ee. Klagefrist

355 Entsprechend der aufgrund des Legalverweises in Art. 712m Abs. 2 ZGB anwendbaren vereinsrechtlichen Bestimmung (Art. 75 ZGB) dauert die Anfechtungsfrist **einen Monat**; es handelt sich hierbei um eine Verwirkungsfrist, deren Einhaltung von Amtes wegen zu prüfen ist und bei welcher Hinderung, Stillstand oder Unterbrechung nicht möglich sind[348].

356 Die Anfechtungsfrist beginnt wie im Vereinsrecht vom **Moment der Kenntnisnahme** - und zwar des ganzen Inhalts eines Beschlusses - an zu laufen[349]. Dabei ist zu beachten dass die Daten von Fristbeginn und -ende nicht notwendigerweise gleich sind: Für die an der Versammlung Anwesenden beginnt die Frist an diesem Tag, für die nicht Anwesenden erst ab der Möglichkeit der Kenntnisnahme[350].

3. Durch Rechtsgeschäft bestellte Organe

A. Der Verwalter

a. Bestellung

357 Die Bestellung eines Verwalters fällt grundsätzlich in die Kompetenz der Stockwerkeigentümerversammlung[351]. Zur Wahrung seiner Interessen[352] steht jedoch jedem Stockwerkeigentümer nach Art. 712q Abs. 1 ZGB subsidiär ein **unentziehbarer Anspruch** zu, vom **Richter** die Einsetzung eines Verwalters zu verlangen, sofern die Bestellung eines solchen in der Stockwerkeigentümerversammlung nicht zustande kommt[353].

358 Ein solcher Individualanspruch auf Ernennung eines Verwalters steht nach Art. 712q Abs. 2 ZGB auch demjenigen zu, der an einer solchen Bestellung ein berechtigtes Interesse hat. Anspruchsberechtigt in diesem Sinne ist neben dem im Gesetz genannten Pfandgläubiger und dem Versicherer insbesondere ein Dritter, welcher in dauerndem geschäftlichen oder amtlichen

---

348 MEIER-HAYOZ/REY, ZGB 712m N 140 f.; RIEMER (FN 330), N 186, 192.

349 MEIER-HAYOZ/REY, ZGB 712m N 142 m.H. auf BGE *90* II 347/47.

350 RIEMER (FN 330), N 186 a.E.

351 Dazu vorn Nr. 297.

352 Namentlich zur Wahrung des Interesses an einer **ordnungsgemässen Verwaltung**.

353 MEIER-HAYOZ/REY, ZGB 712q N 8, insbes. N 102 ff.

Verkehr mit der Stockwerkeigentümergemeinschaft steht[354]. Allerdings ist zu beachten, dass die in Art. 712q ZGB genannten Bestellungsmodalitäten eines Verwalters kaum von Bedeutung sind, falls der Begründer von Stockwerkeigentum sich selber oder einen Dritten als Verwalter einsetzt, bevor die Stockwerkeigentümergemeinschaft überhaupt entstanden ist[355].

359 Im Gesetz fehlt eine generelle Charakterisierung der Rechtsstellung des Verwalters, namentlich bezüglich seiner Rechtsbeziehung zu der Stockwerkeigentümergemeinschaft. Die Lehre geht davon aus, dass zusätzlich zum **rechtsgültigen Wahlakt** durch die Stockwerkeigentümerversammlung[356] der **Abschluss eines Verwaltervertrages** hinzukommen muss[357]. Der Verwaltervertrag wird nach wohl überwiegender Auffassung[358] als **Auftrag** qualifiziert.

b. Aufgaben

360 Der Wirkungskreis des Verwalters ist weitgezogen; er erstreckt sich auf **sämtliche Bereiche der gemeinschaftlichen Verwaltung** und der **Vertretung der Stockwerkeigentümergemeinschaft**[359].

361 Angesichts der vielfältigen ihm vom Gesetz und im Einzelfall zusätzlich durch die Stockwerkeigentümer übertragenen Aufgaben hängt die Funktionsfähigkeit der Gemeinschaft regelmässig entscheidend vom Verwalter ab. Die Versammlung der Stockwerkeigentümer ist zwar das oberste Organ und übt als solches die Aufsicht über den Verwalter aus, doch nimmt dieser - v.a. bei grösseren Gesellschaften - zumindest faktisch die **zentrale** Stellung ein[360].

---

[354] MEIER-HAYOZ/REY, ZGB 712q N 110 f.

[355] Dazu MEIER-HAYOZ/REY, ZGB 712q N 97 ff.

[356] Erforderlich für eine rechtsgültige Bestellung des Verwalters ist grundsätzlich die **einfache Mehrheit** der **anwesenden** Stockwerkeigentümer, MEIER-HAYOZ/REY, ZGB 712q N 89.

[357] MEIER-HAYOZ/REY, ZGB 712q N 34.

[358] MEIER-HAYOZ/REY, ZGB 712q N 39 ff. m.w.H.

[359] MEIER-HAYOZ/REY, ZGB 712q N 10.

[360] MEIER-HAYOZ/REY, ZGB 712q N 11.

aa. Ausführung der Bestimmungen und Beschlüsse über die Verwaltung und Benutzung

362 Die Hauptfunktionen des Verwalters bestehen nach Art. 712s Abs. 1 ZGB im **Vollzug der Bestimmungen und Beschlüsse der Stockwerkeigentümergemeinschaft über die Verwaltung und Benutzung des gemeinschaftlichen Grundstücks**. Damit überbindet das Gesetz dem Verwalter ausdrücklich die vollumfängliche **interne Geschäftsführungsbefugnis** im Bereich der gemeinschaftlichen Verwaltung. In dieser Funktion ist der Verwalter das Exekutivorgan der Gemeinschaft und handelt für diese[361]. Kennzeichnend für die flexible Ausgestaltung des schweizerischen Stockwerkeigentumsrechts ist, dass der Umfang der dem Verwalter zukommenden Geschäftsführungsbefugnis in Art. 712s Abs. 1 ZGB nicht in einem abschliessenden Katalog, sondern lediglich funktionell umschrieben wird, womit die konkrete Aufgabengestaltung im Einzelfall der Stockwerkeigentümergemeinschaft überlassen bleibt[362].

363 Art. 712s Abs. 1 ZGB gewährt grundsätzlich die Möglichkeit, durch Rechtsgeschäft weitere Kompetenzen des Verwalters zu begründen und inhaltlich auszugestalten; dies allerdings nur unter der Voraussetzung, dass nicht zwingend der Stockwerkeigentümerversammlung zustehende Mindestkompetenzen[363] tangiert werden[364].

364 Im Gegensatz dazu stehen dem Verwalter **keine unabdingbaren Mindestbefugnisse** zu: Wenn schon gar kein Verwalter bestellt werden muss, ist es auch zulässig, diesem nur wenige Aufgaben zu übertragen. Gutgläubigen Dritten kann diese Beschränkung im Aussenbereich jedoch nur entgegengehalten werden, wenn sie davon Kenntnis hatten[365].

365 Zu den Aufgaben des Verwalters im Einzelnen gehört namentlich die Erfüllung der Ausführungsverpflichtung, welche ihm durch das Gesetz oder Rechtsgeschäft auferlegt ist. Dabei handelt es sich vor allem um die **Aus-**

---

[361] MEIER-HAYOZ/REY, ZGB 712q N 13 und ZGB 712s N 4.

[362] MEIER-HAYOZ/REY, ZGB 712s N 7. Vgl. dazu denn auch hinten, Anhang 1 «Beispiel für ein Reglement der Stockwerkeigentümer», Art. 35.

[363] Dazu vorn Nr. 292.

[364] MEIER-HAYOZ/REY, ZGB 712s N 10 f.

[365] MEIER-HAYOZ/REY, ZGB 712s N 15.

übung administrativer Funktionen im Dienste der Gemeinschaft[366]. Dazu gehören namentlich[367]:

- Einberufung und Leitung der Stockwerkeigentümerversammlung, Art. 712n Abs. 1 ZGB sowie Protokollierung der Versammlungsbeschlüsse, Art. 712n Abs. 2 ZGB[367a]; 366
- ordnungsgemässe Aufbewahrung aller Protokolle und aller wesentlichen Akten; 367
- Erteilung der erforderlichen Auskünfte gegenüber den Stockwerkeigentümern; 368
- Weiterleitung der an die Gemeinschaft der Stockwerkeigentümer gerichteten Erklärungen von Stockwerkeigentümern, anderen Organen oder aussenstehenden Dritten, welche der Verwalter für diese entgegengenommen hat; 369
- Besorgung der finanziellen Angelegenheiten (z.B. Bezahlung von Versicherungsprämien, Verwaltung des Erneuerungsfonds etc.); 370
- Ausführungspflichten im Rahmen der gemeinsamen Verwaltungstätigkeit, Art. 712q ZGB. 371

372 Daneben hat der Verwalter vor allem auch Vorkehrungen zu treffen, welche in irgendeiner Weise zum **Unterhalt des Gebäudes** oder zur ordnungsgemässen Erledigung von Gemeinschaftsangelegenheiten beitragen wie[368]:

- Instandhaltungs- und Reparaturarbeiten innerhalb und ausserhalb des gemeinschaftlichen Gebäudes (z.B. Hausreinigung und Gartenpflege etc.); 373
- Anstellung, Instruktion und Überwachung des Hauswartes und allfälliger Hilfspersonen; 374
- Vermietung gemeinschaftlicher Räume; 375
- Abschluss von durch die Stockwerkeigentümerversammlung angeordneten Versicherungsverträgen. 376

377 Zu den **finanziellen Verwaltungshandlungen** im Besonderen gehört in erster Linie die Abwicklung des internen Zahlungsverkehrs, welche na-

---

366 MEIER-HAYOZ/REY, ZGB 712s N 22.

367 Dazu ausführlich MEIER-HAYOZ/REY, ZGB 712s N 23 ff.

367a Aus dem Protokoll muss sich zumindest ergeben, wer zur Versammlung erschienen ist, was genau beschlossen wurde und wer zugestimmt hat; s. dazu RIEMER, S. 266.

368 Ausführlich dazu MEIER-HAYOZ/REY, ZGB 712s N 37 ff.

mentlich die Erstellung des Kostenvoranschlags und der Jahresrechnung[369] sowie die Bemessung, Festlegung und den Einzug der Beiträge an die gemeinschaftlichen Kosten und Lasten[370] umfasst. Daneben fällt in den Aufgabenbereich des Verwalters die Abwicklung des externen Zahlungsverkehrs mit den aussenstehenden Dritten sowie die Verwaltung der vorhandenen Geldmittel[371].

378 Nach Art. 712s Abs. 1 i.f. ZGB ist der Verwalter berechtigt, die notwendigen Anordnungen zur **Abwehr oder Beseitigung von Schäden** zu treffen, auch wenn diese von einem einzelnen Stockwerkeigentümer ausgehen; liegt ein dringlicher Fall vor, ist der Verwalter sogar dazu verpflichtet, die entsprechenden Anordnungen zu treffen[372].

379 Eine weitere Aufgabe, die der Verwalter zu erfüllen hat, ist die **Überwachung der Stockwerkeigentümer** gemäss Art. 712s Abs. 3 ZGB, um sicherzustellen, dass diese sich an die Bestimmungen des Gesetzes, des Reglements und der Hausordnung halten[373]. Dem Verwalter kann auch die Kompetenz übertragen werden, eine Hausordnung und/oder ein Nutzungsreglement zu erlassen oder das Recht, Streitigkeiten unter den Stockwerkeigentümern zu schlichten[374].

bb. Vertretung der Gemeinschaft nach aussen

380 Als Korrelat zur intern wirkenden Geschäftsführungsbefugnis steht dem Verwalter nach Art. 712t Abs. 1 ZGB **von Gesetzes wegen die Vertretung der Stockwerkeigentümergemeinschaft nach aussen zu**. Da die Gemeinschaft für das rechtsgeschäftliche Handeln im Aussenbereich aus Praktikabilitätsgründen eines Vertreters bedarf, räumt das Gesetz dem Verwalter für alle Angelegenheiten, die in seinen Aufgabenbereich fallen, die Vertretungsbefugnis und die Vertretungsmacht ein. Wie bei der internen Geschäftsführungsbefugnis erfolgt auch die Umschreibung der **externen Vertretungsmacht** des Verwalters funktionell; mangels anderer rechtsge-

---

369 Dazu MEIER-HAYOZ/REY, ZGB 712s N 43 ff.

370 Dazu MEIER-HAYOZ/REY, ZGB 712s N 47 ff.

371 Dazu MEIER-HAYOZ/REY, ZGB 712s N 51 f., 53 ff.

372 MEIER-HAYOZ/REY, ZGB 712s N 60 ff.

373 MEIER-HAYOZ/REY, ZGB 712s N 64 ff.

374 MEIER-HAYOZ/REY, ZGB 712s N 68 f., 70. Zu den Aufgaben des Verwalters im Besonderen vgl. Anhang 1 «Beispiel für ein Reglement der Stockwerkeigentümer», Art. 35.

schäftlicher Vereinbarung steht diese daher im **Einklang mit seiner internen Geschäftsführungsbefugnis**[375].

381 Von Gesetzes wegen **eingeschränkt** ist nach Art. 712t Abs. 2 ZGB hingegen die **Prozessvollmacht** des Verwalters, welche sich nur auf Zivilprozesse im summarischen Verfahren erstreckt. Für Zivilprozesse im ordentlichen Verfahren benötigt er eine ausdrückliche Ermächtigung durch die Stockwerkeigentümerversammlung[376]; gleiches gilt für die Anhebung einer staatsrechtlichen Beschwerde, auch wenn es sich hierbei nicht um einen Zivilprozess i.S.v. Art. 712t Abs. 2 ZGB handelt[377].

c. Abberufung

382 Dem Verfahren bei der Bestellung des Verwalters[378] entsprechend kann dessen Abberufung entweder durch einen Beschluss der Stockwerkeigentümerversammlung oder durch den von einem Stockwerkeigentümer angerufenen Richter erfolgen.

383 Nach Art. 712r Abs. 1 ZGB kann der Verwalter durch die Stockwerkeigentümerversammlung grundsätzlich[379] **jederzeit** und **ohne Angabe von Gründen** abberufen werden[380]; dabei genügt wie bei der Bestellung die einfache Mehrheit der anwesenden Stockwerkeigentümer[381]. Die Abberufung ist ein auflösendes Gestaltungsrecht und muss als einseitiger empfangsbe-

---

375 MEIER-HAYOZ/REY, ZGB 712q N 15 und ZGB 712t N 5. So auch hinten, Anhang 1 «Beispiel für ein Reglement der Stockwerkeigentümer», Art. 34 Abs. 2.

376 MEIER-HAYOZ/REY, ZGB 712t N 16; noch nicht entschieden ist die Frage, ob der Verwalter auch dann einer Ermächtigung bedarf, wenn er ein **nicht** zivilgerichtliches Verfahren führt.

377 BGE *114* II 311 f. Erw. 2a; bei **fehlender Ermächtigung** wird dem Verwalter durch den Richter - entsprechend der für den falsus procurator geltenden Regelung - Frist zur Genehmigung der bis dahin vorgenommenen Prozesshandlungen durch die Stockwerkeigentümerversammlung angesetzt; diese werden durch die Genehmigung ex tunc gültig, BGE a.a.O. 312 Erw. 2b.

378 Dazu vorn Nr. 357 ff.

379 Eine **Ausnahme** besteht nach Art. 712r Abs. 3 ZGB für einen **durch den Richter eingesetzten Verwalter**, welcher ohne Bewilligung des Richters vor Ablauf der Zeit, für welche jener eingesetzt wurde, durch die Stockwerkeigentümerversammlung nicht abberufen werden kann, da ansonsten die Möglichkeit der richterlichen Bestellung des Verwalters weitgehend sinnlos würde, MEIER-HAYOZ/REY, ZGB 712r N 27 ff.

380 Vgl. dazu Anhang 1 «Beispiel für ein Reglement der Stockwerkeigentümer», Art. 33 Abs. 3.

381 MEIER-HAYOZ/REY, ZGB 712r N 8.

dürftiger Willensakt vom Verwalter zur Kenntnis genommen werden; sie wirkt ex nunc[382]. Zusätzlich zur Abberufung ist der Verwaltervertrag, der zwischen der Stockwerkeigentümergemeinschaft und dem Verwalter besteht, nach den allgemeinen Regeln des Obligationenrechts zu liquidieren[383].

384 Als Korrelat zum Anspruch auf richterliche Verwalterbestellung räumt Art. 712r Abs. 2 ZGB dem einzelnen Stockwerkeigentümer[384] einen ebenfalls unverzichtbaren Individualanspruch ein, vom **Gericht** die Abberufung des Verwalters zu verlangen. Dies allerdings nur unter den einschränkenden Voraussetzungen, dass die Stockwerkeigentümerversammlung die Abberufung des Verwalters verweigert[385] und dabei wichtige Gründe missachtet hat, welche eine Fortsetzung des Verwalterverhältnisses grundsätzlich unzumutbar machen[386].

385 Ein wichtiger Grund liegt vor, wenn den Betroffenen die Fortsetzung des Verwalterverhältnisses nach Treu und Glauben nicht mehr zugemutet werden kann, weil das in diesem Rechtsverhältnis enthaltene Vertrauensverhältnis fehlt bzw. durch die Verhaltensweise des Verwalters zerstört worden ist. Ein wichtiger Grund in diesem Sinne kann namentlich dann gegeben sein, wenn der Verwalter[387]:

386 - Seinen **Aufgaben dauernd** oder **zumindest über längere Zeit nicht oder nur sehr mangelhaft nachkommt** (z.B. Verweigerung der Rechnungslegung, während Jahren nicht korrekt vorgenommene Abrechnungen oder Nichterstellen von beschlussmässig verlangten Berichten, nicht ordnungsgemässe oder erheblich verzögerte Protokollführung);

---

[382] MEIER-HAYOZ/REY, ZGB 712r N 11.

[383] Ausführlich MEIER-HAYOZ/REY, ZGB 712r N 38 ff.

[384] **Nicht berechtigt**, die Abberufung des Verwalters durch den Richter zu verlangen, ist - im Gegensatz zur Bestellung des Verwalters - ein daran allenfalls interessierter **Dritter**, MEIER-HAYOZ/REY, ZGB 712r N 22.

[385] Dies setzt voraus, dass die Stockwerkeigentümerversammlung einen Antrag auf Abberufung mittels Mehrheitsbeschlusses abgelehnt hat, MEIER-HAYOZ/REY, ZGB 712r N 16.

[386] Ausführlich dazu MEIER-HAYOZ/REY, ZGB 712r N 18.

[387] Beispielhafte Aufzählung bei MEIER-HAYOZ/REY, ZGB 712r N 19. Nach BGE *126* III 179 ff. Erw. 2c liegt wegen der besonderen Bedeutung der korrekten Regelung der finanziellen Angelegenheiten in der wiederholt mangelhaften Rechnungslegung ein wichtiger Grund i.S.v. Art. 712r Abs. 2 ZGB für eine gerichtliche Abberufung der Verwaltung. Dabei ist allerdings zu beachten, dass die Abberufung aufgrund einer Gesamtwürdigung des Verhaltens der Verwaltung vorgenommen wird, wobei diese Verhaltensweisen das erforderliche Vertrauen in die Verwaltung zerstört haben müssen.

- die ihm anvertrauten **Gelder** (wie z.B. des Verwaltungs- und/oder Erneuerungsfonds) **unsorgfältig verwaltet**; 387
- sich gegenüber den Stockwerkeigentümern schikanös verhält; 388
- sich **weigert**, von der Stockwerkeigentümerversammlung gefasste **Beschlüsse auszuführen**; 389
- ohne entsprechende Erlaubnis Hilfspersonen oder Substituten beizieht; 390
- ganz allgemein in **grober Weise gegen die Treuepflicht verstösst**. 391

B. Ausschuss oder Abgeordneter

392 Nach Art. 712m Abs. 1 Ziff. 3 ZGB **kann** die Stockwerkeigentümerversammlung nach freiem Ermessen einen Ausschuss oder einen Abgeordneten wählen.

393 Ein solcher Ausschuss bzw. Abgeordneter soll gemäss Art. 712m Abs. 1 Ziff. 3 ZGB in erster Linie **beratende und überwachende Funktionen** (z.B. im Zusammenhang mit grösseren Renovationsarbeiten) ausüben. Deshalb ist die Bestellung eines solchen Organs v.a. in grösseren Gemeinschaften sinnvoll[388]. Ansonsten enthält das Gesetz keine abschliessende Aufzählung der Aufgaben, welche an einen Ausschuss übertragen werden dürfen.

394 Nebst den im Gesetz genannten Funktionen können dem Ausschuss bzw. dem Abgeordneten auch - vorbehältlich der zwingend festgelegten Kompetenzen der Stockwerkeigentümerversammlung und des Verwalters - **Entscheidungskompetenzen** eingeräumt werden, wie z.B. die Ermächtigung zum Abschluss von Rechtsgeschäften oder zum Aufstellen der Hausordnung[389].

4. Zusammenfassung

395 Obschon die Stockwerkeigentümergemeinschaft keine juristische Person ist, werden die Träger ihrer Organisation als «Organe» bezeichnet.

396 **Einziges vom Gesetz zwingend vorgeschriebenes Organ** ist die in Art. 712m-712p ZGB näher geregelte **Versammlung der Stockwerkeigentü-**

---

[388] MEIER-HAYOZ/REY, ZGB 712m N 27, 38.

[389] MEIER-HAYOZ/REY, ZGB 712m N 39.

mer. Nicht zwingend vorgeschriebenes Organ ist der Verwalter; jedoch hat jeder Stockwerkeigentümer nach Art. 712q Abs. 1 ZGB einen unentziehbaren Anspruch, vom Richter die Einsetzung eines Verwalters zu verlangen. Der Verwalter kann ebenso wie ein Ausschuss oder wie ein Abgeordneter - auch diese Organe sind nicht zwingend im Gesetz vorgesehen - durch Rechtsgeschäft aufgrund von Art. 712m Abs. 1 Ziff. 2 und 3 ZGB bestellt werden.

VI. Ausschluss aus der Stockwerkeigentümergemeinschaft

397 Der Bestand des grundsätzlich auf Dauer konzipierten Stockwerkeigentums kann durch das rücksichtslose oder arglistige Verhalten eines Beteiligten gefährdet werden. Daher ermöglicht Art. 649b ZGB, einen Mit- und damit auch einen **Stockwerkeigentümer durch richterliches Urteil aus der Gemeinschaft auszuschliessen**[390]. Dies dann, wenn durch sein Verhalten oder durch dasjenige von Personen, welchen er den Gebrauch der Sache überlassen hat oder für die er einzustehen hat[391], Verpflichtungen gegenüber allen oder einzelnen Stockwerkeigentümern derart schwer verletzt werden, dass diesen eine Fortsetzung der Gemeinschaft nicht mehr zugemutet werden kann.

398 Da ein solcher Ausschluss für den Betroffenen einen schwerwiegenden Eingriff in seine Rechtsposition darstellt, ist ein Ausschluss nur gerechtfertigt, wenn zum einen **wichtige Gründe**[392] vorliegen und sich zum anderen alle **Mahnungen, Aufforderungen und Zurechtweisungen** als **erfolglos** erwiesen haben[393].

---

[390] Zur näheren Regelung des gemeinschaftsinternen Ausschliessungsverfahren vgl. hinten, Anhang 1 «Beispiel für ein Reglement der Stockwerkeigentümer», Art. 39 Abs. 2 und 3.

[391] Es kann sich dabei um Familienangehörige, Arbeitnehmer, Mieter oder Pächter handeln, MEIER-HAYOZ, ZGB 649b und c N 16.

[392] Ein wichtiger Grund kann nach BGE *94* II 22 darin liegen, dass sich ein Mitglied der Gemeinschaft «immer wieder streitsüchtig, gewalttätig, arglistig zeigt, und dadurch ein friedliches Zusammenleben und einen nachbarlichen Verkehr, wie er unter Hausgenossen Brauch und gute Sitte ist, verhindert». Ein wichtiger Grund ist auch dann gegeben, wenn in einer Stockwerkeigentumseinheit ein Erotik-Etablissement betrieben wird, falls die andern Stockwerkeigentümer dadurch von unzumutbaren ideellen Immissionen betroffen werden (BGE in Pra *88* [1999] Nr. 189, S. 981 ff.).

[393] MEIER-HAYOZ, ZGB 649b und c N 7; MEIER-HAYOZ/REY, ZGB 712g N 110; ebenso BGE *113* II 19 sowie BGE in Pra *88* (1999) Nr. 189, S. 982.

Dass die Ausschlussklage nach Art. 649b ZGB tatsächlich nur als **ultima ratio** in Frage kommt, ergibt sich auf illustrative Weise aus BGE *113* II 15 ff., insbes. 20 ff. Demnach stellen übermässige Lärmimmissionen gepaart mit häufig vorkommenden Verstössen gegen Versammlungsbeschlüsse (wie verbotenes Fussballspielen auf bestimmten Rasenflächen, Nichteinhalten der Ordnung im Garten, Abstellen der Autos auf den für die Besucher reservierten Parkplätzen) zwar einen Grenzfall dar; sie sind als Pflichtverletzung jedoch nicht derart schwer anzusehen, als dass sie den übrigen Stockwerkeigentümern eine Fortführung der Gemeinschaft unzumutbar machen würden[394]. Die Kläger mussten sich überdies vorwerfen lassen, sie hätten es versäumt, zunächst weniger gravierende Massnahmen wie ein Schlichtungsverfahren oder ein gegenüber der Ausschlussklage weniger einschneidendes behördliches Eingreifen zu veranlassen[395]. 399

Zur Klage **aktivlegitimiert** sind der oder die in ihrer Rechtsposition an der gemeinschaftlichen Sache beeinträchtigten Stockwerkeigentümer unter der Voraussetzung, dass sie durch einen **Mehrheitsbeschluss** der Stockwerkeigentümerversammlung zur Klage ermächtigt worden sind[396]. Die Klage richtet sich gegen den Stockwerkeigentümer, dessen Verhaltensweise derart gemeinschaftsschädigend ist, dass den andern eine Fortsetzung der Gemeinschaft nicht mehr zugemutet werden kann[397]. Sie ist am Ort der gelegenen Sache (d.h. dort, wo sich das zu Stockwerkeigentum aufgeteilte Grundstück befindet) anhängig zu machen. 400

Erkennt das Gericht auf Ausschluss des beklagten Stockwerkeigentümers, so verurteilt es ihn nach Art. 649b Abs. 3 ZGB dazu, seinen **Anteil innert der richterlich angesetzten Frist zu veräussern**; lässt sie der Stockwerkeigentümer ungenutzt verstreichen, wird der Stockwerkeigentumsanteil nach den Vorschriften der Zwangsverwertung öffentlich versteigert. 401

---

[394] BGE *113* II 22.

[395] BGE a.a.O. 23 Erw. 6a a.E.

[396] REY, Sachenrecht I, N 755 f.

[397] MEIER-HAYOZ, ZGB 649b und c N 25. Nach Art. 649c ZGB kann sich die Klage auch gegen die Inhaber beschränkter dinglicher Nutzungsrechte (Nutzniesser, Wohnrechtsberechtigter) oder gegen einen Mieter bzw. Pächter, deren Nutzungsrechte im Grundbuch vorgemerkt sind, richten; im Falle der Gutheissung der Klage wird das entsprechende Nutzungsrecht aufgehoben.

§ 5 Rechte und Pflichten des Stockwerkeigentümers

I. Rechte des Stockwerkeigentümers

1. Recht auf Verfügung über seinen eigenen Anteil

Literatur:

LIVER, SPR V/I, S. 94 ff.

REY, Sachenrecht I, N 768 ff.

SCHMID, N 1036 ff.

SIMONIUS/SUTTER, § 15 N 45 ff.

STEINAUER I, N 1202 ff.

TUOR/SCHNYDER/SCHMID, S. 708 f.

A. Grundsatz

402 Der Stockwerkeigentümer als Inhaber eines qualifizierten Miteigentumsanteils hat nach Art. 648 Abs. 3 ZGB in Bezug auf seinen Anteil die **Rechte und Pflichten eines Eigentümers**. Der Stockwerkeigentumsanteil gilt gemäss Art. 655 Abs. 2 Ziff. 4 ZGB als Grundstück und bildet demzufolge ein selbständiges Vermögensobjekt, über welches der Eigentümer nach den für die Grundstücke geltenden Regeln **grundsätzlich frei** verfügen kann[398].

403 Aufgrund der subjektiv-dinglichen Verknüpfung[399] des Miteigentumsanteils mit dem Sonderrecht an gewissen Räumen ist zu beachten, dass eine **Veräusserung grundsätzlich nur hinsichtlich des gesamten Stockwerkeigentumsanteils möglich** ist. Eine im Stockwerkeigentum stehende Raumeinheit kann nur dann teilweise veräussert werden[400], wenn die entsprechenden Teile den Erfordernissen von Art. 712b Abs. 1 ZGB hinsichtlich der Abgeschlossenheit und des eigenen Zugangs entsprechen und wenn gleich-

[398] MEIER-HAYOZ/REY, ZGB 712a N 83.

[399] Zum Begriff der subjektiv-dinglichen Verknüpfung vorn FN 9.

[400] Z.B. Verkauf eines einzelnen Raumes.

zeitig der Miteigentumsanteil entsprechend aufgespalten und die Wertquoten angepasst werden[401].

B. Einschränkungen: Vorkaufsrecht und Einspracherecht

Die Verfügungsbefugnisse des Stockwerkeigentümers können in **zweifacher** Hinsicht eingeschränkt werden: 404

Im Unterschied zum gewöhnlichen Miteigentum steht den Stockwerkeigentümern **kein gesetzliches Vorkaufsrecht** zu. Ein solches kann jedoch nach Art. 712c Abs. 1 ZGB rechtsgeschäftlich entweder im Begründungsakt oder in einem späteren Zeitpunkt durch schriftliche Vereinbarung[402] begründet werden. Die rechtsgeschäftliche Einräumung eines Vorkaufsrechts ist ein doppelt bedingter Kaufvertrag, dessen Wirksamkeit beim Eintritt eines Vorkaufsfalles durch die rechtzeitige Ausübungserklärung des berechtigten Stockwerkeigentümers eintritt[403]. 405

Beim Stockwerkeigentum ist die Begründung eines Vorkaufsrechts dann **sinnvoll**, wenn die **Stockwerkeigentumsanteile innerhalb der Familien der Berechtigten bleiben sollen**. Bei grösseren Gemeinschaften kann sich das Vorkaufsrecht im Veräusserungsfall als hemmend erweisen, weil der vorkaufsbelastete Stockwerkeigentümer verpflichtet ist, die Vorkaufsberechtigten über den Abschluss und den Inhalt des einen Vorkaufsfall bildenden Rechtsgeschäftes in Kenntnis zu setzen. Im Interesse des Erwerbers ist es daher geboten, dass der Veräusserer nach Abschluss dieses Rechtsgeschäftes möglichst umgehend versucht, von den Vorkaufsberechtigten Verzichtserklärungen zu erhalten[404]. 406

---

[401] MEIER-HAYOZ/REY, ZGB 712a N 88; zur Anpassung der Wertquoten infolge einer teilweisen Veräusserung eines Stockwerkeigentumsanteils vgl. auch vorn Nr. 156, Nr. 159.

[402] Eine derartige nachträgliche schriftliche Vereinbarung muss nach Art. 18 OR von all jenen unterzeichnet sein, welche dadurch verpflichtet werden; sie bedarf somit der **schriftlichen Zustimmung sämtlicher Stockwerkeigentümer**. Diesem Erfordernis **nicht** zu genügen vermag ein lediglich vom Vorsitzenden unterzeichnetes Protokoll der Stockwerkeigentümerversammlung, in welcher die Begründung des Vorkaufsrechts mit einer bloss nach Köpfen und Anteilen qualifizierten Mehrheit beschlossen wurde, BGE vom 16. April 1996, ZBGR *79* (1998) S. 335 ff.

[403] MEIER-HAYOZ/REY, ZGB 712c N 20.

[404] Eine derartige Verzichtserklärung ist in **einfacher Schriftform** gültig; demgegenüber bedarf die Verzichtserklärung, welche vor Eintritt des Vorkaufsfalles erfolgt, der öffentlichen Beurkundung, Art. 681b Abs. 1 ZGB.

407 Das Vorkaufsrecht ist in Art. 712c Abs. 1 ZGB nur formal und abstrakt umschrieben. Seine Dauer und sein Untergang, allfällige Gegenleistungen des sein Vorkaufsrecht ausübenden Stockwerkeigentümers und die Höhe des Übernahmepreises können im Begründungsakt näher ausgestaltet werden; einmal begründet kann das Stockwerkeigentümervorkaufsrecht jederzeit wieder durch schriftliche Vereinbarung aller Beteiligten aufgehoben oder abgeändert werden[405].

408 Auf gleiche Weise wie ein Vorkaufsrecht kann den Stockwerkeigentümern nach Art. 712c Abs. 2 ZGB ein **Einspracherecht gegen die Veräusserung des Stockwerkeigentums**, dessen Belastung mit einer Nutzniessung oder einem Wohnrecht sowie gegen die Vermietung eingeräumt werden. Dieses kann jedoch nach Abs. 3 derselben Bestimmung nur aus wichtigem Grund[406] geltend gemacht werden und bedarf in formeller Hinsicht eines Beschlusses der Stockwerkeigentümerversammlung[407]. Wie durch das Vorkaufsrecht wird durch die Einräumung eines der Stockwerkeigentümergemeinschaft zustehenden Einspracherechts die Möglichkeit geschaffen, nicht genehme oder allenfalls sogar störende Erwerber von einer Teilnahme an der Stockwerkeigentümergemeinschaft auszuschliessen[408].

409 Sowohl das Vorkaufsrecht als auch das Einspracherecht können nach Art. 712c Abs. 1 und 2 ZGB i.V.m. Art. 71a GBV **im Grundbuch vorgemerkt** werden; die entsprechenden Rechtsbeziehungen werden dadurch zu Realobligationen[409], die auch den späteren Erwerbern des betroffenen Stockwerkeigentumsanteils entgegengehalten werden können[410].

---

405 MEIER-HAYOZ/REY, ZGB 712c N 25 f.

406 Dazu MEIER-HAYOZ/REY, ZGB 712c N 100 ff.

407 MEIER-HAYOZ/REY, ZGB 712a N 91; zur Beschlussfassung DIES., ZGB 712c N 96 ff.

408 MEIER-HAYOZ/REY, ZGB 712c N 85.

409 Zum Begriff vorn FN 216.

410 MEIER-HAYOZ/REY, ZGB 712c N 32, 89.

2. *Recht auf Nutzung der im Sonderrecht stehenden Räume*

Literatur:

STEINAUER I, N 1239 ff.

Der Stockwerkeigentümer hat in Bezug auf seinen Anteil grundsätzlich eine **alleineigentümerähnliche Stellung**, deren Inhalt sich einerseits aus dem Gesetz und andererseits aus der auf einem Rechtsgeschäft beruhenden Nutzungs- und Verwaltungsordnung ergibt[411]. Grundsätzlich ist - sofern nicht rechtsgeschäftlich ausgeschlossen - jede Benutzungsart der Räume im Sonderrecht zulässig, sei es zu Wohn- oder Geschäftszwecken, sei es zum Eigengebrauch oder zur entgeltlichen Gebrauchsüberlassung an Dritte. 410

Der **Umfang des Nutzungsrechts** sowohl an einer einzelnen Stockwerkeigentumseinheit als auch am ganzen Grundstück kann jedoch durch die Zweckbestimmung des gemeinsamen Objekts **im Reglement eingeschränkt** werden; dies namentlich hinsichtlich der Einräumung von Gebrauchsüberlassungen oder der Zulässigkeit der Ausübung beruflicher oder gewerblicher Tätigkeiten[412]. Die Zweckbestimmung der gemeinschaftlichen Sache kann entweder im Begründungsakt oder im Reglement festgelegt werden. Da eine nachträgliche Änderung eine Verfügung über die Sache als Ganzes i.S.v. Art. 648 ZGB darstellt, bedarf diese eines **einstimmigen Beschlusses aller Stockwerkeigentümer**, es sei denn, diese hätten zuvor ebenfalls einstimmig ein anderes Quorum vereinbart[413]. 411

Aufgrund der alleineigentümerähnlichen Stellung des Stockwerkeigentümers können durch das Reglement analog dem in Art. 730 Abs. 1 ZGB statuierten Grundsatz der Beschränktheit der Belastung durch eine Grunddienstbarkeit **nur bestimmte Nutzungen untersagt** werden. Die reglementarische Einschränkung der Nutzungsbefugnisse darf daher nicht soweit gehen, dass sie dem Stockwerkeigentümer nur eine einzige, sehr beschränkte Nutzung seiner Einheit belässt[414]. 412

---

411 MEIER-HAYOZ/REY, ZGB 712a N 41. Vgl. auch Anhang 1 «Beispiel für ein Reglement der Stockwerkeigentümer», Art. 6 ff.

412 MEIER-HAYOZ/REY, ZGB 712a N 42. Vgl. dazu Anhang 1 «Beispiel für ein Reglement der Stockwerkeigentümer», Art. 7 und Art. 8.

413 MEIER-HAYOZ/REY, ZGB 712a N 43.

414 Zur Unzulässigkeit einer Reglementsbestimmung, welche die Nutzung einer bestimmten Stockwerkeigentumseinheit auf die Verwendung als Ausstellungsraum ei-

413 Ein Stockwerkeigentümer darf die **bisherige Nutzung** der in seinem Sonderrecht stehenden Räume **ändern**, wenn dies nicht gegen eine im Reglement festgelegte Zweckbestimmung des gemeinsamen Grundstücks verstösst. Hinzu kommt, dass eine solche Nutzungsänderung die gleichmässige Nutzung der gemeinschaftlichen Gebäudeteile und den Gebrauch der anderen zu Sonderrecht ausgeschiedenen Räume nicht gefährden darf. Dem Stockwerkeigentümer ist daher eine faktisch zwar neue Nutzung erlaubt, jedoch nur, wenn diese in ihrer Wirkung, v.a. bezüglich der Immissionen, mit dem bisherigen Gebrauch vergleichbar ist[415].

414 In BGE *111* II 330 ff. war die Frage zu beantworten, ob ein Stockwerkeigentümer zur **Änderung der im Reglement vorgesehenen Nutzungsart seiner Räume im Sonderrecht berechtigt** ist. In einem Reglement ist vorgesehen, dass die Stockwerkeigentumsanteile ausschliesslich zu Wohnzwecken bestimmt sind. Von diesem Grundsatz gibt es jedoch zwei Ausnahmen: Jeder Stockwerkeigentümer darf eine ruhige Büropraxis führen, aus der sich keine stark störenden Immissionen ergeben; ein bestimmter Stockwerkeigentumsanteil dient als Ausstellungsraum für ein privates Museum oder dergleichen. Der Erwerber dieses Stockwerkeigentumsanteils wollte darin jedoch eine Anwaltspraxis betreiben. Alle anderen Stockwerkeigentümer waren dagegen. Das Bundesgericht hat die Nutzung als Museum als eine Nutzungsbeschränkung betrachtet, welche die gleiche praktische Wirkung wie eine Dienstbarkeit aufweist. Im Recht der Grunddienstbarkeiten gilt das **Prinzip der beschränkten Belastung**. Eine Dienstbarkeit mit dem Inhalt, dass das belastete Grundstück zu keinem anderen Zweck verwendet werden darf, als zu demjenigen, den es im Zeitpunkt der Errichtung hatte, ist daher unzulässig. Dies **gilt** nach Auffassung des Bundesgerichts **auch für das Stockwerkeigentum**. Und zwar jedenfalls dann, wenn die Zweckbestimmung der gemeinschaftlichen Liegenschaft durch eine von der Nutzungsordnung abweichende Benutzung einer Stockwerkeinheit und die gleichmässige Nutzung der gemeinschaftlichen Teile und der Gebrauch der zu Sonderrecht ausgeschiedenen Stockwerkeinheiten nicht beeinträchtigt werden. Die Nutzungsänderung der betreffenden Räume im Sonderrecht von einem privaten Museum in eine Anwaltspraxis war im konkreten Fall daher zulässig.

415 Ist die Ausübung eines Gewerbes innerhalb einer Stockwerkeinheit durch das Reglement nicht ausgeschlossen, darf ein Stockwerkeigentümer in seiner **bisher als Wohnung benutzten Einheit ein Gewerbe betreiben**. Dies selbst dann, wenn dazu bauliche Änderungen erforderlich sind. Diesbezüglich hat er zwei Schranken zu beachten. Derartige bauliche Änderungen dürfen einerseits nicht an den gemeinschaftlichen Teilen vorgenommen

---

nes privaten Museums beschränkt BGE *111* II 330 ff., insbes. 340 f. Erw. 8, kritisiert von LIVER, ZBJV *123* (1987) S. 149. Vgl. dazu auch Nr. 414.

[415] BGE *111* II 341 Erw. 8.

werden. Andererseits ist deren Vornahme nur zulässig, wenn sie aufgrund des konkret anwendbaren Bau- und Planungsrechts erlaubt sind.

416 Betreibt ein Stockwerkeigentümer in seiner bisher als Wohnung genutzten Einheit ein Gewerbe, hat er Rücksicht auf die Interessen der anderen Stockwerkeigentümer an der möglichst störungsfreien Ausübung ihrer Eigentumsrechte zu nehmen. Insbesondere muss er dafür sorgen, dass sich aus seinem Gewerbebetrieb keine übermässigen und damit nach Art. 684 ZGB verbotenen Immissionen ergeben[416].

3. Recht auf selbständige Vornahme und Durchführung von dringlichen Massnahmen und gewöhnlichen Verwaltungshandlungen

Literatur:

STEINAUER I, N 1242 ff.

417 Grundsätzlich sind zwar die Stockwerkeigentümerversammlung und v.a. der Verwalter für die gemeinschaftliche Verwaltung und Benutzung zuständig, doch werden dem einzelnen Stockwerkeigentümer zum Schutz seiner Interessen gewisse Interventionsmöglichkeiten gegenüber der Mehrheit gewährt[417]. So hat er nach Art. 712g Abs. 1 i.V.m. Art. 647 Abs. 2 Ziff. 2 ZGB einerseits die **Befugnis zur selbständigen Vornahme und Durchführung von dringlichen Verwaltungshandlungen**, andererseits das **Recht auf Vornahme von gewöhnlichen Verwaltungshandlungen** gemäss Art. 712g Abs. 1 i.V.m. Art. 647a ZGB.

A. Die dringlichen Massnahmen nach Art. 647 Abs. 2 Ziff. 2 ZGB

418 Die **Befugnis zur selbständigen Vornahme von dringlichen Massnahmen** nach Art. 647 Abs. 2 Ziff. 2 ZGB ist **unentziehbarer und unverzichtbarer Natur**[418]. Es handelt sich dabei um Handlungen im Bereich der

[416] Z.B. durch Lärm, auch wenn dieser durch Kunden ausserhalb seiner Einheit verursacht wird.

[417] Zu diesem zwingenden Mindestschutz des einzelnen Stockwerkeigentümers vgl. auch vorn Nr. 198.

[418] MEIER-HAYOZ, ZGB 647 N 72. Die Bedeutung der Befugnis zur selbständigen Vornahme von dringlichen Massnahmen ist insofern zu relativieren, als sie zurückge-

gemeinschaftlichen Verwaltung, die ein Stockwerkeigentümer aus eigener Initiative unternimmt, ohne hierfür einen Beschluss der zuständigen Stockwerkeigentümerversammlung abzuwarten, wobei die entstehenden Kosten jedoch von der Gemeinschaft zu tragen sind. Dringlich sind die Massnahmen insofern, als sie sofort getroffen werden müssen, um die gemeinschaftliche Sache vor drohendem oder wachsendem Schaden zu bewahren[419].

419 Aktuell ist diese Handlungsbefugnis des einzelnen Stockwerkeigentümers v.a. dann, wenn der Verwalter abwesend, untätig oder die Einberufung einer Stockwerkeigentümerversammlung zu zeitraubend ist. In diesem Sinne dringlich ist beispielsweise die Reparatur einer zerplatzten Wasserleitung oder eines Schadens am Dach[420].

B. Recht auf Vornahme gewöhnlicher Verwaltungshandlungen

420 Dem einzelnen Stockwerkeigentümer steht nach Art. 647a ZGB das **Recht zur selbständigen Vornahme gewöhnlicher Verwaltungshandlungen** zu. Darunter fallen alle Handlungen, welche dem Zweck der Erhaltung und Verwaltung des gemeinsamen Gutes dienen, sich nach dem gewöhnlichen Lauf der Dinge als notwendig und zweckmässig erweisen, im wesentlichen den Interessen der Stockwerkeigentümer dienen und keine besonderen Kosten erfordern[421].

421 Als gewöhnliche Verwaltungshandlung gilt somit, was zur Erhaltung der Sache bzw. ihres Wertes oder zur Verhütung von Schäden notwendig oder zumindest zweckmässig ist, wie z.B.:

422 - die Vornahme von Ausbesserungen und von ständig wiederkehrenden kleineren Reparaturen;

423 - nicht besonders kostspielige Instandstellungsarbeiten.

424 Dieser Anspruch ist **weder unentziehbar noch unverzichtbar**. Er steht einem Stockwerkeigentümer nur so lange zu, als die Mehrheit nicht anders entschieden hat. So kann die gesetzlich vorgesehene Zuständigkeitsbestim-

---

drängt wird, wenn ein Verwalter im Amt ist. Diesfalls kann ein Stockwerkeigentümer diese gesetzliche Vertretungsmacht nur in Anspruch nehmen, wenn der Verwalter nicht gewillt oder in der Lage ist, die dringlichen Massnahmen vorzunehmen; MEIER-HAYOZ/REY, ZGB 712t N 68.

[419] MEIER-HAYOZ, ZGB 647 N 75.

[420] Aufgrund der konkreten Umstände kann auch die Prozessführung eine dringliche Massnahme sein, vgl. MEIER-HAYOZ, ZGB 647 N 77.

[421] MEIER-HAYOZ, ZGB 647a N 7.

mung für gewöhnliche Verwaltungshandlungen durch eine einstimmig beschlossene Verwaltungsordnung auf den Verwalter übertragen werden[422].

4. *Stimmrecht*

A. Allgemeines zum Stimmrecht des Stockwerkeigentümers

425 Da Personenverbindungen wie die Stockwerkeigentümergemeinschaft keinen natürlichen Willen haben können, muss ein Verbandswille durch Zusammenfassung der natürlichen Einzelwillen der Verbandsmitglieder gebildet werden. Das **Stimmrecht** charakterisiert sich somit als **Befugnis, an dieser gemeinschaftlichen Willensbildung mitzuwirken**. Es gehört zu den **unentziehbaren und unverzichtbaren Mitgliedschaftsrechten**, da es nicht nur im Interesse der Beteiligten deren Teilnahme an der Willensbildung sichert, sondern auch für das Funktionieren der entsprechenden Personenvereinigung unentbehrlich ist[423].

426 In welchen Angelegenheiten der einzelne Stockwerkeigentümer konkret stimmberechtigt ist, ergibt sich aus den der Stockwerkeigentümerversammlung durch Gesetz, Begründungsakt und Reglement eingeräumten Kompetenzen[424].

427 Für das Stimmrecht des Stockwerkeigentümers von Bedeutung ist die Bestimmung seiner **Stimmkraft**. Es geht dabei um das Gewicht seiner Stimme bei einem Beschluss. Dieses hängt von der konkreten Stimmrechtsbemessung in der betreffenden Gemeinschaft ab. Die Stimmkraft kann für einen Stockwerkeigentümer je nach dem unterschiedlich sein, ob z.B. nach Köpfen, nach Anteilen, nach Köpfen und Anteilen oder nach Anteilsgrösse abgestimmt wird.

---

[422] MEIER-HAYOZ/REY, ZGB 712g N 69, ZGB 712s N 13; zur Zuständigkeit in Bezug auf die gewöhnlichen Verwaltungshandlungen vgl. auch die Graphik vorn Nr. 296.

[423] MEIER-HAYOZ/REY, ZGB 712m N 61.

[424] Zu den der Stockwerkeigentümerversammlung reglementarisch eingeräumten Kompetenzen hinten, Anhang 1 «Beispiel für ein Reglement der Stockwerkeigentümer», Art. 28 Abs. 2.

B. Kopfstimmrecht und Wertquotenstimmrecht

a. Grundsätzlich freie Regelungsmöglichkeiten

428 Der Gesetzgeber hat - mit Ausnahmen im Bereich der in Art. 647b Abs. 1, 647d Abs. 1 und 712g Abs. 3 ZGB normierten qualifizierten Beschlussfassung - weder das Kopf- noch das Wertquotenstimmrecht zwingend vorgesehen; diesbezüglich steht den Beteiligten somit ein relativ weiter Gestaltungsfreiraum offen. Die rechtsgeschäftliche Regelung der Stimmkraft der einzelnen Stockwerkeigentümer ist jedoch eine anspruchsvolle Aufgabe. Dies deshalb, weil einerseits die Beteiligung an einer Stockwerkeigentümergemeinschaft vermögensrechtlicher Natur ist, was dafür sprechen würde, einem Stockwerkeigentümer mit mehreren oder grösseren Stockwerkeigentumsanteilen eine erhöhte Stimmkraft zuzugestehen. Andererseits bilden die Stockwerkeigentümer jedoch eine auf ein bestimmtes Objekt bezogene Personengemeinschaft aus grundsätzlich gleichberechtigten Personen; da nicht die finanzielle Beteiligung im Vordergrund steht, soll ausgeschlossen werden, dass ein Einzelner mit grösserem Anteil der Gemeinschaft seinen Willen aufzwingen kann. Daher scheint das Kopfstimmrecht dem Wesen des Stockwerkeigentums und der Struktur der Stockwerkeigentümergemeinschaft am ehesten zu entsprechen[425].

429 **Grundsätzlich steht somit jedem Stockwerkeigentumsanteil** und damit dem daran Berechtigten **eine Stimme** zu[426]. Die Bemessung des Stimmrechts nach Köpfen ist jedoch nicht zwingender Natur: Die **dispositive Natur des Kopfstimmrechts** erlaubt es den Stockwerkeigentümern, Unterschiede im Wert der Anteile auch im Stimmrecht angemessen zu berücksichtigen. So können im Begründungsakt oder durch einstimmigen Beschluss im Reglement[427] folgende Anordnungen getroffen werden[428]:

430 - Bemessung des Stimmrechts **nach Stockwerkeinheiten**: Jede Einheit hat eine Stimme; Stockwerkeigentümer mit mehreren Einheiten haben demzufolge auch mehrere Stimmen;

---

[425] MEIER-HAYOZ/REY, ZGB 712m N 63.

[426] Zu deren Ausübung in der Stockwerkeigentümerversammlung, namentlich bei mehreren am Stockwerkeigentumsanteil dinglich Berechtigten vorn Nr. 283 ff. Vgl. auch Anhang 1 «Beispiel für ein Reglement der Stockwerkeigentümer», Art. 30 Abs. 1.

[427] Zur reglementarischen Regelung der Bemessung des Stimmrechts vgl. auch Anhang 1 «Beispiel für ein Reglement der Stockwerkeigentümer», Art. 31 Abs. 1.

[428] MEIER-HAYOZ/REY, ZGB 712m N 64.

- Bemessung des Stimmrechts nach der **Grösse des Anteils** (Wertquote): Auf das Kopfstimmprinzip wird gänzlich verzichtet; 431
- Bemessung des Stimmrechts nach **Köpfen und Anteilen**: Kopf- und Wertstimmen werden kumuliert[429]; 432
- Bemessung des Stimmrechts nach **Köpfen oder Anteilen**: Je nach der konkreten Angelegenheit entscheidet entweder die Mehrheit der Kopf- oder aber diejenige der Wertstimmen. 433

In der **Praxis am häufigsten** vorgesehen ist das Stimmrecht nach Anteilen, das **Wertquotenstimmrecht**. 434

b. Schranken rechtsgeschäftlicher Regelungen

Bei der rechtsgeschäftlichen Abweichung vom dispositiv vorgesehenen Kopfstimmrecht stellt sich die Frage nach dem Schutz der überstimmten Minderheit. Zwar bietet die einvernehmliche Abweichung vom Kopfstimmrecht häufig die Möglichkeit zu einer wohl erleichterten Anpassung an die konkreten Verhältnisse, doch birgt sie auch die Gefahr, dass fragwürdige Machtstellungen aufgebaut werden. Daher sind Schranken der Mehrheitsmacht festzulegen und der Minderheit unentziehbare Schutzrechte zuzuerkennen[430]. 435

In Bezug auf die Grenzen der rechtsgeschäftlichen Stimmrechtsgestaltung fehlen jedoch konkrete gesetzliche Anordnungen. Solche können allerdings aus allgemein zwingenden Bestimmungen im Stockwerkeigentumsrecht und aus der unverzichtbaren und unentziehbaren Natur des Stimm- und Teilnahmerechts an der Versammlung der Stockwerkeigentümer hergeleitet werden; Schranken können sich zudem durch allgemein anerkannte, z.B. die in Art. 2, 27 ZGB und Art. 20 OR normierten Rechtsgrundsätze ergeben. 436

C. Beschränkungen der Stimmrechtsausübung

a. Verzicht auf die Stimmrechtsausübung

Das Stimmrecht des Stockwerkeigentümers gehört zu dessen unverzichtbaren Rechten. Ein Stockwerkeigentümer kann daher **nicht generell im Vor-** 437

---

[429] Eine entsprechende Regelung gilt von Gesetzes wegen zwingend für die Beschlussfassungen mit qualifiziertem Mehr.

[430] Dazu MEIER-HAYOZ/REY, ZGB 712m N 66 f.

aus darauf verzichten. Zulässig ist hingegen die Nichtausübung des Stimmrechts im Einzelfall[431].

b. Verbot der Stimmrechtsausübung

438 Das Stimmrecht ist ein Mitgliedschaftsrecht, welches auf der Zugehörigkeit des Einzelnen zur Stockwerkeigentümergemeinschaft basiert. Als solches kann es **nicht generell entzogen** werden. Es besteht jedoch die Möglichkeit, dessen Ausübung unter bestimmten, eng umschriebenen Voraussetzungen zu untersagen[432].

439 Im Falle des **Ausschlusses aus der Gemeinschaft**[433] ist derjenige, mit dem die Fortsetzung der Gemeinschaft als unzumutbar erscheint, nach Art. 649b Abs. 2 ZGB von Gesetzes wegen vom Stimmrecht ausgeschlossen, wenn die anderen Stockwerkeigentümer über seinen Ausschluss befinden. Bis zum Moment des Ausschlusses bleibt er hingegen als Noch-Mitglied der Stockwerkeigentümergemeinschaft in allen anderen Angelegenheiten grundsätzlich stimmberechtigt[434].

440 In jenem Falle von **Untergemeinschaften**, in dem auf demselben Grundstück mehrere zu Stockwerkeigentum aufgeteilte Gebäude stehen, kann es sich u.U. rechtfertigen, in bestimmten Fragen die Ausübung des Stimmrechts auf einen engeren Kreis von Stockwerkeigentümern[435] einzuschränken. Die Entscheidungskompetenzen solcher Untergemeinschaften sind im Reglement genau festzulegen[436].

441 Wenn in Angelegenheiten zwischen einem Stockwerkeigentümer und der Gemeinschaft eine **Interessenkollision** besteht[437], stellt sich die Frage, ob und inwieweit das Stimmrecht des entsprechenden Stockwerkeigentümers

---

[431] MEIER-HAYOZ/REY, ZGB 712m N 69.

[432] MEIER-HAYOZ/REY, ZGB 712m N 70.

[433] Zum Ausschluss eines Stockwerkeigentümers aus der Gemeinschaft und dessen Voraussetzungen vorn Nr. 397 ff.

[434] MEIER-HAYOZ/REY, ZGB 712m N 71. Vgl. Anhang 1 «Beispiel für ein Reglement der Stockwerkeigentümer», Art. 39 Abs. 3.

[435] Z.B. auf die Benützer von hausinternen Einrichtungen.

[436] MEIER-HAYOZ/REY, ZGB 712m N 72.

[437] Hauptanwendungsfall bildet wohl der Abschluss eines Rechtsgeschäfts oder die Einleitung bzw. Erledigung eines Rechtsstreites zwischen einem Stockwerkeigentümer und der Gemeinschaft.

angesichts der Gefahr einer unsachlichen Stimmabgabe ruht[438]. Das schweizerische Stockwerkeigentumsrecht kennt keine ausdrückliche Regelung bezüglich Stimmrechtsausschluss im Falle einer Interessenkollision. Gestützt auf die Verweisung in Art. 712m Abs. 2 ZGB ist daher die entsprechende Bestimmung des Vereinsrechts in Art. 68 ZGB heranzuziehen[439]. Danach ist ein Mitglied bei der Beschlussfassung über ein Rechtsgeschäft oder über einen Rechtsstreit zwischen ihm, seinem Ehegatten und einer mit ihm in gerader Linie verwandten Person und dem Verein bzw. der Stockwerkeigentümerversammlung vom Stimmrecht ausgeschlossen.

D. Stimmrecht und Stellvertretung

a. Grundsätzliches

442 Die gesetzlichen Bestimmungen über das Stimmrecht sehen keine Beschränkung der Stellvertretung vor, da es in Angelegenheiten des Stockwerkeigentums kaum Tatsachen gibt, die wie in einem wirtschaftlichen Unternehmen geheimgehalten werden müssten. Der **Stockwerkeigentümer kann daher sein Stimmrecht grundsätzlich durch einen Vertreter ausüben lassen**[440].

443 Bei Vorliegen einer rechtsgültigen Vollmacht nimmt der Stellvertreter die Stellung des Vollmachtgebers in der Versammlung ein. Er unterliegt jedoch den gleichen Stimmrechtsbeschränkungen, wie z.B. im Falle einer Interessenkollision[441].

444 Eine allfällige Prüfung der Stimmberechtigung des in der Versammlung auftretenden Stellvertreters[442] ist vom Vorsitzenden der Versammlung vorzunehmen. An diese können und dürfen keine allzu hohen Anforderungen gestellt werden[443].

---

438 MEIER-HAYOZ/REY, ZGB 712m N 73.

439 MEIER-HAYOZ/REY, ZGB 712m N 74, m.w.H. auf die dieser Lösung kritisch gegenüberstehenden Lehrmeinungen.

440 MEIER-HAYOZ/REY, ZGB 712m N 77; zur Ausübung des Stimmrechts durch den Vertreter einer an der Stockwerkeigentumseinheit dinglich berechtigten Personenmehrheit vorn Nr. 283. Vgl. auch Anhang 1 «Beispiel für ein Reglement der Stockwerkeigentümer», Art. 30 Abs. 4.

441 MEIER-HAYOZ/REY, ZGB 712m N 78; zur Interessenkollision vgl. Nr. 441.

442 Dies z.B. in dem Fall, da der Stellvertreter den übrigen Stockwerkeigentümern unbekannt ist.

443 MEIER-HAYOZ/REY, ZGB 712m N 79.

b. Vertretungsbeschränkungen

445 Da die Stockwerkeigentümergemeinschaft neben ihrer Eigenschaft als sachenrechtliche Objektsgemeinschaft auch personenbezogene Komponenten aufweist, kann es sich rechtfertigen, den Teilnehmerkreis an der Stockwerkeigentümerversammlung zu beschränken. So wird in der Praxis häufig bestimmt, dass nur gewisse Personen[444] bevollmächtigt werden dürfen. Solche **Vertretungsbeschränkungen** müssen grundsätzlich im **Begründungsakt** enthalten sein. Sollen sie zu einem **späteren Zeitpunkt** ins Reglement aufgenommen werden, muss dies durch einen **einstimmigen Beschluss** erfolgen[445].

446 Das Stockwerkeigentumsrecht enthält keine Anordnung darüber, wie weit das Vertretungsrecht konkret beschränkt werden darf. Ausgeschlossen ist jedoch das gänzliche Verbot der Vertretung; ebenso muss bei einer unzumutbaren Benachteiligung des Betroffenen eine Vertretung möglich sein[446].

447 Häufig wird der Verwalter als Vertreter bestimmt: Dies hat zwar den Vorteil, dass jeweils die Beschlussfähigkeit der Versammlung erreicht wird. Dieses Vorgehen bringt jedoch den Nachteil mit sich, dass der Verwalter in für ihn wichtigen Angelegenheiten, wie z.B. Erteilung der Décharge, bereits über einen Grossteil der Stimmen verfügt. Als zulässig wird es daher erachtet, dem Verwalter im Reglement die Übernahme solcher Vertretungen entweder ganz zu untersagen oder zumindest nur in beschränktem Masse zu erlauben[447].

---

[444] Z.B. Familienmitglieder des stimmberechtigten Stockwerkeigentümers oder andere Stockwerkeigentümer.

[445] MEIER-HAYOZ/REY, ZGB 712m N 80. Zu einer reglementarischen Vertretungsbeschränkung vgl. Anhang 1 «Beispiel für ein Reglement der Stockwerkeigentümer», Art. 30 Abs. 4.

[446] MEIER-HAYOZ/REY, ZGB 712m N 81.

[447] MEIER-HAYOZ/REY, ZGB 712m N 82. Vgl. auch Anhang 1 «Beispiel für ein Reglement der Stockwerkeigentümer», Art. 30 Abs. 4, welcher die Vertretungsbeschränkung über die Person des Verwalters hinaus auf alle Vertreter ausdehnt.

II. Pflichten des Stockwerkeigentümers

1. Verwaltungs- und Mitwirkungspflichten

448 **Positive Leistungspflichten der Stockwerkeigentümer sind begrifflich im Miteigentum**, weil dieses ein subjektives Recht ist, **nicht enthalten**. Die Entstehung derartiger Pflichten bedarf somit entweder einer **gesetzlichen oder rechtsgeschäftlichen Grundlage**[448].

A. Pflichten des Stockwerkeigentümers auf gesetzlicher Grundlage

449 Das Gesetz statuiert mit Ausnahme der Beitragspflicht als einzige positivrechtlich verankerte Leistungspflicht weder im Miteigentumsrecht (Art. 646 ff. ZGB) noch im Stockwerkeigentumsrecht (Art. 712a ff. ZGB) eine ausdrückliche Pflicht des einzelnen Stockwerkeigentümers zur Vornahme von Verwaltungshandlungen oder zur gemeinsamen Zweckförderung. Solche **Pflichten** können in gewissen Fällen lediglich aus dem auch für die Stockwerkeigentümer geltenden **Gebot des Handelns nach Treu und Glauben** nach Art. 2 Abs. 1 ZGB abgeleitet werden[449].

450 Bei den aus Art. 2 ZGB ableitbaren Pflichten des Stockwerkeigentümers kann es sich um **Treue-, Handlungs- und Duldungspflichten** handeln[450].

- 451 Eine Art. 2 ZGB übersteigende **Treuepflicht** des Stockwerkeigentümers kennt das Stockwerkeigentumsrecht nicht. Eine solche wäre strukturwidrig, weil sich die Funktion der Gemeinschaft in der blossen Verfügung, Verwaltung und Erhaltung des wirtschaftlichen Wertes des gemeinschaftlichen Grundstücks erschöpft.
- 452 Aus der gemeinschaftlichen dinglichen Mitberechtigung kann auch **keine allgemeine Pflicht des Stockwerkeigentümers zur Mitverwaltung** abgeleitet werden. Eine dauernde, hartnäckige Weigerung, an der Verwaltung der gemeinschaftlichen Sache teilzunehmen, stellt jedoch u.U. einen Verstoss gegen Art. 2 ZGB dar, was in besonders krassen Fällen zum Ausschluss des betreffenden Stockwerkeigentümers führen kann.

---

[448] MEIER-HAYOZ/REY, ZGB 712g N 29.

[449] MEIER-HAYOZ/REY, ZGB 712g N 29.

[450] Ausführlich dazu MEIER-HAYOZ/REY, ZGB 712g N 31 ff.

453 - Eine **Pflicht zu eigenständigem Handeln** besteht im Stockwerkeigentumsrecht nur im Rahmen von Art. 2 i.V.m. Art. 647 Abs. 2 Ziff. 2 ZGB: Aus dem Gebot von Treu und Glauben sowie infolge des engen räumlichen Zusammenlebens kann u.U. die **Verpflichtung des Stockwerkeigentümers zur Vornahme dringlicher Massnahmen** angenommen werden.

454 - Aus dem im Bereich der gemeinschaftlichen Verwaltung geltenden Mehrheitsprinzip lässt sich auch eine **Duldungspflicht** in dem Sinne ableiten, dass sich der bei der Beschlussfassung unterlegene Stockwerkeigentümer mit den Ausführungshandlungen der Mehrheit abzufinden hat. Vorbehalten bleiben jedoch die Fälle, wo einerseits für das rechtsgültige Zustandekommen eines Beschlusses entweder aufgrund des Gesetzes oder einer Reglementsbestimmung Einstimmigkeit vorausgesetzt wird. Stimmt nur ein Stockwerkeigentümer dagegen, kommt ein entsprechender Beschluss nicht zustande, weshalb keine Pflicht zur Duldung allfälliger Ausführungshandlungen besteht. Andererseits wird die Duldungspflicht in jenen Fällen eingeschränkt, wo ein **Individualanspruch auf richterliche Intervention** gegenüber Beschlüssen der Gemeinschaft besteht. So muss es nach Art. 712q Abs. 1 ZGB kein Stockwerkeigentümer dabei bewenden lassen, dass ein Beschluss zur Bestellung eines Verwalters nicht zustande kommt, sondern er hat die Möglichkeit, eine Ernennung durch den Richter zu verlangen. Dementsprechend kann auch nach Art. 712r Abs. 2 ZGB vom Richter die Abberufung eines einmal bestellten Verwalters verlangt werden, wenn die Stockwerkeigentümerversammlung unter Missachtung wichtiger Gründe keinen entsprechenden Beschluss fasst.

B. Pflichten des Stockwerkeigentümers auf rechtsgeschäftlicher Grundlage

455 Neben den aus dem Gesetz ableitbaren Pflichten des Stockwerkeigentümers können weitere **Handlungs- und Duldungspflichten durch ein Rechtsgeschäft** entweder im **Begründungsakt** oder im **Reglement**[451] statuiert werden. Diese rechtsgeschäftlich begründeten Pflichten dürfen jedoch nicht der Struktur des Stockwerkeigentums und insbesondere dem Wesen der Stockwerkeigentümergemeinschaft widersprechen. Ebensowenig ist die Einführung von Pflichten zulässig, welche in die wirtschaftliche Handlungsfreiheit des einzelnen Stockwerkeigentümers eingreifen. Werden auf rechtsge-

---

[451] Zu reglementarisch begründeten Pflichten des Stockwerkeigentümers vgl. Anhang 1 «Beispiel für ein Reglement der Stockwerkeigentümer», Art. 9, Art. 10, Art. 11, Art. 12, Art. 14 Abs. 2, Art. 22 Abs. 3, Art. 38 Abs. 2.

schäftlichem Weg Pflichten der Stockwerkeigentümer im Rahmen der gemeinschaftlichen Verwaltung begründet, handelt es sich um **Realobligationen**[452]. Daraus verpflichtet wird der einzelne Stockwerkeigentümer nur solange, als er kraft seiner dinglichen Mitberechtigung Mitglied der Stockwerkeigentümergemeinschaft ist[453].

2. *Beitragspflicht an die gemeinschaftlichen Kosten und Lasten*

456 Die **einzige im Gesetz enthaltene Pflicht** des einzelnen Stockwerkeigentümers ist die in Art. 712h ZGB statuierte **Beitragspflicht**. Nach Abs. 1 dieser Bestimmung haben die Stockwerkeigentümer an die Lasten des gemeinschaftlichen Eigentums und an die Kosten der gemeinschaftlichen Verwaltung Beiträge nach Massgabe ihrer Wertquoten zu leisten[454].

3. *Sonderfall: Bewirtschaftungspflicht nach öffentlichem Recht*

457 Wird auf dem gemeinschaftlichen Grundstück ein **Apparthotel**[455] betrieben, kann sich für einen Stockwerkeigentümer die auf öffentlichem Recht beruhende **Pflicht zur hotelmässigen Bewirtschaftung** der Räume ergeben, die sich in seinem Sonderrecht befinden.

458 Rechtliche Grundlage dieser Pflicht kann Art. 10 lit. b BewG sein. Die Einhaltung dieser hotelmässigen Bewirtschaftungspflicht ist eine der Voraussetzungen, dass die Bewilligung erteilt wird, damit ein Stockwerkeigentumsanteil an eine Person im Ausland veräussert werden kann.

459 In Gemeinden mit grossem Fremdenverkehr kann die Pflicht eines Stockwerkeigentümers, seine Einheit hotelmässig bewirtschaften zu lassen, im konkret anwendbaren Bau- und Planungsrecht vorgesehen sein. Dies ist z.B. dann der Fall, wenn die für eine Hotelzone massgebenden Bauvorschriften

---

[452] Zum Begriff der Realobligation vgl. vorn FN 216.

[453] MEIER-HAYOZ/REY, ZGB 712g N 36.

[454] Ausführlich zur finanziellen Beitragspflicht des Stockwerkeigentümers hinten Nr. 513 ff.

[455] Zum Betrieb eines Apparthotels vgl. schon vorn Nr. 208 ff.

vorschreiben, dass ein bestimmter Prozentsatz der Bruttogeschossfläche hotelmässig benutzt werden muss.

460 Für den betroffenen Stockwerkeigentümer besteht anscheinend in beiden Fällen eine **öffentlich-rechtliche Kontrahierungspflicht**, mit dem Inhaber des Hotelbetriebes einen Bewirtschaftungsvertrag abzuschliessen.

III. Reglement der Stockwerkeigentümer und Hausordnung als Konkretisierung der Rechte und Pflichten des Stockwerkeigentümers

1. Das Reglement

Literatur:

REY, Sachenrecht I, N 819 ff.

SCHMID, N 1042 ff.

SIMONIUS/SUTTER, § 15 N 59

STEINAUER I, N 1272 ff.

A. Allgemeines

a. Grundzüge der gesetzlichen Regelung

461 Jedem Stockwerkeigentümer steht zwar nach Art. 712g Abs. 3 ZGB ein Anspruch auf Erlass eines Reglements zu, jedoch hat der Gesetzgeber **nicht zwingend** vorgesehen, dass für jedes Stockwerkeigentumsverhältnis ein Reglement vorliegen muss. Der Gesetzgeber hat auch den Inhalt und die Funktion des Reglements lediglich global angeordnet. Die Stockwerkeigentümer sind daher bei der **inhaltlichen Ausgestaltung des Reglements weitgehend autonom**.

462 Im Gesetz gibt es nur zwei Bestimmungen, welche für das Reglement bedeutsam sind, nämlich Art. 649a und Art. 712g Abs. 3 ZGB.

b. Funktion und Inhalt des Reglements

463 Das Reglement hat die **Funktion, die Rechtsstellung des einzelnen Stockwerkeigentümers innerhalb einer bestimmten Stockwerkeigentümergemeinschaft zu umschreiben**. In der Praxis enthalten die Reglemente oftmals nicht nur Bestimmungen über die gemeinschaftliche Verwaltung

und Nutzung der im Stockwerkeigentum stehenden Sache; sie zählen vielmehr oft sehr detailliert die Rechte und Pflichten der Stockwerkeigentümer auf[456].

In ein Reglement können beispielsweise aufgenommen werden: 464

- die Umschreibung des Stockwerkeigentumsobjekts[457] sowie die Zweckbestimmung der gemeinschaftlichen Sache[458]; 465
- der Ausschluss bestimmter Nutzungsarten, wie z.B. Betrieb eines Restaurants, einer Tanz- oder Musikschule[459]; 466
- die Beschreibung der Sonderrechtsbereiche[460] und der gemeinschaftlichen Teile[461], deren Benutzung sowie allfällige Benutzungsbeschränkungen[462]; 467
- die Begründung, nähere Umschreibung und Zuordnung von besonderen Nutzungsrechten an den gemeinschaftlichen Teilen[463]; 468
- die Überlassung von Nutzungs- und Gebrauchsrechten an Dritte[464]; 469
- die Voraussetzungen und das Verfahren für die Änderung der Wertquoten; 470
- Bestimmungen über Unterhalt, Um- und Wiederaufbau des gemeinschaftlichen Gebäudes[465]; 471
- die Regelung der Beschlussfassung in der Versammlung[466]; 472
- die Verteilung der gemeinschaftlichen Kosten und Lasten[467]; 473

---

[456] MEIER-HAYOZ/REY, ZGB 712g N 97 f.

[457] Anhang 1 «Beispiel für ein Reglement der Stockwerkeigentümer», Art. 1.

[458] Anhang 1 «Beispiel für ein Reglement der Stockwerkeigentümer», Art. 8 Abs. 1.

[459] Anhang 1 «Beispiel für ein Reglement der Stockwerkeigentümer», Art. 8 Abs. 3.

[460] Anhang 1 «Beispiel für ein Reglement der Stockwerkeigentümer», Art 2 und Art. 4.

[461] Anhang 1 «Beispiel für ein Reglement der Stockwerkeigentümer», Art. 3.

[462] Anhang 1 «Beispiel für ein Reglement der Stockwerkeigentümer», Art. 7, Art. 8, Art. 13.

[463] Anhang 1 «Beispiel für ein Reglement der Stockwerkeigentümer», Art. 5.

[464] Anhang 1 «Beispiel für ein Reglement der Stockwerkeigentümer», Art. 9, Art. 15 Abs. 1.

[465] Anhang 1 «Beispiel für ein Reglement der Stockwerkeigentümer», Art. 22 bis 26.

[466] Anhang 1 «Beispiel für ein Reglement der Stockwerkeigentümer», Art. 30, Art. 31.

474 - die Stellung, Funktion und konkreten Aufgaben des Verwalters[468];

475 - der Erlass einer Hausordnung[469];

476 - Sanktionen bei Verletzungen der Gemeinschaftsordnung;

477 - das beim Ausschluss eines Stockwerkeigentümers aus der Gemeinschaft[470] oder bei Aufhebung des Stockwerkeigentums[471] zu beachtende Verfahren.

B. Erlass des Reglements

a. Erlass im Zeitpunkt der Begründung von Stockwerkeigentum

478 In der Praxis wird sehr häufig bereits im Zusammenhang mit der **Begründung** von Stockwerkeigentum ein Reglement aufgestellt. Der öffentlich beurkundete Begründungsakt[472] bezeichnet dabei das Reglement als integrierenden Bestandteil.

479 Diese Entstehungsart des Reglements erweist sich für den einzelnen Stockwerkeigentümer oftmals als problematisch: Bei Reglementen, die im Zeitpunkt des Begründungsaktes aufgestellt werden, ist oft ein **erhebliches Übergewicht des Verwalters bzw. der Verwaltung**[473] gegenüber den Stockwerkeigentümern feststellbar. Dies ist besonders dann nachteilig, wenn im Reglement eine Erschwerung seiner Abänderbarkeit vorgesehen ist. Von ursprünglicher Mitgestaltungsmöglichkeit ganz ausgeschlossen sind die Stockwerkeigentümer dann, wenn das Stockwerkeigentum aufgrund einer einseitigen Erklärung begründet und gleichzeitig schon das Reglement aufgestellt wird.

---

467 Anhang 1 «Beispiel für ein Reglement der Stockwerkeigentümer», Art. 18.

468 Anhang 1 «Beispiel für ein Reglement der Stockwerkeigentümer», Art. 33 bis 35.

469 Anhang 1 «Beispiel für ein Reglement der Stockwerkeigentümer», Art. 16.

470 Anhang 1 «Beispiel für ein Reglement der Stockwerkeigentümer», Art. 39.

471 Anhang 1 «Beispiel für ein Reglement der Stockwerkeigentümer», Art. 40.

472 Vertrag oder Begründungserklärung, vorn Nr. 120 ff. sowie Nr. 130 ff.

473 Meistens eine Treuhand- oder Immobiliengesellschaft.

b. Erlass in einem späteren Zeitpunkt

480 Ist das Stockwerkeigentum einmal begründet, kann ein Reglement aufgrund eines **Beschlusses der Stockwerkeigentümer** erlassen werden. Gemäss Art. 712g Abs. 3 ZGB ist dazu ein Beschluss der Stockwerkeigentümer mit einem Mehr nach Personen und Anteilen erforderlich. Dieses Quorum dürfte erleichtert, kaum aber erschwert werden können[474]. Der Erlass eines Reglements nach der Begründung von Stockwerkeigentum ist dann gültig, wenn der Beschluss das erforderliche Quorum erfüllt.

481 Zu beachten ist, dass jeder Stockwerkeigentümer aufgrund von Art. 712g Abs. 3 ZGB einen **unentziehbaren und unverzichtbaren Anspruch auf Erlass eines Reglements** hat.

C. Abänderung des Reglements

482 Eine Abänderung des Reglements ist nach Art. 712g Abs. 3 ZGB grundsätzlich mit der **Mehrheit nach Personen und Anteilen** möglich[475].

483 Eine **Erschwerung** dieses Quorums ist zwar grundsätzlich zulässig, jedoch dann **fragwürdig**, wenn das Reglement gleichzeitig mit der einseitigen Begründung des Stockwerkeigentums erlassen worden ist und sich später aus objektiven Gründen Änderungen ergeben, die an einem rechtsgeschäftlich begründeten Einstimmigkeitserfordernis scheitern können. Dadurch würde der Gedanke des Gesetzgebers, das Interesse an einer geordneten Verwaltung und Benutzung zu schützen, unter Umständen unbeachtet bleiben. Im Hinblick auf die Abänderung des Reglements sollte daher die Beschlussfassung, wie sie in Art. 712g Abs. 3 ZGB vorgesehen ist, nicht allzu stark erschwert werden[476].

484 **Unzulässig** dürfte es sein, dieses nach Personen und Anteilen qualifizierte Quorum zur Abänderung des Reglements **rechtsgeschäftlich zu erleichtern**. Dies lässt sich hauptsächlich aus der Wirkung des Reglements gegenüber Sonderrechtsnachfolgern eines Stockwerkeigentümers und der Tatsache rechtfertigen, dass im Reglement u.a. sehr weitreichende Beschränkungen hinsichtlich der Nutzung von Sonderrechtsbereichen vorgesehen werden können. Mit dem Grundgedanken der quotenproportionalen Berechti-

---

474 MEIER-HAYOZ/REY, ZGB 712g N 87 f.

475 Vgl. auch hinten Anhang 1 «Beispiel für ein Reglement der Stockwerkeigentümer», Art. 43.

476 MEIER-HAYOZ/REY, ZGB 712g N 89.

gung sowohl an Rechten wie auch an Pflichten ist es nur schwer vereinbar, den Erwerber eines Stockwerkeigentumsanteils zwar einerseits im vollen Umfang seiner Wertquote für die gemeinschaftlichen Kosten und Lasten haften zu lassen, ihn jedoch andererseits reglementarischen Nutzungsbeschränkungen zu unterwerfen, welche lediglich von einer Mehrheit beschlossen wurden, die nicht den grösseren Teil der Wertquoten vertritt. Eine **Erleichterung des Quorums in Art. 712g Abs. 3 ZGB** dürfte somit **unzulässig** sein, selbst wenn ein entsprechender Beschluss einstimmig gefasst wird. Sofern der Bestimmung in Art. 712g Abs. 3 ZGB **einseitig zwingender** Charakter zuerkannt wird, kommt ihr eine **minderheitenschützende** Funktion zu.

485 **Nicht ausreichend** ist das qualifizierte Mehr nach Personen und Anteilen für die Abänderung der gesetzlichen Zuständigkeitsordnung bezüglich Verwaltungshandlungen und baulichen Massnahmen; dazu ist vielmehr **Einstimmigkeit** erforderlich, auch wenn diese Änderung in einem Reglement erfolgt[477].

D. Wirkung des Reglements

486 Aufgrund von Art. 649a ZGB entfaltet das Reglement[478] im Allgemeinen auch **Wirkung gegenüber den Sonderrechtsnachfolgern**[479] der einzelnen Stockwerkeigentümer sowie gegenüber den **Inhabern von beschränkten dinglichen Rechten an Stockwerkeigentumsanteilen**[480]. Diese Verbindlichkeit ergibt sich aus der besonderen Struktur des Gemeinschaftsverhältnisses beim Stockwerkeigentum, welches z.T. durch körperschaftliche Elemente gekennzeichnet ist; das Reglement ist daher hinsichtlich seiner Wirkungen mit den Statuten einer Körperschaft vergleichbar[481].

---

[477] MEIER-HAYOZ/REY, ZGB 712g N 90.

[478] Wie auch die vereinbarte Nutzungs- und Verwaltungsordnung beim Miteigentum; zu den identischen Wirkungen der Beschlüsse der Stockwerkeigentümerversammlung vorn Nr. 341.

[479] Daher rechtfertigt sich auch die oftmals im Reglement enthaltene diesbezügliche **Aufklärungspflicht** des Eigentümers eines Stockwerkeigentumsanteils gegenüber dem Erwerber; vgl. dazu auch hinten Anhang 1 «Beispiel für ein Reglement der Stockwerkeigentümer», Art. 38 Abs. 2.

[480] Z.B. gegenüber einem Nutzniesser oder dem Inhaber einer Wohnrechtsdienstbarkeit.

[481] MEIER-HAYOZ/REY, ZGB 712g N 83; möglich ist es jedoch auch, die Verbindlichkeit des Reglements auf eine **gesetzliche Realobligation** zurückzuführen, so K. MÜLLER, S. 46, 59; vgl. zur Kontroverse über den realobligatorischen Charakter des Reglements auch die Hinweise bei MEIER-HAYOZ, Syst. Teil N 283 f.

Die gegenüber Erwerbern von dinglichen Rechten an einem Stockwerkeigentumsanteil verstärkte Wirkung des Reglements kommt jedoch nur denjenigen Bestimmungen im Reglement zu, die mit der **Ordnung der gemeinschaftlichen Verwaltung und Benutzung in einem direkten Zusammenhang stehen**[482]. 487

Ob dieser Zusammenhang besteht, ist insbesondere bei den in einem Reglement enthaltenen **Schiedsgerichts- und Gerichtsstandsklauseln** fragwürdig; deshalb empfiehlt es sich, vom rechtsgeschäftlichen Erwerber eines Stockwerkeigentumsanteils die ausdrückliche Erklärung zu verlangen, dass er derartige Klauseln auch als für ihn verbindlich anerkennt[483]. 488

Die Existenz eines Reglements kann nach Art. 712g Abs. 3 ZGB i.V.m. Art. 79 Abs. 5 GBV durch eine **Anmerkung im Grundbuch** eingeschrieben werden[484]; diesfalls ist dem Grundbuchverwalter entweder das von allen Stockwerkeigentümern unterzeichnete Reglement einzureichen, oder das Reglement, dem ein amtlich beglaubigter Auszug aus dem Protokoll über seine Annahme durch Beschluss beigelegt ist. Eine öffentliche Beurkundung ist somit nicht erforderlich. 489

Eine solche **Anmerkung** hat lediglich **deklaratorische** Wirkung. Der Rechtsnachfolger eines Stockwerkeigentümers ist als Folge dieser Anmerkung nur mit der Einrede ausgeschlossen, er habe das angemerkte Reglement nicht gekannt. Dies bedeutet, dass z.B. der Veräusserer eines Stockwerkeigentumsanteils von der Aufklärungspflicht[485] über die Existenz eines Reglements befreit ist, wenn eine entsprechende Anmerkung im Grundbuch eingeschrieben ist. 490

---

[482] MEIER-HAYOZ/REY, ZGB 712g N 84. Ein solcher **direkter Zusammenhang** mit der Ordnung der gemeinschaftlichen Verwaltung und Benutzung wurde vom Bundesgericht **verneint** für eine Reglementsbestimmung, welche die solidarische Haftung des Erwerbers eines Stockwerkeigentumsanteils mit dem Veräusserer für die Bezahlung fälliger Beiträge an die gemeinschaftlichen Kosten und Lasten vorsah, BGE *123* III 53 ff., insbes. 56/7 Erw. 3b.

[483] Vgl. zu den Voraussetzungen der Verbindlichkeit einer im Reglement enthaltenen Schiedsklausel für den Rechtsnachfolger eines Stockwerkeigentümers BGE *110* Ia 108 ff. Erw. 4.

[484] Vgl. auch Anhang 1 «Beispiel für ein Reglement der Stockwerkeigentümer», Art. 42.

[485] Anhang 1 «Beispiel für ein Reglement der Stockwerkeigentümer», Art. 38 Abs. 2.

2. *Die Hausordnung*

A. Allgemeines

491 Die Hausordnung regelt im Sinne einer **Gebrauchsordnung für den Alltag** die Benutzung des gemeinschaftlichen Gebäudes sowie der dazu gehörenden Anlagen und Einrichtungen; sie enthält hauptsächlich detailliertere Ausführungsbestimmungen zu den gesetzlichen und reglementarischen Vorschriften. Insbesondere bei grösseren Stockwerkeigentümergemeinschaften ist es sinnvoll, alltägliche Benutzungshandlungen in der Hausordnung zu regeln, um so das Reglement nicht mit zuviel Detailbestimmungen zu belasten[486].

B. Erlass und Änderung der Hausordnung

492 Zuständig für den **Erlass** einer Hausordnung ist grundsätzlich die Stockwerkeigentümerversammlung. Dafür genügt nach herrschender Auffassung ein mit der **einfachen Mehrheit der Stockwerkeigentümer** gefasster Beschluss. Möglich ist es allerdings auch, eine qualifizierte Beschlussfassung vorzusehen oder den Verwalter[487] oder einen Ausschuss[488] zur Aufstellung der Hausordnung zu ermächtigen; die Gemeinschaft kann sich diesfalls ein Genehmigungsrecht vorbehalten oder dem Verwalter gestützt auf Art. 712m Abs. 1 Ziff. 2 und Art. 712s Abs. 1 ZGB Weisungen bezüglich der inhaltlichen Ausgestaltung erteilen[489].

493 Für die **Abänderung** der Hausordnung gilt dasselbe Quorum wie für deren Erlass; vorbehältlich einer anderen Regelung genügt damit ein **einfacher Mehrheitsbeschluss**[490].

C. Inhalt der Hausordnung

494 Die Hausordnung enthält vor allem **Anordnungen administrativer und organisatorischer Natur**, welchen keine grundsätzliche Bedeutung für das

---

486 Zur Hausordnung i.A. MEIER-HAYOZ/REY, ZGB 712g N 99.

487 Dazu vorn Nr. 379 a.E.

488 Dazu vorn Nr. 394 a.E.

489 MEIER-HAYOZ/REY, ZGB 712g N 100.

490 MEIER-HAYOZ/REY, ZGB 712g N 101.

Zusammenleben der Stockwerkeigentümer als Nutzungs- und Verwaltungsgemeinschaft zukommt; diese Bestimmungen dürfen daher denjenigen einer höheren Regelungsstufe, wie dem Gesetz oder dem Reglement, nicht widersprechen[491].

495 In eine Hausordnung können z.B. aufgenommen werden[492]:

- 496 Anforderungen an die äussere Gestaltung des gemeinschaftlichen Gebäudes, wie Garten- und Balkongestaltung;
- 497 Vorschriften zur Verhinderung von Beschädigungen gemeinschaftlicher Objekte;
- 498 Regelung der Benutzung gemeinschaftlicher Anlagen und Einrichtungen (z.B. Turnus-Nutzung beim Gebrauch von Waschmaschine und Tumbler);
- 499 Regelung der Reinigungsarbeiten an gemeinschaftlichen Teilen, Anlagen oder Einrichtungen (z.B. für Treppe, Vorplatz, Lift etc.);
- 500 Richtlinien für zulässige Immissionen (z.B. Zeitangaben für Reinigungsarbeiten oder Musizieren);
- 501 Regelung des Verfahrens zur sofortigen Abwendung von Schäden.

D. Wirkung der Hausordnung

502 Sofern die **Hausordnung** als **Teil der gemeinschaftlichen Nutzungsordnung** aufgefasst wird, ist sie nach Art. 649a ZGB auch für die Rechtsnachfolger eines Stockwerkeigentümers sowie für den Erwerber eines dinglichen Rechts an einem Stockwerkeigentumsanteil verbindlich[493].

503 Anders als beim Reglement ist die Anmerkung der Hausordnung im Grundbuch nicht möglich.

---

[491] MEIER-HAYOZ/REY, ZGB 712g N 103.

[492] Aufzählung bei MEIER-HAYOZ/REY, ZGB 712g N 104.

[493] MEIER-HAYOZ/REY, ZGB 712g N 102; zu den Wirkungen des Reglements vgl. vorn Nr. 486 ff.

IV. Zusammenfassung

504 Der schweizerische Gesetzgeber war bestrebt, die Rechtsstellung des einzelnen Stockwerkeigentümers möglichst der Rechtsposition eines Alleineigentümers anzugleichen. Dem Stockwerkeigentümer kommt daher eine **grosse Freiheit bezüglich der Verfügung über seinen Stockwerkeigentumsanteil und hinsichtlich der Nutzung der Objekte im Sonderrecht** zu.

505 Der Stockwerkeigentümer kann über seinen Stockwerkeigentumsanteil **grundsätzlich frei verfügen**. Er ist z.B. befugt, den Stockwerkeigentumsanteil ganz oder teilweise zu veräussern. Bei der teilweisen Veräusserung ist jedoch zu beachten, dass der neu geschaffene Sonderrechtsbereich den zwingenden Erfordernissen von Art. 712b Abs. 2 ZGB entspricht; erforderlich ist auch eine entsprechende Aufteilung des Miteigentumsanteils sowie eine Anpassung der Wertquoten. Die Veräusserungsbefugnis kann rechtsgeschäftlich durch ein Vorkaufsrecht oder durch ein Einspracherecht der anderen Stockwerkeigentümer eingeschränkt werden.

506 Ein Stockwerkeigentümer darf seinen **Sonderrechtsbereich grundsätzlich frei nutzen**. Sehr oft ist jedoch diese Nutzungsbefugnis durch die Zweckbestimmung der gemeinschaftlichen Objekte im Begründungsakt oder im Reglement eingeschränkt. Der Stockwerkeigentümer darf die bisherige Nutzung seines Sonderrechtsbereiches unter zwei Voraussetzungen selbständig ändern. Die Nutzungsänderung darf nicht gegen eine im Reglement festgelegte Zweckbestimmung des gemeinschaftlichen Grundstücks verstossen und die gleichmässige Nutzung der gemeinschaftlichen Gebäudeteile und der Gebrauch der anderen zu Sonderrecht ausgeschiedenen Räume dürfen nicht gefährdet werden.

507 Dem Stockwerkeigentümer steht ein nach Art. 647 Abs. 2 Ziff. 2 ZGB **unentziehbares und unverzichtbares Recht auf selbständige Vornahme von dringlichen Verwaltungsmassnahmen** zu. Solche Massnahmen müssen sofort getroffen werden, um die gemeinschaftliche Sache vor drohendem oder wachsendem Schaden zu schützen. Sie sind z.B. aktuell, wenn der Verwalter abwesend oder untätig ist.

508 Das **Stimmrecht ist ein unentziehbares und unverzichtbares Mitgliedschaftsrecht** des Stockwerkeigentümers. Die Stimmkraft, somit das Gewicht der Stimme des einzelnen Stockwerkeigentümers bei einem Beschluss, hängt von der konkreten Stimmrechtsbemessung in der betreffenden Gemeinschaft ab. Der Gesetzgeber geht zwar - ausser bei den qualifizierten Beschlussfassungen nach Art. 647b Abs. 1, 647d Abs. 1 und 712g Abs. 3 ZGB - vom Kopfstimmrecht aus. Durch Rechtsgeschäft kann jedoch

das Stimmrecht nach Stockwerkeinheiten, Anteilsgrössen, Köpfen und Anteilen sowie nach Köpfen oder Anteilen bestimmt werden. Hinsichtlich der Grenzen der rechtsgeschäftlichen Ausgestaltung des Stimmrechts fehlen konkrete gesetzliche Anordnungen. Jeder Stockwerkeigentümer kann sein Stimmrecht grundsätzlich durch einen Vertreter ausüben lassen. Es gibt keine gesetzlichen Beschränkungen des Vertretungsrechts. Rechtsgeschäftliche Vertretungsbeschränkungen müssen jedoch im Begründungsakt oder später durch einen einstimmigen Beschluss erfolgen.

509 Die **einzige im Gesetz normierte Pflicht** des Stockwerkeigentümers ist die **Beitragspflicht** nach Art. 712h ZGB. Ansonsten existiert keine ausdrückliche Pflicht des Stockwerkeigentümers zur Vornahme von Verwaltungshandlungen oder zur gemeinsamen Zweckförderung. Solche Pflichten können sich in gewissen Fällen aus dem allgemeinen Gebot des Handelns nach Treu und Glauben ergeben. Rechtsgeschäftliche Pflichten des Stockwerkeigentümers können entweder im Begründungsakt oder im Reglement statuiert sein.

510 Die Rechte und Pflichten des Stockwerkeigentümers können in ein **Reglement** aufgenommen werden. Der Erlass eines solchen ist **nicht zwingend** vorgeschrieben, doch steht aufgrund von Art. 712g Abs. 3 ZGB jedem Stockwerkeigentümer ein Anspruch zu, dass ein Reglement erlassen wird. Die inhaltliche Ausgestaltung des Reglements ist weitgehend der Privatautonomie überlassen.

511 Ein Reglement kann bereits im **Zeitpunkt der Begründung von Stockwerkeigentum** aufgestellt werden. Dies kann dann problematisch sein, wenn dem Verwalter zahlreiche Kompetenzen eingeräumt werden und sich der Begründer zugleich als Verwalter einsetzt. In einem solchen Fall wird zudem meistens die Änderung des Reglements erschwert. Diese Vorgehensweise räumt der Verwaltung eine bedeutsame Vormachtstellung ein. Durch Beschluss kann ein Reglement auch in einem **späteren Zeitpunkt** erlassen werden. Eine öffentliche Beurkundung ist nicht erforderlich, auch wenn das Reglement durch eine Anmerkung im Grundbuch eingeschrieben wird.

512 Auch ohne Anmerkung entfalten diejenigen Bestimmungen im Reglement, die mit der Regelung der gemeinschaftlichen Verwaltung und Benutzung in einem engen Zusammenhang stehen, aufgrund von Art. 649a ZGB **Wirkung** gegenüber dem Sonderrechtsnachfolger des einzelnen Stockwerkeigentümers (insbesondere gegenüber dem Käufer eines Stockwerkeigentumsanteils) sowie gegenüber den Inhabern von beschränkten dinglichen Rechten an einem Stockwerkeigentumsanteil.

§ 6 Speziell: Die finanzielle Beitragspflicht des Stockwerkeigentümers

Literatur:

LIVER, SPR V/I, S. 93 f.

REY, Sachenrecht I, N 697 ff.

SCHMID, N 1046 f.

SIMONIUS/SUTTER, § 15 N 55

STEINAUER I, N 1341 ff.

TUOR/SCHNYDER/SCHMID, S. 709/10

I. Allgemeines

1. Die gesetzliche Regelung im Überblick

513 Art. 712h ZGB regelt die Frage, **welche Kosten und Lasten** von den Stockwerkeigentümern insgesamt zu tragen sind und nach **welchem Schlüssel** sie auf die einzelnen Gemeinschafter verteilt werden müssen. Massgebend für den Umfang der Leistungspflicht sind grundsätzlich die **Wertquoten**. Diese Bestimmung ist jedoch nicht zwingend; deshalb kann auch eine vom gesetzlichen Verteilungsschlüssel abweichende Vereinbarung getroffen werden. Die Belastung des Stockwerkeigentümers im Verhältnis zur Grösse seines Anteils entspricht auch den Anforderungen des im Miteigentumsrecht geltenden Prinzips der relativen Gleichbehandlung. Stimmen hingegen Nutzung und Gebrauch nicht mit der Wertquote überein, muss dies gemäss der zwingenden Bestimmung in Art. 712h Abs. 3 ZGB bei der Verteilung der Kosten berücksichtigt werden[494].

514 In Art. 712h Abs. 1 und 2 ZGB wir der Doppelausdruck «Kosten und Lasten» verwendet. Rechtlich werden Kosten und Lasten gleich behandelt; erstere ergeben sich aus der Verwaltung des gemeinschaftlichen Grundstücks,

[494] Zur zwingenden Ausnahme vom Grundsatz der quotenproportionalen Kosten- und Lastenverteilung vorn Nr. 197 und hinten Nr. 571 ff.; BGE *117* II 251 ff., zum zwingenden Charakter von Art. 712h Abs. 3 ZGB BGE a.a.O. 253 Erw. 5b.

letztere sind mit dem Eigentum am gemeinschaftlichen Grundstück verbunden[495].

2. *Rechtsnatur der Beitragspflicht*

515 Die Pflicht der Stockwerkeigentümer, an die gemeinschaftlichen Kosten und Lasten beizutragen, ist subjektiv-dinglich mit dem Stockwerkeigentumsanteil verbunden und stellt somit nach herrschender Lehre eine **gesetzliche Realobligation** dar[496]. **Schuldner** der Beitragsforderung ist der jeweils im **Grundbuch eingetragene Stockwerkeigentümer**[497].

3. *Arten der Beiträge*

516 Art. 712h ZGB enthält keine Regelung hinsichtlich Art und Fälligkeit der Beitragsleistung. Grundsätzlich kann aber zwischen zwei Arten von Beitragsleistungen unterschieden werden, aus deren Natur sich zugleich auch der Zeitpunkt ihrer Fälligkeit ergibt: **Deckungsbeiträge** und **Vorschüsse**.

A. Deckungsbeiträge

517 Wenn **Verpflichtungen der Gemeinschaft** begründet werden, welche diese nicht aus den liquiden Mitteln ihres Gemeinschaftsvermögens, namentlich dem Verwaltungsfonds, begleichen kann, **entstehen von Gesetzes wegen Beitragsforderungen** der Stockwerkeigentümergemeinschaft gegenüber den Stockwerkeigentümern. Diese werden entsprechend dem massgebenden Verteilschlüssel unmittelbar **mit ihrer Entstehung** fällig. Dies deshalb, weil ein Auseinanderfallen der Fälligkeit von Drittforderungen gegen die Gemeinschaft und der Entstehung von Beitragsforderungen für die Gemeinschaft unerwünschte Konsequenzen hätte[498].

---

495 MEIER-HAYOZ/REY, ZGB 712h N 7. Vgl. auch Anhang 1 «Beispiel für ein Reglement der Stockwerkeigentümer», Art. 17.

496 Zu den Begriffen der subjektiv-dinglichen Verknüpfung und der Realobligation vorn FN 9 und FN 216.

497 MEIER-HAYOZ/REY, ZGB 712h N 9; hinten Nr. 522 ff.

498 MEIER-HAYOZ/REY, ZGB 712h N 11.

518 Diese Beitragspflicht in Form von Deckungsbeiträgen der einzelnen Stockwerkeigentümer ist eine direkte Folge der ausschliesslichen Haftung der Gemeinschaft für Verbindlichkeiten, die aus der Besorgung gemeinschaftlicher Angelegenheiten resultieren[499].

B. Vorschüsse

519 Nach schweizerischem Stockwerkeigentumsrecht sind die Stockwerkeigentümer grundsätzlich **nicht verpflichtet, Kostenvorschüsse zu leisten**. Es ist allerdings sinnvoll, eine solche Pflicht rechtsgeschäftlich zu vereinbaren. Diese kann im Einzelfall mittels **Versammlungsbeschluss** oder generell durch eine **Reglementsbestimmung** begründet[500] werden. Einerseits stehen dadurch die für die Bestreitung der laufenden Ausgaben erforderlichen Mittel der Gemeinschaft schneller zur Verfügung, andererseits ist die Einbringlichkeit der Beiträge besser gewährleistet. Durch Vorschüsse kann ein Verwaltungsvermögen geäufnet werden, durch welches die Schwankungen der laufenden Kosten ausgeglichen werden. Gleichzeitig ist es möglich, durch Speisung des Erneuerungsfonds[501] Rückstellungen zu bilden[502].

520 Die Höhe der Vorschüsse wird grundsätzlich von der Stockwerkeigentümerversammlung beschlossen, es sei denn, diese habe den Verwalter zu deren Festsetzung ermächtigt. Die Vorschüsse haben den Charakter von **Beitragsleistungen, die pro rata temporis entstehen**. Mit Genehmigung der Jahresrechnung wird dann der Umfang der Beiträge unter Anrechnung der geleisteten Vorschüsse endgültig festgelegt[503].

---

499 MEIER-HAYOZ/REY, ZGB 712h N 12; zur ausschliesslichen Haftung der Stockwerkeigentümergemeinschaft vgl. auch vorn Nr. 272 f.

500 Vgl. dazu Anhang 1 «Beispiel für ein Reglement der Stockwerkeigentümer», Art. 21 Abs. 1.

501 Zum Erneuerungsfonds als speziellem Vermögenskomplex der Stockwerkeigentümergemeinschaft vorn Nr. 256 ff.

502 MEIER-HAYOZ/REY, ZGB 712h N 13.

503 MEIER-HAYOZ/REY, ZGB 712h N 14.

4. *Gläubiger und Schuldner der Beitragsforderungen*

A. Gläubiger der Beitragsforderungen

521 Die Stockwerkeigentümer schulden ihre Beiträge nicht wie beim Miteigentum direkt den Gläubigern, sondern der **Gemeinschaft der Stockwerkeigentümer**. Mit ihrer Entstehung werden die Beitragsforderungen von Gesetzes wegen Bestandteil des Verwaltungsvermögens[504]. Die Gemeinschaft ist in diesem Bereich ihren Mitgliedern gegenüber verselbständigt. Sofern ein Verwalter bestellt ist, hat dieser insbesondere die Aufgabe, den Stockwerkeigentümern Rechnung zu stellen, die Beiträge einzuziehen und die gesetzlichen Sicherungsrechte, wie Pfand- und Retentionsrecht im Namen der Stockwerkeigentümergemeinschaft geltend zu machen[505].

B. Schuldner der Beitragsforderungen

522 Schuldner der Beiträge an die gemeinschaftlichen Kosten und Lasten sind die **jeweiligen, im Grundbuch eingetragenen Stockwerkeigentümer**. Ist der Beitrag eines Stockwerkeigentümers nicht erhältlich, haben die anderen Stockwerkeigentümer dafür **nicht** aufzukommen[506].

523 Sofern an einem Stockwerkeigentumsanteil gleichzeitig **mehrere Personen** als sog. Untergemeinschaft **berechtigt** sind, richtet sich deren Haftung nach dem entsprechenden Gemeinschaftsverhältnis[507].

524 Räumt ein Stockwerkeigentümer einem Dritten ein dingliches oder obligatorisches Nutzungsrecht[508] ein, entbindet ihn dies **nicht** von der Leistung des vollen Beitrages gegenüber der Gemeinschaft der Stockwerkeigentümer[509].

525 Es kann vorkommen, dass Beitragsforderungen im Zeitpunkt eines Eigentümerwechsel noch nicht fällig sind[510]. Für diese hat der jeweilige im

---

504 Vgl. dazu auch vorn Nr. 240.

505 MEIER-HAYOZ/REY, ZGB 712h N 28.

506 MEIER-HAYOZ/REY, ZGB 712h N 12, 30; für eine Nachschusspflicht in Analogie zum Vereinsrecht FREI, S. 69 f.; FRIEDRICH, Reglement, § 18 N 5.

507 MEIER-HAYOZ/REY, ZGB 712h N 31.

508 Wie z.B. ein Wohnrecht, eine Nutzniessung, eine Miete oder Pacht.

509 MEIER-HAYOZ/REY, ZGB 712h N 32.

Grundbuch zum **Zeitpunkt der definitiven Abrechnung oder Rechnungsstellung eingetragene** und somit wohl in der Regel der **neue Stockwerkeigentümer zu haften**[511].

5. *Dingliche Sicherung der Beitragsforderungen*

A. Gemeinschaftspfandrecht

526 Der Stockwerkeigentümergemeinschaft als Gläubigerin der Beitragsforderungen steht nach Art. 712i Abs. 1 ZGB der Anspruch auf Errichtung eines Pfandrechts für die auf die letzten drei Jahre entfallenden Beitragsforderungen zu.

527 Dieses Gemeinschaftspfandrecht kann an jenem Stockwerkeigentumsanteil begründet werden, auf welchen die Rückstände entfallen und zwar für die ausstehenden Beitragsforderungen der letzten drei Jahre. Es ist als **mittelbares gesetzliches Pfandrecht** ausgestaltet und entsteht daher erst durch die Eintragung im Grundbuch[512]. Aus diesem Grund geniesst das Pfandrecht der Stockwerkeigentümergemeinschaft auch **kein Rangprivileg**, sondern es erhält seinen Rang dem Prinzip der Alterspriorität entsprechend nach dem Datum der Anmeldung zur Eintragung[513].

528 Da der Anspruch auf Errichtung dieses Pfandrechts nach Art. 712i Abs. 1 ZGB gegenüber jedem jeweiligen Stockwerkeigentümer besteht, handelt es sich um eine Realobligation[514]. Der Anspruch auf Errichtung des Gemeinschaftspfandrechts kann daher auch gegenüber einem Erwerber des Stockwerkeigentumsanteils durchgesetzt werden[515], selbst wenn die Beitragsforderungen an sich nicht von Gesetzes wegen auf diesen übergehen.

---

[510] Wie z.B. bei einem Handwechsel während einer Rechnungsperiode für Heizkosten oder vor Abschluss beitragspflichtiger Arbeiten an gemeinschaftlichen Gebäudeteilen.

[511] MEIER-HAYOZ/REY, ZGB 712h N 33.

[512] MEIER-HAYOZ/REY, ZGB 712i N 5; vgl. auch BGE *106* II 186 Erw. 1.

[513] MEIER-HAYOZ/REY, ZGB 712i N 59.

[514] BGE *106* II 186 Erw. 1; zum Begriff der Realobligation vorn FN 216.

[515] Zu beachten ist allerdings, dass der Anspruch auf Pfandrechtserrichtung **nicht** durchgesetzt werden kann gegenüber einem Erwerber, welcher den **Stockwerkeigentumsanteil im Zwangsvollstreckungsverfahren erworben** hat. Dies deshalb, weil es sich bei den durch das Pfandrecht gesicherten Beitragsforderungen der letzten drei Jahre um fällige Forderungen handelt, welche vorab aus dem Erlös der Verwertung zu bezahlen sind und nicht auf den Erwerber überbunden werden (Art. 135 Abs. 1

Zur Eintragung des Gemeinschaftspfandrechts ist gemäss Art. 712i Abs. 2 ZGB in erster Linie der Verwalter berechtigt; ansonsten kann die Eintragung von jedem durch einen Mehrheitsbeschluss oder durch den Richter dazu ermächtigten Stockwerkeigentümer und vom Gläubiger, für den die Beitragsforderung gepfändet ist, verlangt werden. 529

B. Retentionsrecht

Für grundsätzlich dieselben Forderungen, welche durch das Gemeinschaftspfandrecht sichergestellt werden können[516], steht der Stockwerkeigentümergemeinschaft nach Art. 712k ZGB ein **Retentionsrecht** zu. Als generelles gesetzliches Gesamtpfandrecht erlaubt es der Gemeinschaft, sich aus der Verwertung von beweglichen Sachen, die sich innerhalb der Sonderrechtsbereiche eines Stockwerkeigentumsanteils befinden und zu dessen Einrichtung oder Benutzung dienen, für die noch ausstehenden Beitragsforderungen bezahlt zu machen[517]. 530

Wie der Anspruch auf Errichtung des Gemeinschaftspfandrechts hat auch das Retentionsrecht der Stockwerkeigentümergemeinschaft **realobligatorischen** Charakter; es kann gegenüber dem jeweiligen Eigentümer eines Stockwerkeigentumsanteils geltend gemacht werden, unabhängig davon, ob dieser zugleich Schuldner der Beitragsforderungen ist. 531

Vom Retentionsrecht erfasst werden bewegliche Sachen, die sich in den Sonderrechtsbereichen eines Stockwerkeigentümers befinden und von ihrer Zweckbestimmung deren Einrichtung oder Benutzung dienen; es erstreckt sich nicht nur auf die im Eigentum des jeweiligen Stockwerkeigentümers stehenden Sachen, sondern auch auf diejenigen des Mieters bzw. Untermieters eines Stockwerkeigentumsanteils[518] und sogar auf diejenigen eines 532

---

a.E. SchKG und Art. 46 VZG). Will die Stockwerkeigentümergemeinschaft in dieser Fallkonstellation ihres Anspruchs auf Errichtung des gesetzlichen Pfandrechts nicht verlustig gehen, hat sie ihn spätestens im Zwangsvollstreckungsverfahren gegenüber dem schuldnerischen Stockwerkeigentümer geltend zu machen, BGE *106* II 187 ff. Erw. 2-3c.

[516] Vorn Nr. 526 f.

[517] MEIER-HAYOZ/REY, ZGB 712k N 12.

[518] Zu beachten ist diesfalls allerdings, dass bei der Geschäftsmiete das Retentionsrecht der Gemeinschaft von demjenigen des Vermieters (i.c. Stockwerkeigentümer bzw. Mieter eines Stockwerkeigentumsanteils) gemäss Art. 268 OR überlagert wird; aufgrund einer analogen Anwendung von Art. 268 Abs. 1 OR werden daher die retentionsgesicherten Forderungen gegenüber einem Mieter bzw. Untermieter eines Stockwerkeigentumsanteils auf einen verfallenen Jahreszins und den laufenden Halbjahreszins beschränkt.

Dritten, der Sachen in die Räume des entsprechenden Stockwerkeigentumsanteils eingebracht hat[519].

533 Das Retentionsrecht entsteht ohne Abschluss eines Pfandvertrages oder Besitzübertragung an den **retentionsfähigen Sachen**, sobald diese in eine bestimmte räumliche Beziehung zum Retentionsberechtigten gelangen, somit **in die Räumlichkeiten eines Stockwerkeigentümers eingebracht** werden[520].

II. Beispielhafte Aufzählung der gemeinschaftlichen Kosten und Lasten im Gesetz

534 In Art. 712h Abs. 2 Ziff. 1-4 ZGB findet sich eine **nicht abschliessende** Aufzählung der wichtigsten Kosten und Lasten, welche grundsätzlich von allen Stockwerkeigentümern anteilsmässig zu tragen sind[521].

1. Auslagen für den laufenden Unterhalt sowie für Reparaturen und Erneuerungen (Art. 712h Abs. 2 Ziff. 1 ZGB)

A. Gemeinschaftliche Unterhaltskosten

535 Zu den gemeinschaftlichen Unterhaltskosten gehören Ausgaben für laufende Unterhaltsarbeiten, welche notwendig sind, um die gemeinschaftlichen Objekte in einem solchen Zustand zu erhalten, dass sie ihrem Bestimmungszweck dienen können. Dazu gehören einerseits Massnahmen zur **Erhaltung des status quo** und andererseits solche zur **Verhinderung einer Verschlechterung** des bestehenden Zustands[522].

536 Gemeinschaftliche Unterhaltskosten können beispielsweise entstehen durch[523]:

---

[519] Ausführlich zu den Retentionsobjekten MEIER-HAYOZ/REY, ZGB 712k N 32 ff.

[520] MEIER-HAYOZ/REY, ZGB 712k N 13, N 17 a.E.

[521] MEIER-HAYOZ/REY, ZGB 712h N 34.

[522] MEIER-HAYOZ/REY, ZGB 712h N 35.

[523] MEIER-HAYOZ/REY, ZGB 712h N 37 ff.

- den Unterhalt der notwendigen (z.B. Kosten für Wartung der Heizung, für gemeinschaftlichen Wasser-, Gas- und Stromverbrauch, Aufwendungen für Aufzüge) sowie der weiteren gemeinschaftlichen Anlagen (z.B. Radio-, Fernseh- und Satellitenantennen, Klingel-, Türöffnungs- und Gegensprechanlagen); 537
- die Erhaltung der Gebrauchstauglichkeit von gemeinschaftlichen Einrichtungen (z.B. Geländer oder Abschrankungen in einer Autoeinstellhalle etc.); 538
- die Entschädigung von Dienstleistungen im Zusammenhang mit gemeinschaftlichen Anlagen und Einrichtungen (z.B. Reinigungsarbeiten, Kaminfeger); 539
- die Gestaltung im Aussenbereich des gemeinschaftlichen Grundstücks (z.B. Garten, Kinderspielplatz); 540
- die Anschaffung der für den Unterhalt erforderlichen beweglichen Sachen (z.B. Gartengeräte oder Reinigungsmaschinen). 541

B. Gemeinschaftliche Reparatur- und Erneuerungskosten

542 Bei den Auslagen für Reparaturen und Erneuerungen gemeinschaftlicher Objekte handelt es sich um Aufwendungen, die nötig sind, um einen **mangelhaften Zustand zu beseitigen** oder um **Schäden zu beheben**[524].

2. Kosten der Verwaltungstätigkeit (Art. 712h Abs. 2 Ziff. 2 ZGB)

543 Die Stockwerkeigentümer haben gemäss Art. 712h Abs. 2 Ziff. 2 ZGB Beiträge an die **Verwaltungskosten im engeren Sinne** zu leisten; dabei erwähnt das Gesetz ausdrücklich das Entgelt für den Verwalter. Daneben gehören zu den Verwaltungskosten[525]:

- die bei der Begründung von Stockwerkeigentum anfallenden Beurkundungs- und Grundbuchgebühren; 544
- die Auslagen für die Durchführung der Stockwerkeigentümerversammlung sowie allfällige weitere Organisationskosten; 545

[524] MEIER-HAYOZ/REY, ZGB 712h N 44.

[525] MEIER-HAYOZ/REY, ZGB 712h N 49 ff.

546 - die Abgeltung, Bezahlung und Tilgung von Schadenersatzforderungen aus unerlaubter Handlung, welche Dritte gegenüber der Stockwerkeigentümergemeinschaft erfolgreich geltend gemacht haben;

547 - die Kosten des dem Verwalter für seine Tätigkeit zur Verfügung gestellten Materials;

548 - die Kosten eines Rechtsstreites, welchen der Verwalter im summarischen Verfahren oder in dringenden Fällen im ordentlichen Verfahren von sich aus zu führen berechtigt ist, oder aufgrund eines Versammlungsbeschlusses im ordentlichen Verfahren führt;

549 - die Prämienzahlungen für Versicherungen;

550 - die Spesen und Entschädigungen für einen allfällig bestellten Abgeordneten bzw. Ausschuss;

551 - die Aufwendungen für die Kontrolle der Jahresrechnung durch einen Dritten;

552 - die Bezahlung von Hilfspersonen wie z.B. Hauswart oder Gärtner.

3. Öffentlich-rechtliche Beiträge und Steuern (Art. 712h Abs. 2 Ziff. 3 ZGB)

553 Unter Art. 712h Abs. 2 Ziff. 3 ZGB fallen nur jene öffentlich-rechtlichen Beiträge und Steuern, welche den **Stockwerkeigentümern insgesamt** auferlegt werden[526].

554 Es kann sich dabei um jährlich wiederkehrende Lasten wie Wasserzinsen, Kehrichtabfuhrgebühren oder Kanalreinigungen aber auch um bestimmte einmalige Abgabeleistungen handeln[527], sofern sie das gemeinschaftliche Grundstück als solches betreffen[528].

555 Unter Art. 712h Abs. 2 Ziff. 3 ZGB können auch die Prämienzahlungen für die obligatorische kantonale Gebäudeversicherung fallen[529].

---

526 MEIER-HAYOZ/REY, ZGB 712h N 59.

527 Z.B. Strassen- und Trottoirgebühren, Quartierplan- und Vermessungskosten.

528 MEIER-HAYOZ/REY, ZGB 712h N 61.

529 MEIER-HAYOZ/REY, ZGB 712h N 62.

4. *Zins- und Amortisationszahlungen (Art. 712h Abs. 2 Ziff. 4 ZGB)*

Ist das **gemeinschaftliche Grundstück als solches verpfändet** oder haben sich die Stockwerkeigentümer den Pfandgläubigern gegenüber **solidarisch verpflichtet**, sind die geschuldeten Zins- und Amortisationszahlungen von allen Beteiligten gemeinsam zu erbringen. Nach Fertigstellung des Gebäudes sollte indessen von einer solchen (Rest-) Finanzierung des Stockwerkeigentums abgesehen werden, da diese dem Grundgedanken dieses Instituts, welcher in einer möglichst weitgehenden Verselbständigung der einzelnen Anteile besteht, widerspricht[530]. 556

Wenn ein Stockwerkeigentümer seine Beitragspflicht an die von allen geschuldeten Zins- und Amortisationszahlungen nicht erfüllt, kann die Gemeinschaft eine allfällige Zwangsverwertung des gemeinschaftlichen Grundstücks durch die Geltendmachung ihres gesetzlichen Pfandrechts nach Art. 712i ZGB abwenden[531]. 557

Obschon im Gesetz nicht ausdrücklich erwähnt, gehören auch die Zinsen für ein im **Baurecht** erstelltes Gebäude zu den gemeinschaftlichen Lasten[532]. Jeder Stockwerkeigentümer ist somit zu einer seinem Anteil entsprechenden Leistung an die Baurechtszinsen verpflichtet; trotzdem haftet die Gemeinschaft unmittelbar gegenüber dem Baurechtsgeber[533]. 558

III. Die Festlegung der Beiträge

1. *Grundsatz: Quotenproportionale Kosten- und Lastenverteilung*

Nach Art. 712h Abs. 1 ZGB haben die Stockwerkeigentümer an die Lasten des gemeinschaftlichen Eigentums und an die Kosten der gemeinschaftli- 559

---

[530] MEIER-HAYOZ/REY, ZGB 712h N 63; es ist diesfalls das auf dem zu Stockwerkeigentum aufgeteilten Grundstück lastende **Pfandrecht** durch rechtsgeschäftliche Vereinbarung mit dem Grundpfandgläubiger auf die **einzelnen Stockwerkeigentumsanteile zu verteilen** und dementsprechend das ursprünglich haftende Stammgrundstück aus der Pfandhaft zu entlassen.

[531] MEIER-HAYOZ/REY, ZGB 712h N 64.

[532] So ausdrücklich BGE *117* II 42.

[533] MEIER-HAYOZ/REY, ZGB 712h N 65; BGE *117* II 43.

chen Verwaltung **Beiträge nach Massgabe ihrer Wertquote** zu leisten. Dieser Grundsatz der **quotenproportionalen** Verteilung von Kosten und Lasten steht im Einklang mit der Struktur des Stockwerkeigentums, d.h. mit der anteilsmässigen Rechtszuständigkeit der Beteiligten am gemeinschaftlichen Objekt[534].

560 Dieser auf die Wertquoten abstützende Verteilungsschlüssel ist jedoch lediglich **dispositiver Natur**: Im Reglement oder durch einen entsprechenden Beschluss der Stockwerkeigentümerversammlung können Abweichungen von der gesetzlichen Ordnung vorgesehen werden[535].

2. *Abweichungen vom Grundsatz der Quotenproportionalität*

A. Übersicht

561 Vom Grundsatz der quotenproportionalen Kosten- und Lastenverteilung sind folgende **Abweichungen von Gesetzes wegen** vorgesehen[536]:

562 - Bei der Kostenverteilung ist nach Art. 712h Abs. 3 ZGB der Umstand, dass gewisse gemeinschaftliche Teile, Anlagen oder Einrichtungen einzelnen Stockwerkeigentümern nicht oder nur in ganz geringem Umfang dienen, **zwingend** zu berücksichtigen[537].

563 - Stockwerkeigentümer, welche sich an nützlichen oder luxuriösen Massnahmen nicht beteiligen, sind hierfür nach Art. 647d Abs. 3 und Art. 647e Abs. 2 ZGB auch nicht kostenpflichtig.

564 - Der Inhaber einer aufwendig eingerichteten Eigentumswohnung hat aufgrund von Art. 712m Abs. 1 Ziff. 6 als Konkretisierung von Art. 712h Abs. 3 ZGB vorweg einen zusätzlichen Prämienanteil an die Versicherung zu bezahlen.

---

534 MEIER-HAYOZ/REY, ZGB 712h N 15; vgl. dazu auch vorn Nr. 136 betreffend Begriff der Wertquote.

535 MEIER-HAYOZ/REY, ZGB 712h N 16. Vgl. dazu Anhang 1 «Beispiel für ein Reglement der Stockwerkeigentümer», Art. 18 Abs. 2.

536 MEIER-HAYOZ/REY, ZGB 712h N 17 ff.

537 Zur dementsprechenden Befreiung von der Beitragspflicht i.A. hinten Nr. 571 ff.; zur Befreiung eines Stockwerkeigentümers vom Kostenbeitrag an eine zentrale Zu- und Abluftanlage, dessen als Attikawohnung ausgestalteter Stockwerkeigentumsanteil gänzlich durch die Fenster belüftet werden kann und für diesen daher **objektiv nicht von Nutzen** ist hinten Nr. 577.

Wenn sich die quotenproportionale Verteilung der Kosten als sachlich unrichtig oder unbefriedigend erweist, können sich **rechtsgeschäftliche Abweichungen** vom gesetzlichen Verteilschlüssel rechtfertigen. Dies namentlich in folgenden Fällen[538]: 565

- Sofern bestimmte gemeinschaftliche Teile, Anlagen oder Einrichtungen, wie z.B. ein Treppenhaus, ein Aufzug oder eine Fernsehantenne, nicht allen Stockwerkeigentümern in gleicher Weise dienen, entspricht das Mass der Benutzung **objektiv** nicht den Wertquoten. 566
- Unter Umständen entspricht das Mass der Benutzung aus **subjektiven**, in der Person eines Stockwerkeigentümers liegenden Gründen nicht der betreffenden Wertquote[539]. 567

B. Mögliche Arten rechtsgeschäftlicher Abweichungen

Die Wertquote als Berechnungsgrundlage für die Kosten- und Lastenverteilung kann grundsätzlich durch ein anderes Kriterium ersetzt werden[540]. Mögliche weitere Kriterien sind namentlich der **Verkehrs- oder der Steuerwert, die Bruttogeschossfläche oder der Kubikinhalt der Räume im Sonderrecht**. Bei vom gesetzlichen Verteilungsschlüssel abweichenden Beitragsregelungen ist aber allgemein eine gewisse Zurückhaltung geboten: Sonderlösungen sollen nicht schon beim kleinsten Unterschied in der Beanspruchung der gemeinschaftlichen Teile, Anlagen oder Einrichtungen getroffen werden, sondern erst dann, wenn diese **erheblich vom Anteilsverhältnis abweicht**[541]. 568

C. Zuständigkeit

Über die Kostenverteilung im Allgemeinen und die Änderung des gesetzlichen Verteilschlüssels im Speziellen wird nach Art. 712m Abs. 1 Ziff. 4 ZGB in der **Stockwerkeigentümerversammlung** entschieden. Sofern das Reglement keine abweichende Bestimmung dazu enthält, erfolgt der entsprechende Beschluss mit einfachem Mehr der anwesenden Stockwerkeigentümer. Ist im Reglement auch der Verteilungsschlüssel festgelegt, bedarf 569

---

538 MEIER-HAYOZ/REY, ZGB 712h N 21 ff.

539 Z.B. aufgrund des gesteigerten Warmwasserverbrauchs eines Gewerbetreibenden.

540 Vgl. dazu Anhang 1 «Beispiel für ein Reglement der Stockwerkeigentümer», Art. 18 Abs. 2.

541 MEIER-HAYOZ/REY, ZGB 712h N 25.

es zu dessen Änderung gemäss Art. 712g Abs. 3 ZGB einer qualifizierten Mehrheit nach Köpfen und Anteilen.

570 Erweist sich eine Änderung des gesetzlich oder rechtsgeschäftlich festgelegten Verteilungsschlüssels aufgrund der konkreten Verhältnisse als notwendig, kommt jedoch wegen des vorhandenen Stimmenverhältnisses kein Beschluss zustande, so hat der **Richter** die Höhe der Beiträge festzusetzen und deren Verteilung auf die einzelnen Stockwerkeigentümer vorzunehmen[542].

3. *Zwingend zu beachtendes Gesetzesrecht*

A. Die Bestimmung in Art. 712h Abs. 3 ZGB

571 Falls bestimmte gemeinschaftliche Bauteile, Einrichtungen oder Anlagen einem Stockwerkeigentümer nicht oder nur in ganz geringem Masse dienen, so ist dies gemäss Art. 712h Abs. 3 ZGB bei der Kostenverteilung zu berücksichtigen. Diese Gesetzesbestimmung ist **zwingender** Natur, dagegen verstossende Anordnungen sind somit nichtig[543].

572 Eine dem zwingenden Grundsatz von Art. 712h Abs. 3 ZGB widersprechende Reglementsbestimmung oder einen dagegen verstossenden Beschluss hat das Gericht auf Begehren des Stockwerkeigentümers, der davon betroffen ist, aufzuheben. Das Gericht hat jedoch **nicht die Höhe der Beiträge den konkreten Verhältnissen anzupassen** bzw. deren Verteilung auf die einzelnen Stockwerkeigentümer vorzunehmen; ihm fehlt die Kompetenz zur inhaltlichen Ausgestaltung einer Reglementsbestimmung oder eines Versammlungsbeschlusses[544].

573 Welche Kosten im Einzelfall nicht allen Stockwerkeigentümern auferlegt werden dürfen, bestimmt sich nach den konkreten Umständen anhand objektiver Kriterien. Die zwingende Bestimmung in Art. 712h Abs. 3 ZGB ist restriktiv anzuwenden, weil die gemeinsamen Anlagen und Einrichtungen normalerweise den Standard der gesamten zu Stockwerkeigentum ausge-

---

[542] MEIER-HAYOZ/REY, ZGB 712h N 27.

[543] MEIER-HAYOZ/REY, ZGB 712h N 66; zu den zwingenden Bestimmungen des Stockwerkeigentumsrechts im Allgemeinen vorn Nr. 189 ff.; zur Bestimmung von Art. 712h Abs. 3 ZGB im Speziellen vorn Nr. 197.

[544] MEIER-HAYOZ/REY, ZGB 712h N 67; davon klar zu unterscheiden ist der Fall, dass der Richter die Kostenverteilung vornimmt, weil kein entsprechender Beschluss zustande kommt, vorn Nr. 570.

stalteten Liegenschaft bestimmen[545]. Eine Verminderung oder eine Befreiung von der Kostenbeteiligung ist lediglich dann zu bejahen, wenn eine bestimmte Anlage oder Einrichtung einem einzelnen Stockwerkeigentümer **unabhängig von seinen subjektiven Bedürfnissen tatsächlich nur einen geringen oder keinen Nutzen bringt**. Dies ist besonders häufig der Fall, wenn vertikales oder kombiniertes Stockwerkeigentum vorliegt[546].

B. Beispiele aus der bundesgerichtlichen Rechtsprechung

574 Die Anwendung von Art. 712h Abs. 3 ZGB bereitet in der Praxis gelegentlich Probleme. Das Bundesgericht hatte mehrmals zu entscheiden, ob einem Stockwerkeigentümer bestimmte Kosten nicht oder nur zum Teil auferlegt werden dürfen.

a. Voraussetzungen ganzer oder teilweiser Kostenbefreiung beim vertikalen Stockwerkeigentum[547]

575 Die Stockwerkeigentümer eines zu vertikalem Stockwerkeigentum aufgeteilten Grundstücks hatten beschlossen, **Sanierungsarbeiten nur in einem von drei Häusern ausführen zu lassen**. Die Stockwerkeigentümer mit Sonderrechten in den beiden anderen Häusern weigerten sich, an die Kosten Beiträge zu leisten. In einem solchen Fall ist zu unterscheiden: Betreffen die Sanierungsarbeiten gemeinschaftliche Teile, die ausschliesslich den Stockwerkeigentümern dienen, deren Sonderrechtsbereiche sich in dem betreffenden Haus befinden, müssen sich die Stockwerkeigentümer mit Sonderrechtsbereichen in den anderen Häusern gemäss Art. 712h Abs. 3 ZGB an den Kosten **nicht** beteiligen. Beziehen sich die Sanierungsarbeiten jedoch auf **gemeinschaftliche Teile, die auch den Stockwerkeigentümern mit Sonderrechtsbereichen in den anderen Häusern dienen**, müssen sich diese ebenfalls an den Kosten beteiligen. Dies ist z.B. der Fall, wenn sich die gemeinschaftliche Heizanlage, welche erneuert werden muss, in einem der drei Häuser befindet, jedoch alle Stockwerkeinheiten mit Wärme beliefert.

---

[545] So BGE *112* II 315 Erw. 3b.

[546] MEIER-HAYOZ/REY, ZGB 712h N 68; zum vertikalen und kombinierten Stockwerkeigentum vorn Nr. 18 f.

[547] BGE *107* II 141 ff.

b. Beitragsleistung an die Dachsanierung[548]

576 Auf dem zu Stockwerkeigentum aufgeteilten Grundstück befinden sich zwei Häuser, welche durch zwei Galerien miteinander verbunden sind. Das Dach des einen Hauses und der beiden Häusern dienende Lift mussten saniert werden. In diesem Gebäude hatte ein Stockwerkeigentümer lediglich Keller-, Hobby- und zwei Archivräume zu Sonderrecht. Die entsprechende Wertquote beträgt lediglich 15/1'000 (demgegenüber ist er Inhaber von sechs Stockwerkeigentumsanteilen mit Sonderrechten im anderen Haus, die diesbezügliche quotenmässige Beteiligung beträgt 116/1'000). Das Bundesgericht hat entschieden, dass sich dieser Stockwerkeigentümer nicht auf die Bestimmung in Art. 712h Abs. 3 ZGB berufen kann. Diese schreibt zwingend vor, dass die Tatsache, wonach bestimmte gemeinschaftliche Teile einem einzelnen Stockwerkeigentümer nicht oder nur in ganz geringem Ausmasse dienen, bei der Verteilung der Kosten zu berücksichtigen ist[549]. Weil das Dach und der Lift in dem Hause auch dem Stockwerkeigentümer dienen, der darin lediglich das Sonderrecht an den Keller-, Hobby- und Archivräumen hat, besteht nach bundesgerichtlicher Auffassung kein objektiver Grund, um vom Prinzip der quotenproportionalen Tragung der Kosten und Lasten abzuweichen. Die verfeinerte Form des «Nutzniessungsprinzips» gemäss Art. 712h Abs. 3 ZGB wurde somit nicht angewendet.

c. Beitragsleistung an eine nicht benutzte Belüftungsanlage[550]

577 Ein Stockwerkeigentümer mit Sonderrecht an einer Attikawohnung weigerte sich, an die Kosten der gemeinschaftlichen Belüftungsanlage beizutragen. Weil alle Räume seiner Attikawohnung durch Fenster gelüftet werden können, liess er die Anschlüsse an das Lüftungssystem verschliessen. Ein Wiederanschluss ist jedoch jederzeit möglich; dieser könnte dann notwendig werden, wenn die heutige Wohnung in zwei Wohnungen unterteilt würde. Die **gemeinschaftliche Lüftungsanlage nützt** dem betreffenden Stockwerkeigentümer im heutigen Zeitpunkt **objektiv betrachtet nichts**. Eine quotenproportionale Kostentragung ist damit nicht gerechtfertigt, sondern es findet der zwingende Grundsatz von Art. 712h Abs. 3 ZGB Anwendung. Zu berücksichtigen ist allenfalls, dass in der Zukunft eine Nutzungsänderung der Attikawohnung dadurch erfolgen kann, dass diese in zwei Wohnungen aufgeteilt werden kann. Dann wäre ein Anschluss an die Lüftungsanlage erforderlich. In diesem Sinne könnte bereits heute von einem gewissen Nutzen gesprochen werden. Die Anlage dient in diesem Sinne dem Stockwerkeigentümer «nur in ganz geringem Masse». Dies ist bei der Verteilung der Kosten gemäss Art. 712h Abs. 3 ZGB zu berücksichtigen.

---

[548] BGE *117* II 251 ff.

[549] Vgl. vorn Nr. 571.

[550] BGE *112* II 312 ff.

C. Sonderfall: Prozesskostenbeitrag des Stockwerkeigentümers, dessen Klage gegenüber der Stockwerkeigentümergemeinschaft gutgeheissen wurde?

578 Ein Stockwerkeigentümer, der in einem Prozess gegenüber der Stockwerkeigentümergemeinschaft obsiegte, hat ihr gegenüber die Prozesskosten erfolgreich geltend gemacht[551].

579 **Bezahlt daraufhin die Stockwerkeigentümergemeinschaft die Prozesskosten, fragt es sich,** ob davon alle Stockwerkeigentümer, und somit **auch der obsiegende Stockwerkeigentümer, anteilsmässige Beiträge zu leisten haben**. Diese Frage wurde anscheinend bis anhin weder in der Literatur behandelt noch musste sie gerichtlich entschieden werden.

580 Art. 712h Abs. 1 ZGB normiert den Grundsatz der quotenproportionalen Beitragsleistungen. Dementsprechend müsste auch der obsiegende Stockwerkeigentümer einen seinem Anteil entsprechenden Beitrag leisten. Ein solches Ergebnis wäre indessen wohl als stossend zu betrachten. Dies nicht zuletzt deshalb, weil der Gesetzgeber selber eine zwingende Schranke für die quotenproportionale Beitragsleistung aufstellt, um in bestimmten Fällen ein stossendes Ergebnis zu vermeiden.

581 Es könnte daher in dem Sinne eine **normative Reduktion**[552] angenommen werden, dass die Bestimmung in Art. 712h Abs. 1 ZGB im vorliegenden Falle nicht angewandt wird, um ein als stossend empfundenes Ergebnis zu vermeiden. An die von der Stockwerkeigentümergemeinschaft geleistete Prozessentschädigung wären dann **alle übrigen Stockwerkeigentümer beitragspflichtig**.

IV. Zusammenfassung

582 Die gemeinschaftlichen **Kosten und Lasten** sind von den Stockwerkeigentümern gemäss Art. 712h ZGB grundsätzlich **entsprechend ihren Wertquoten** zu tragen. Von diesem Grundsatz enthält das Gesetz Ausnahmen. Dabei ist die zwingende Bestimmung in Art. 712h Abs. 3 ZGB bedeutsam, wonach der Umstand, dass bestimmte gemeinschaftliche Bauteile, Anlagen oder Einrichtungen einzelnen Stockwerkeigentümern nicht oder nur in ganz

[551] Vgl. BGE *119* II 404 ff.

[552] D.h. eine richterlich vorgenommene Einschränkung der durch den Wortlaut einer Gesetzesbestimmung vorgezeichneten Bindungswirkung.

geringem Masse dienen, bei der Kostenverteilung zu berücksichtigen ist. Eine dieser zwingenden gesetzlichen Norm widersprechende Reglementsbestimmung oder einen dagegen verstossenden Beschluss hat das Gericht auf Begehren des davon betroffenen Stockwerkeigentümers aufzuheben. Das Gericht darf aber nicht die Höhe der Beiträge den konkreten Verhältnissen anpassen bzw. deren Verteilung auf die einzelnen Stockwerkeigentümer von sich aus vornehmen; dazu ist ein präzis formulierter Antrag der Klägers erforderlich.

583 Vom Grundsatz der quotenproportionalen Kosten- und Lastenverteilung kann, vorbehältlich der zwingenden Bestimmung in Art. 712h Abs. 3 ZGB durch Rechtsgeschäft abgewichen werden.

584 Schuldner der Beiträge an die gemeinschaftlichen Kosten und Lasten sind die Stockwerkeigentümer, welche im Zeitpunkt der definitiven Abrechnung oder der Rechnungsstellung im Grundbuch eingetragen sind.

585 Ist der Beitrag von einem Stockwerkeigentümer nicht erhältlich, haben die anderen dafür nicht aufzukommen. Eine Nachschusspflicht ist deshalb abzulehnen, weil der Stockwerkeigentümergemeinschaft nach Art. 712i Abs. 1 ZGB ein **mittelbares gesetzliches Grundpfandrecht** zusteht für die auf die letzten drei Jahre entfallenden Beiträge. Dieses Pfandrecht hat jedoch **kein Rangprivileg**; es geht somit keinem früher begründeten beschränkten dinglichen Recht vor. Zusätzlich zu diesem Gemeinschaftspfandrecht steht der Stockwerkeigentümergemeinschaft zur Sicherung ausstehender Beitragsforderungen ein als Gesamtpfandrecht ausgestaltetes Retentionsrecht gemäss Art. 712k ZGB zu.

Beispiel für ein Reglement der Stockwerkeigentümer[1]

Das vorliegende Reglement ist konzeptionell auf eine eher kleine Stockwerkeigentümergemeinschaft ausgerichtet, wie sie etwa bei einem gemeinschaftlichen Grundstück mit einem 5-Familienhaus besteht[2]. Damit wird erneut darauf hingewiesen, dass das schweizerische Recht des Stockwerkeigentums einen grossen Freiraum gewährt für die rechtsgeschäftliche Ausgestaltung der Nutzung und Verwaltung des gemeinschaftlichen Grundstükkes[3]: Das Reglement sollte daher jeweils auf die konkreten **Umstände und Bedürfnisse des Einzelfalles** ausgerichtet sein.

---

[1] Dazu i.A. Nr. 461 ff.

[2] Vgl. dazu den Aufteilungsplan, Nr. 108.

[3] Vorn Nr. 189, Nr. 219.

Reglement über die Benutzung und Verwaltung

des zu Stockwerkeigentum aufgeteilten Grundstücks Grundbuch Nr. XXX,
Am Musterberg 14, 10057 Musterhausen

für die Stockwerkeigentümer der Gemeinschaft «Musterberg»[4]

---

[4] Zur Kollektivbezeichnung der Stockwerkeigentümergemeinschaft Nr. 235.

Inhaltsverzeichnis

6. Teil: Verwaltung

7. Teil: Änderung im Bestand der Stockwerkeigentümer und Aufhebung des Stockwerkeigentums

Rechtsstellung des Erwerbers eines Stockwerkeigentumsanteils	Art. 38
Ausschluss eines Stockwerkeigentümers	Art. 39
Aufhebung des Stockwerkeigentums	Art. 40

8. Teil: Verschiedenes

Verweis auf die gesetzlichen Bestimmungen	Art. 41
Anmerkung des Reglements im Grundbuch	Art. 42
Reglementsabänderung	Art. 43
Geschäftsjahr	Art. 44
Zustellungen an die Stockwerkeigentümergemeinschaft	Art. 45

1. Teil: Aufteilung des gemeinschaftlichen Grundstücks

Art. 1: Gegenstand des Stockwerkeigentums

Am Grundstück Grundbuch Nr. XXX, Am Musterberg 14, 10057 Musterhausen besteht Stockwerkeigentum im Sinne der Art. 712a ff. ZGB.

Art. 2: Aufteilung des Gebäudes und Wertquoten

[1]Das Gebäude auf dem zu Stockwerkeigentum aufgeteilten Grundstück Nr. XXX umfasst folgende 5 Stockwerkeigentumseinheiten mit Nebenräumen:

Nr. auf Plan	Gegenstand	Wertquote
1	3½-Zimmerwohnung im Erdgeschoss	176/1000
2	3½-Zimmerwohnung im Erdgeschoss	176/1000
3	4½-Zimmerwohnung im 1. Obergeschoss	194/1000
4	4½-Zimmerwohnung im 1. Obergeschoss	194/1000
5	6-Zimmerwohnung im 2. Obergeschoss	260/1000

[2]Die den einzelnen Stockwerkeigentumseinheiten zugeordneten Nebenräume[5] sowie die an gemeinsamen Teilen begründeten besonderen Nutzungsrechte[6] ergeben sich aus dem diesem Reglement beigefügten Aufteilungsplan[7] samt Planskizze, welche integrierende Bestandteile des Begründungsaktes[8] bilden.

[5] Dazu Nr. 88.

[6] Dazu Nr. 95 ff.

[7] Dazu Nr. 105 ff.

[8] Dazu Nr. 119 ff.

Art. 3: Umfang der gemeinschaftlichen Teile

[1]Gemeinschaftlich sind alle Gebäudeteile und Einrichtungen, welche aufgrund des Aufteilungsplans nicht ausdrücklich zu Sonderrecht ausgeschieden worden sind[9].

[2]Neben den nach Art. 712b Abs. 2 ZGB zwingend gemeinschaftlichen Teilen[10] sind dies namentlich:

- Einfahrt zur unterirdischen Autoeinstellhalle sowie unterirdische Autoeinstellhalle mit Abstellplatz für Fahrräder;
- Heiz- und Tankraum;
- Reserve- und Zivilschutzraum;
- Container- und Reserveparkplatz;
- Abstellplatz im Freien für Mofas und Fahrräder;
- Liftanlage;
- Aussenbereich der Balkone[11];
- Fenster (inkl. Fensterrahmen), Fensterläden und Rollläden;
- Wohnungstüren, Balkontüren.

Art. 4: Gegenstand und Umfang der Sonderrechte

[1]Gegenstand der Sonderrechte[12] sind die 5 Stockwerkeigentumseinheiten mit dazu gehörenden Räumen, Nebenräumen und Einrichtungen. Lage und Grösse der Räume ergeben sich aus dem Begründungsakt und dem Aufteilungsplan.

---

[9] Zu den gewillkürten gemeinschaftlichen Teilen i.A. Nr. 61 ff.

[10] Dazu Nr. 28 ff.

[11] Da das Interesse der Stockwerkeigentümergemeinschaft am Balkon-Innenbereich regelmässig geringer ist als dasjenige des einzelnen Stockwerkeigentümers, kann diesem zwar am Innenbereich ein Sonderrecht zugestanden werden, nicht jedoch am Aussenbereich; dies deshalb, weil der Balkon-Aussenbereich aufgrund von Art. 712b Abs. 2 Ziff. 2 ZGB die äussere Gestaltung und das Aussehen des Gebäudes bestimmt und damit zwingend gemeinschaftlich ist, vgl. auch Art. 4 dieses Reglements sowie Nr. 50 f.

[12] Dazu ausführlich Nr. 71 ff.

²Im Sonderrecht stehen namentlich[13]:

- Zwischenwände und -mauern innerhalb der Stockwerkeigentumseinheit, soweit sie keine tragende Funktion aufweisen;
- der Innenverputz sämtlicher Wände;
- Fussbodenbeläge und Deckenverputz;
- alle Türen, ausschliesslich der Wohnungs- und Balkontüre;
- Einbauschränke;
- Badezimmer-, Küchen- und Toiletteneinrichtungen;
- Heizkörper und Röhren innerhalb der im Sonderrecht stehenden Räume;
- Leitungen (wie für Warmwasser, Strom) von ihren Abzweigungen von der gemeinschaftlichen Leitung an:
- der Innenbereich der Balkone.

Art. 5: Besondere Nutzungsrechte an gemeinschaftlichen Teilen

¹Umfang, räumliche Abgrenzung und Zuordnung der an gemeinschaftlichen Teilen bestehenden besonderen Nutzungsrechte ergeben sich aufgrund des Aufteilungsplanes samt Planskizze[14], welche integrierende Bestandteile des Begründungsaktes bilden.

²Die besonderen Nutzungsrechte bestehen zugunsten des jeweiligen Eigentümers des als berechtigt bezeichneten Stockwerkeigentumsanteils[15] und gehen mit dessen Veräusserung auf den neuen Erwerber über. Ohne gleichzeitige Übertragung des berechtigten Stockwerkeigentumsanteils können die bestehenden besonderen Nutzungsrechte weder auf einen Stockwerkeigentümer noch auf einen aussenstehenden Dritten übertragen werden.

---

[13] Zur Sonderrechtsfähigkeit von Bauteilen innerhalb eines Sonderrechtsbereiches Nr. 89 ff.

[14] Zum Aufteilungsplan vgl. vorn Nr. 105 ff.

[15] Zu der gegenüber der Verknüpfung mit einer bestimmten Person grundsätzlich vorteilhafteren realen Verknüpfung der besonderen Nutzungsrechte mit einem Stockwerkeigentumsanteil Nr. 103 f.

2. Teil: Nutzung und Unterhalt der im Sonderrecht stehenden Räume und Einrichtungen

Art. 6: Grundsatz

[1]In der Verwaltung, Nutzung und baulichen Ausgestaltung der in seinem Sonderrecht stehenden Räume und Bauteile ist der Stockwerkeigentümer grundsätzlich frei[16], jedoch nur insoweit, als dies die gleichen Rechte jedes anderen Stockwerkeigentümers und die Interessen der Gemeinschaft nicht beeinträchtigt oder vorliegendes Reglement keine weiteren Einschränkungen enthält[17].

[2]Innerhalb seines Sonderrechtsbereiches kann der Stockwerkeigentümer Bauteile beseitigen oder umgestalten, soweit dadurch nicht Bestand, konstruktive Gliederung oder Festigkeit des Gebäudes berührt werden.

Art. 7: Beschränkung des Nutzungsrechtes

[1]Untersagt ist dem Stockwerkeigentümer jede Nutzung oder Veränderung von Räumen oder Einrichtungen seiner Stockwerkeigentumseinheit, wodurch gemeinschaftliche Bauteile beschädigt oder in ihrer Funktion beeinträchtigt, Wert oder Aussehen des Gebäudes tangiert oder andere Bewohner oder Dritte durch übermässige Einwirkungen belästigt oder geschädigt werden können[18].

[2]Den Stockwerkeigentümern ist es insbesondere untersagt:

- die Böden der im Sonderrecht stehenden Räumlichkeiten übermässig zu belasten;
- in seinen Räumlichkeiten oder in den gemeinschaftlichen Teilen der Liegenschaft feuergefährliche oder explosive Stoffe (wie Kanister mit Benzin oder Feuerwerk) unterzubringen;
- ohne Zustimmung der übrigen Stockwerkeigentümer Aufschriften oder Reklamevorrichtungen oder ähnliches an den zur Stockwerkeigentumseinheit gehörenden Bauteilen und Räumen anzubringen.

---

[16] Zu den Rechten des Stockwerkeigentümers i.A. Nr. 404 ff.

[17] Zur reglementarischen Beschränkung der Nutzung Nr. 411 ff.

[18] Zur Einschränkung der Nutzungsrechte der Stockwerkeigentümer aufgrund der Zweckbestimmung der gemeinschaftlichen Sache Nr. 411.

[3]Vorbehalten bleiben weiter die Bestimmungen der Hausordnung[19].

Art. 8: Zweckbestimmung der Sonderrechtsbereiche

[1]Die Sonderrechtsbereiche, einschliesslich Nebenräume, dürfen grundsätzlich nur zu Wohnzwecken genutzt werden.

[2]Die Ausübung eines Berufes oder eines Gewerbes in den Sonderrechtsbereichen[20] ist einem Stockwerkeigentümer unter der Voraussetzung gestattet, dass die anderen Stockwerkeigentümer in ihrem ruhigen Wohnen oder auf andere Weise nicht gestört werden und damit keine erhöhte Abnützung der gemeinschaftlichen Teile verbunden ist.

[3]Gänzlich untersagt ist das Abhalten von Musik-, Tanz- oder Turnstunden in den Sonderrechtsbereichen.

Art. 9: Nutzung des Sonderrechtsbereiches durch Dritte

Überlässt ein Stockwerkeigentümer seinen Sonderrechtsbereich ganz oder teilweise einem Dritten zur Nutzung, ist er verpflichtet, den Verwalter darüber durch eingeschriebenen Brief zu informieren; insbesondere hat er dabei die Personalien der Drittperson bekanntzugeben.

Art. 10: Verantwortlichkeit des Stockwerkeigentümers für Dritte

[1]Der Stockwerkeigentümer ist der Gemeinschaft gegenüber dafür verantwortlich, dass die Gemeinschaftsordnung auch durch jene Personen beachtet wird, welche seinem Haushalt oder Betrieb angehören oder denen er durch Vertrag oder sonstwie den Gebrauch seiner Stockwerkeigentumseinheit gestattet hat.

[2]Von einem Stockwerkeigentümer, dessen Mieter die Gemeinschaftsordnung trotz wiederholter Ermahnungen missachtet, kann durch Beschluss der einfachen Mehrheit der Anwesenden verlangt werden, dass er den Mietvertrag durch Kündigung oder allenfalls durch ausserordentliche Kündigung aus wichtigem Grund[21] auflöse.

---

[19] Dazu Nr. 491 ff.

[20] Dazu Nr. 415.

[21] Wegen Verletzung der in Art. 257f OR normierten vertraglichen Pflicht zur Sorgfalt und Rücksichtnahme.

Art. 11: Pflicht zum Unterhalt und zur Erneuerung des Stockwerkeigentumsanteils

[1]Der Stockwerkeigentümer ist verpflichtet[22], die zu seinem Sonderrechtsbereich gehörenden Räume, Einrichtungen und Bauteile auf seine Kosten derart instandzuhalten und zu erneuern, wie es zur Erhaltung des Gebäudes in einwandfreiem baulichem Zustand und einheitlichem Aussehen erforderlich ist.

[2]Die Kosten für Unterhalt sowie Reparatur und Erneuerung der von seinem Sonderrecht erfassten Bauteile und Einrichtungen gehen zu Lasten des Stockwerkeigentümers.

[3]Unterlässt ein Stockwerkeigentümer Unterhalts- und Erneuerungsarbeiten, zu denen er nach Abs. 1 dieser Bestimmung verpflichtet ist, kann der Verwalter auf dessen Kosten die erforderlichen Arbeiten veranlassen. Davon ist dem säumigen Stockwerkeigentümer vorgängig schriftliche Anzeige zu machen; dieser kann dagegen an die Versammlung der Stockwerkeigentümer gelangen, welche über die Vornahme der Arbeiten mit einfachem Mehr der Anwesenden entscheidet.

Art. 12: Pflicht zur Gewährung des Zutritts und Dulden von Arbeiten

[1]Die Stockwerkeigentümer haben dem Verwalter und anderen von ihm oder von der Stockwerkeigentümergemeinschaft bezeichneten Personen Zutritt und Aufenthalt in ihren Sonderrechtsbereichen für die Feststellung und Behebung von baulichen Schäden zu gewähren.

[2]Entsprechendes gilt für die Vornahme von Erneuerungs- und Umbauarbeiten am Gebäude.

[22] Zu den Pflichten des Stockwerkeigentümers auf rechtsgeschäftlicher Grundlage Nr. 455.

3. Teil: Benutzung der gemeinschaftlichen Teile und Einrichtungen

Art. 13: Allgemeines zur Benutzung

[1]Zur Benutzung der gemeinschaftlichen Teile und Einrichtungen ist jeder Stockwerkeigentümer insoweit berechtigt[23], als dies mit dem gleichen Recht der anderen Stockwerkeigentümer und mit dem Interesse der Gemeinschaft vereinbar ist. Vorbehalten bleiben die im Begründungsakt eingeräumten besonderen Nutzungsrechte.

[2]Unzulässig ist namentlich:

- die Vornahme irgendwelcher Veränderungen an gemeinschaftlichen Teilen;
- in gemeinschaftlichen Teilen, wie Hauseingang oder Treppenflur, Gegenstände zu lagern oder abzustellen;
- das Aufstellen von Wohnwagen oder Fahrnisbauten auf dem gemeinschaftlichen Grundstück;
- das Anbringen von Namen- oder Firmenschildern im Hauseingang ohne Zustimmung des Verwalters.

[3]Bei Gebrauch der gemeinschaftlichen Teile und Einrichtungen ist Schonung, Sorgfalt und Rücksicht walten zu lassen. Die Bestimmungen in der Hausordnung sind strikt einzuhalten.

Art. 14: Besondere Nutzungsrechte an gemeinschaftlichen Teilen

[1]Diejenigen gemeinschaftlichen Teile, an welchen ein besonderes Nutzungsrecht[24] zu Gunsten eines bestimmten Stockwerkeigentumsanteils besteht, ergeben sich aufgrund des Begründungsaktes und des Aufteilungsplanes.

[2]Für den Unterhalt der ihm zur ausschliesslichen Nutzung überlassenen gemeinschaftlichen Teile hat der Stockwerkeigentümer aufzukommen, wie wenn ihm daran ein Sonderrecht zustehen würde.

---

[23] Dazu Nr. 96.

[24] Zu den besonderen Nutzungsrechten i.A. Nr. 95 ff.

Art. 15: Benutzung gemeinschaftlicher Räume gegen Vergütung

[1]Die Vermietung gemeinschaftlicher Räume sowohl an Stockwerkeigentümer als auch an Dritte ist zulässig. Zu berücksichtigen sind in erster Linie die Bedürfnisse der Stockwerkeigentümer und zwar in der Reihenfolge ihrer Anmeldung beim Verwalter.

[2]Über die Vermietung und die Höhe der der Gemeinschaft zu entrichtenden Miete entscheidet die Versammlung der Stockwerkeigentümer auf Antrag des Verwalters.

Art. 16: Erlass und Verbindlichkeit der Hausordnung

[1]Die Hausordnung enthält weitere Vorschriften über die Benutzung der Sonderrechtsbereiche und der gemeinschaftlichen Teile[25]. Die Hausordnung wird vom Verwalter aufgestellt und bedarf zu ihrer Gültigkeit der Genehmigung durch die Versammlung der Stockwerkeigentümer mit einfachem Mehr der in der Versammlung Anwesenden; sie kann mit der gleichen Mehrheit wieder abgeändert werden[26].

[2]Die Hausordnung gilt als integrierender Bestandteil dieses Reglements und ist daher auch für einen späteren Erwerber eines Stockwerkeigentumsanteils sowie für den Erwerber einer Dienstbarkeit oder eines Grundpfandrechts verbindlich.

4. Teil: Gemeinschaftliche Kosten und Lasten

Art. 17: Begriffe

[1]Gemeinschaftlich sind all jene Kosten, welche durch Benutzung, Unterhalt und Erneuerung der gemeinschaftlichen Teile und durch die gemeinschaftliche Verwaltung entstehen.

[2]Dazu gehören neben den vom Gesetz ausdrücklich genannten gemeinschaftlichen Kosten und Lasten[27] insbesondere:

---

[25] Zum Inhalt der Hausordnung Nr. 495 ff.

[26] Zu Erlass und Änderung der Hausordnung Nr. 492 f.

[27] Dazu i.A. Nr. 534 ff.

- Aufwendungen für ausserordentliche Erneuerungs- und Umbauarbeiten;
- öffentlich-rechtliche Beiträge (z.B. Strassenanliegerbeiträge, Beiträge an die Kanalisationsreinigung), Strom- und Wasserkosten sowie Steuern, soweit sie den Stockwerkeigentümern insgesamt auferlegt werden;
- Prämien für die Versicherung des Gebäudes gegen Feuer-, Glas- und Wasserschäden sowie für die Haftpflichtversicherung;
- die Einlagen in den Erneuerungs- und Verwaltungsfonds.

Art. 18: Verteilung der gemeinschaftlichen Kosten und Lasten

[1]Die gemeinschaftlichen Kosten und Lasten sind von den Stockwerkeigentümern grundsätzlich im Verhältnis ihrer Wertquoten zu tragen[28].

[2]Eine besondere Berechnung erfahren[29]:

- die Heiz- und Warmwasseraufbereitungskosten: nach Zähler;
- die Kosten für elektrischen Strom: nach Zähler;
- die Kosten für Betrieb und Unterhalt des Lifts: Diese Kosten verteilen sich wie folgt: Erdgeschoss je 10%, 1. Obergeschoss je 20% und 2. Obergeschoss 40%.

Art. 19: Erneuerungsfonds

[1]Zur Deckung der Kosten für grössere Unterhalts- oder Reparaturarbeiten ist ein Erneuerungsfonds[30] zu schaffen, welcher gemeinschaftliches Vermögen bildet[31]. Einbezahlte Beiträge werden einem Stockwerkeigentümer, der seinen Stockwerkeigentumsanteil veräussert, nicht zurückvergütet.

[2]Der Fonds ist bis zur Erreichung eines Betrages von 5% des Assekuranzwertes zu äufnen; über die Höhe der jährlich zu entrichtenden Beiträge entscheidet die Stockwerkeigentümerversammlung auf Antrag des Verwalters.

---

[28] Dazu Nr. 559.

[29] Zur rechtsgeschäftlichen Abweichung vom gesetzlichen Verteilungsschlüssel Nr. 560, 565 ff.

[30] Zur diesbezüglichen Kompetenz der Stockwerkeigentümerversammlung Nr. 300.

[31] Zum Erneuerungsfonds als Bestandteil des Vermögens der Stockwerkeigentümergemeinschaft Nr. 256 ff.

[3]Die Fondsbeiträge sind auf den Namen der Stockwerkeigentümergemeinschaft bei der Bank X in Y anzulegen. Zeichnungsberechtigt sind der Verwalter zusammen mit einem von der Stockwerkeigentümerversammlung ernannten Vertreter der Stockwerkeigentümer.

[4]Über grössere Entnahmen für Reparaturen und Unterhalt, über eine allfällige Verwendung des Erneuerungsfonds zu anderen Zwecken sowie über eine Änderung der Fondshöhe entscheidet die Versammlung der Stockwerkeigentümer mit der Mehrheit der in der Versammlung Anwesenden, die zugleich mehr als die Hälfte der Wertquoten vertreten.

Art. 20: Verwaltungsfonds

[1]Zur Deckung der laufenden Verwaltungskosten ist ein Verwaltungsfonds[32] einzurichten, für welchen ein Postscheck-Konto zu eröffnen ist.

[2]Zeichnungsberechtigt ist der Verwalter; er hat der Versammlung der Stockwerkeigentümer jährlich Bericht über Vermögensstand und Verwendung des Verwaltungsfonds zu erstatten.

Art. 21: Vorschüsse; Einzug von Vorschüssen und weiteren Beiträgen

[1]Die Stockwerkeigentümer haben zur Deckung der anfallenden Kosten und Lasten angemessene Vorschüsse[33] zu leisten. Über deren Höhe wird auf Antrag des Verwalters von der Stockwerkeigentümerversammlung zusammen mit der Genehmigung des Kostenvoranschlags für jeweils ein Geschäftsjahr beschlossen.

[2]Aus den geleisteten Vorschüssen sind sowohl der Erneuerungsfonds als auch der Verwaltungsfonds zu äufnen und zwar im Verhältnis 5:1. Über eine andere Verteilung entscheidet die Stockwerkeigentümerversammlung auf Antrag des Verwalters mit einfacher Mehrheit der in der Versammlung Anwesenden.

[3]Die Vorschüsse sind monatlich zu leisten. Sie werden per Ende eines Geschäftsjahrs abgerechnet. Kostenanteile, welche von den Vorschüssen nicht gedeckt werden, sind von den jeweiligen Stockwerkeigentümern am Ende des Geschäftsjahres zu übernehmen.

---

[32] Dazu Nr. 255.

[33] Dazu Nr. 519 f.

[4]Die Vorschüsse und allfällige weitere Beiträge an die gemeinschaftlichen Kosten und Lasten sind vom Verwalter zu Gunsten der Stockwerkeigentümergemeinschaft einzuziehen.

5. Teil: Unterhalt, Umbau und Erneuerung des Gebäudes

Art. 22: Versicherung des Gebäudes

[1]Für das gesamte Gebäude einschliesslich der einzelnen Stockwerkeigentumsanteile besteht eine Versicherung gegen Feuer- und Elementarschäden (gesetzliche Brandassekuranz).

[2]Die Versicherung des Gebäudes gegen weitere Schäden (z.B. durch Wasserleitungsbruch) und Risiken (Haftpflicht des Werk- oder Grundeigentümers) ist Sache der Stockwerkeigentümergemeinschaft[34]; die Versammlung der Stockwerkeigentümer beschliesst, welche Gefahren versichert werden.

[3]Ein Stockwerkeigentümer, welcher seine Stockwerkeigentumseinheit mit ausserordentlichen Aufwendungen baulich ausgestattet hat, ist verpflichtet, eine Zusatzversicherung auf eigenen Rechnung abzuschliessen.

Art. 23: Notwendige bauliche Massnahmen

[1]Die Gemeinschaft der Stockwerkeigentümer ist verpflichtet, alle für die Erhaltung des Wertes und der Gebrauchsfähigkeit der gemeinschaftlichen Sache erforderlichen Unterhalts-, Wiederherstellungs- und Erneuerungsarbeiten ausführen zu lassen.

[2]Kleinere Reparaturen bis zum Gesamtwert von Fr. XX pro Jahr werden vom Verwalter in eigener Kompetenz ausgeführt. Für Arbeiten, die diesen Betrag übersteigen sowie für einmalige grössere Reparaturen ab Fr. XX ist ein Beschluss mit dem einfachen Mehr der anwesenden Stockwerkeigentümer erforderlich.

---

[34] Dazu i.A. Nr. 301 ff.

Art. 24: Nützliche bauliche Massnahmen

[1]Änderungen an der gemeinschaftlichen Sache, die über die ordnungsgemässe Instandhaltung und Instandsetzung hinausgehen und eine Wertsteigerung oder Verbesserung der Wirtschaftlichkeit oder Gebrauchsfähigkeit bezwecken[35], müssen mit der Mehrheit aller Stockwerkeigentümer, welche mindestens 650/1000 vertreten, beschlossen werden.

[2]Erschweren solche Massnahmen einem Stockwerkeigentümer den Gebrauch oder die Benutzung der Sache zum bisherigen Zweck erheblich, dürfen diese nicht ohne seine Zustimmung durchgeführt werden.

[3]Bewirken solche bauliche Massnahmen für einen Stockwerkeigentümer unzumutbare Aufwendungen, weil sie insbesondere im Missverhältnis zum Wert seines Stockwerkeigentumsanteils (Verkehrswert) stehen, können sie gegen seinen Willen nur ausgeführt werden, wenn die übrigen Stockwerkeigentümer seinen Kostenanteil übernehmen, soweit dieser den zumutbaren Beitrag übersteigt.

Art. 25: Der Verschönerung und Bequemlichkeit dienende bauliche Massnahmen

[1]Bauliche Massnahmen, welche lediglich die Verschönerung oder die Bequemlichkeit im Gebrauch der gemeinschaftlichen Sache bezwecken[36], dürfen gegen den Willen eines Stockwerkeigentümers nur auf Beschluss der Mehrheit aller Stockwerkeigentümer, die gleichzeitig 650/1000 vertreten, vorgenommen werden, wenn die übrigen Stockwerkeigentümer ihm für eine bloss vorübergehende Beeinträchtigung Ersatz leisten und seinen Kostenanteil übernehmen.

[2]Hat ein Stockwerkeigentümer an die Kosten solcher baulicher Massnahmen keine Beiträge geleistet, darf er die neu geschaffenen Anlagen und Einrichtungen erst benutzen, wenn er den auf seinen Stockwerkeigentumsanteil entfallenden Kostenanteil nachträglich erbringt.

---

[35] Zu den nützlichen baulichen Massnahmen vgl. Nr. 196, Nr. 296, Nr. 320 i.V.m. Nr. 323.

[36] Zu den luxuriösen baulichen Massnahmen vgl. Nr. 296, Nr. 314 i.V.m. Nr. 318, Nr. 320 i.V.m. Nr. 323.

Art. 26: Wiederaufbau bei Zerstörung des Gebäudes

[1]Bei Zerstörung des gemeinschaftlichen Gebäudes[37] soll grundsätzlich dessen Wiederaufbau durchgeführt werden. Eine Verpflichtung zum Wiederaufbau besteht namentlich dann, wenn die Kosten durch die Versicherung vollumfänglich gedeckt sind oder es sich um Beträge handelt, die aufzubringen allen Stockwerkeigentümern zugemutet werden kann.

[2]Ist das gemeinschaftliche Gebäude zu mehr als der Hälfte des Wertes zerstört, hat die Versammlung der Stockwerkeigentümer über den Wiederaufbau zu beschliessen. Erforderlich ist die Zustimmung der Mehrheit aller Stockwerkeigentümer, die gleichzeitig mindestens 650/1000 der Wertquoten innehaben.

[3]Bedeutet der Wiederaufbau für einen Stockwerkeigentümer jedoch eine schwere finanzielle Belastung, kann er die Aufhebung der Gemeinschaft verlangen. Den aufbauwilligen Stockwerkeigentümern steht das Recht zu, die Aufhebung durch Abfindung zu verhindern. Die Höhe dieser Abfindung ist durch einen amtlichen Schätzer festzulegen.

6. Teil: Verwaltung

Art. 27: Träger der Verwaltung

Träger der Verwaltung sind die Stockwerkeigentümerversammlung[38] und der Verwalter.

Art. 28: Zuständigkeit der Stockwerkeigentümerversammlung

[1]Die Stockwerkeigentümerversammlung entscheidet über alle Verwaltungsangelegenheiten, welche nach Gesetz oder Reglement zur gemeinschaftlichen Verwaltung[39] gehören, soweit sie nicht dem Verwalter übertragen sind.

---

[37] Zur Zerstörung des gemeinschaftlichen Gebäudes und den allgemeinen Voraussetzungen für einen erfolgreichen Aufhebungsanspruch vgl. Nr. 174 ff.

[38] Zur Stockwerkeigentümerversammlung als einzigem gesetzlich zwingend vorgesehenem Organ der Stockwerkeigentümergemeinschaft Nr. 279 ff.

[39] Zum Begriff der gemeinschaftlichen Verwaltung Nr. 237.

[2]Neben den im Gesetz aufgeführten Aufgaben[40] entscheidet die Stockwerkeigentümerversammlung namentlich über:

- die Festsetzung der Höhe der Einlagen in den Erneuerungsfonds;
- die Genehmigung des Voranschlages und Festsetzung der von den Stockwerkeigentümern auf ihre Kostenanteile zu leistenden Vorschüsse;
- die Entlastung des Verwalters für das vergangene Geschäftsjahr;
- die Ermächtigung des Verwalters zur Führung von Prozessen;
- Genehmigung der durch den Verwalter erlassenen Hausordnung.

Art. 29: Einberufung und Leitung der Stockwerkeigentümerversammlung

[1]Die ordentliche Jahresversammlung der Stockwerkeigentümer hat jeweils bis Ende März stattzufinden. Ausserordentliche Versammlungen können durch den Verwalter oder durch zwei oder mehr Stockwerkeigentümer, die zusammen mindestens ein Viertel der Wertquoten vertreten, einberufen werden.

[2]Die Einberufung der Stockwerkeigentümerversammlung hat durch den Verwalter schriftlich bis spätestens 14 Tage vor der Versammlung zu erfolgen. Die Traktandenliste sowie die Anträge der Verwaltung (namentlich in bezug auf Jahresrechnung, Budget, Kostenverteilung) sind den Stockwerkeigentümern gleichzeitig mit der Einberufung zuzustellen. Anträge seitens der Stockwerkeigentümer für die Traktandenliste sind dem Verwalter spätestens bis Mitte Februar einzureichen.

[3]Der Verwalter leitet die Versammlung, führt das Protokoll und bewahrt dieses auf. Den Stockwerkeigentümern ist jeweils eine Kopie des Versammlungsprotokolls zuzustellen.

Art. 30: Ausübung des Stimmrechts und Vertretung in der Versammlung

[1]Jeder Stockwerkeigentümer hat eine Stimme. Dies gilt auch für den Eigentümer mehrerer Stockwerkeigentumsanteile.

---

[40] Dazu Nr. 289 ff.

[2]Steht ein Stockwerkeigentumsanteil mehreren Personen zu, haben diese in der Versammlung der Stockwerkeigentümer ebenfalls nur eine Stimme, welche sie durch einen bevollmächtigten Vertreter abzugeben haben[41].

[3]Ist ein Stockwerkeigentumsanteil mit einer Nutzniessung oder einem Wohnrecht belastet, bestimmt sich das Stimmrecht des Nutzniessers bzw. Wohnrechtsberechtigten aufgrund des Gesetzes[42], es sei denn, dieser weise eine abweichende Vereinbarung mit dem belasteten Stockwerkeigentümer nach[43].

[4]Die Stockwerkeigentümer oder andere in der Versammlung der Stockwerkeigentümer Stimmberechtigte können sich durch eine bevollmächtigte Drittperson vertreten lassen, die nicht der Stockwerkeigentümergemeinschaft anzugehören braucht[44]. Ein Bevollmächtigter darf nicht mehr als zwei in der Versammlung Stimmberechtigte vertreten[45].

Art. 31: Beschlussfassung im Allgemeinen und Zirkularbeschlüsse

[1]Die Stockwerkeigentümerversammlung fasst ihre Beschlüsse mit der einfachen Mehrheit der in der Versammlung Anwesenden[46], soweit nicht Gesetz[47] oder Reglement ein anderes Quorum vorbehalten.

[2]Jeder Beschluss der Stockwerkeigentümerversammlung kann durch die schriftliche Zustimmung der Gesamtheit der Stockwerkeigentümer ersetzt werden.

---

[41] Dazu Nr. 283.

[42] Dazu Art. 712o Abs. 2 ZGB.

[43] Zur Ausübung des Stimmrechts durch den Nutzniesser bzw. den Wohnrechtsberechtigten vgl. auch Nr. 284 ff.

[44] Zur Stellvertretung in der Stockwerkeigentümerversammlung i.A. Nr. 442 ff.

[45] Zu den Vertretungsbeschränkungen Nr. 445 ff.

[46] Stimmenthaltungen wirken damit wie Nein-Stimmen; dazu Nr. 326 f. und FN 308. Zu beachten ist allerdings, dass im Reglement auch die **Mehrheit** der **stimmenden** Stockwerkeigentümer als ausreichend erklärt werden kann, dazu Nr. 327.

[47] Ausführlich zu den gesetzlich vorgesehenen Quoren Nr. 314 ff.

Art. 32: Anfechtung von Beschlüssen der Stockwerkeigentümerversammlung

Beschlüsse der Stockwerkeigentümerversammlung, welche das Gesetz oder Bestimmungen des vorliegenden Reglements verletzen, können von jedem Stockwerkeigentümer, welcher dem Beschluss nicht zugestimmt hat, binnen Monatsfrist, nachdem er davon Kenntnis erlangt hat, gerichtlich angefochten werden[48].

Art. 33: Der Verwalter: Bestellung und Abberufung

[1]Die Versammlung der Stockwerkeigentümer wählt[49] einen Stockwerkeigentümer oder eine aussenstehende Person als Verwalter.

[2]Kommt in der Stockwerkeigentümerversammlung kein Wahlbeschluss zustande, kann jeder Stockwerkeigentümer die Bestellung eines Verwalters durch den Richter verlangen.

[3]Der Verwalter kann von der Versammlung der Stockwerkeigentümer jederzeit ohne Angabe von Gründen abberufen werden[50]; vorbehalten bleiben dessen vertraglichen Ansprüche.

Art. 34: Aufgaben des Verwalters im Allgemeinen

[1]Der Verwalter vollzieht alle Handlungen der gemeinschaftlichen Verwaltung nach den Vorschriften des Gesetzes und des Reglements unter Beachtung der Beschlüsse der Stockwerkeigentümerversammlung[51].

[2]Er vertritt im Rahmen der ihm zustehenden Aufgaben die Stockwerkeigentümergemeinschaft nach aussen[52].

---

[48] Zur Anfechtung von Beschlüssen der Stockwerkeigentümerversammlung ausführlich Nr. 342 ff.

[49] Zur Bestellung des Verwalters i.A., deren Voraussetzungen und zum Verwaltervertrag vgl. Nr. 357 ff.

[50] Zur Abberufung des Verwalters Nr. 382 ff.

[51] Zur internen Geschäftsführungsbefugnis Nr. 362 ff.

[52] Dazu Nr. 380 f.

Art. 35: Einzelne Befugnisse und besondere Aufgaben des Verwalters

[1]Der Verwalter nimmt an den Versammlungen der Stockwerkeigentümer mit beratender Stimme teil, sofern er nicht selbst Mitglied der Gemeinschaft ist.

[2]Er kann Reparaturen und Anschaffungen bis zum Betrag von Fr. XX im Einzelfall, jedoch nicht mehr als Fr. XX im Jahr in eigener Zuständigkeit veranlassen.

[3]Aufgaben des Verwalters sind insbesondere:

- der Versammlung der Stockwerkeigentümer alljährlich einen Bericht über Geschäftsführung und Rechnung des abgeschlossenen Geschäftsjahres zu erstatten;
- der Versammlung der Stockwerkeigentümer ein Budget für das folgende Geschäftsjahr vorzulegen, das auch für die vorläufige Bemessung der von den Stockwerkeigentümern zu leistenden Vorschüsse für die auf ihren Anteil entfallenden Kosten und Lasten massgebend ist[53];
- die vorhandenen Geldmittel zu verwalten und bestimmungsgemäss zu verwenden;
- die Bücher und Protokolle der Stockwerkeigentümergemeinschaft sorgfältig zu führen, für deren ordnungsgemässe Aufbewahrung[54] zu sorgen und den Stockwerkeigentümern auf Verlangen Einsicht zu gewähren[55];
- die Versicherungsverträge nach den Weisungen der Stockwerkeigentümerversammlung abzuschliessen[56];
- alle sich auf das gemeinschaftliche Gebäude beziehenden Akten (Baupläne, Pläne und Unterlagen über die Belastungsverhältnisse und statische Funktion einzelner Bauteile etc.) aufzubewahren[57];
- die gemeinschaftlichen Räume zu vermieten[58];
- den Hauswart einzustellen und zu beaufsichtigen[59].

---

[53] Nr. 377.

[54] Nr. 366 f.

[55] Daneben hat der Verwalter i.A. die Pflicht, den Stockwerkeigentümern die erforderlichen Auskünfte zu erteilen, Nr. 368.

[56] Nr. 370.

[57] Nr. 367.

[58] Nr. 375.

[4]Zur näheren Umschreibung von Stellung und Aufgaben des Verwalters kann ein Pflichtenheft aufgestellt werden.

Art. 36: Stellvertretung des Verwalters

[1]Für den Fall der Ortsabwesenheit, Erkrankung, seines Ablebens oder seiner Abberufung wird der Verwalter durch einen Stockwerkeigentümer vertreten, der von der Stockwerkeigentümerversammlung jeweils für zwei Jahre gewählt wird.

[2]Im Falle des Ablebens oder der Abberufung des Verwalters hat der Stellvertreter innert 14 Tagen seit Kenntnisnahme die Stockwerkeigentümerversammlung zwecks Wahl eines neuen Verwalters einzuberufen.

[3]Die Abberufung des Stellvertreters ist jederzeit möglich.

Art. 37: Rekurs gegen Verfügungen des Verwalters

[1]Gegen Verfügungen des Verwalters, durch welche er die ihm durch Reglement, Pflichtenheft bzw. Verwaltervertrag eingeräumten Kompetenzen überschreitet, kann jeder davon betroffene Stockwerkeigentümer innert 14 Tagen an die Stockwerkeigentümerversammlung gelangen.

[2]In Abweichung von Art. 29 Abs. 1 ist diesfalls jeder betroffene Stockwerkeigentümer zur Einberufung der Stockwerkeigentümerversammlung befugt.

[3]Ist die Einberufung offensichtlich zu Unrecht erfolgt, kann die Stockwerkeigentümerversammlung dem einberufenden Stockwerkeigentümer die entstandenen Kosten auferlegen.

7. Teil: Änderung im Bestand der Stockwerkeigentümer und Aufhebung des Stockwerkeigentums

Art. 38: Rechtsstellung des Erwerbers eines Stockwerkeigentumsanteils

[1]Der Erwerber eines Stockwerkeigentumsanteils tritt in alle Rechte und Pflichten des früheren Stockwerkeigentümers ein.

[59] Nr. 374.

[2]Jeder Stockwerkeigentümer hat bei der Veräusserung seines Stockwerkeigentumsanteils den Erwerber über die Existenz des Reglements und über alle Beschlüsse bezüglich der gemeinschaftlichen Nutzung und Verwaltung zu informieren.

[3]Der Erwerber eines Stockwerkeigentumsanteils teilt den Eigentumsübergang dem Verwalter mit.

Art. 39: Ausschluss eines Stockwerkeigentümers

[1]Ein Stockwerkeigentümer kann auf Beschluss der Stockwerkeigentümerversammlung durch richterliches Urteil aus der Gemeinschaft ausgeschlossen werden[61], wenn er durch sein Verhalten oder durch dasjenige von Personen, welchen er den Gebrauch an der Sache überlassen hat oder für die er einzustehen hat, Verpflichtungen gegenüber allen oder einzelnen Mitberechtigten derart schwer verletzt hat, dass diesen die Fortsetzung der Gemeinschaft nicht mehr zugemutet werden kann.

[2]Die Abstimmung über einen Ausschluss erfolgt erst nach einem erfolglosen Schlichtungsversuch des Verwalters zwischen den beteiligten Parteien.

[3]Der Ausschliessungsbeschluss, welcher den oder die von der Verhaltensweise des Auszuschliessenden betroffenen Stockwerkeigentümer zur Klage ermächtigt, erfolgt mit einfacher Mehrheit der in der Versammlung Anwesenden; der Auszuschliessende ist dabei vom Stimmrecht ausgeschlossen.

Art. 40: Aufhebung des Stockwerkeigentums

[1]Das Stockwerkeigentum kann nur durch Vereinbarung aller Stockwerkeigentümer aufgehoben werden[62].

[2]Vorbehalten bleibt der Fall, da das gemeinschaftliche Gebäude zu mehr als der Hälfte seines Wertes zerstört ist (Art. 26 Abs. 2 und 3).

[3]Wird das Stockwerkeigentum durch Veräusserung des gemeinschaftlichen Grundstücks aufgelöst, ist der daraus resultierende Erlös mangels anderer

---

[60] Zu den Wirkungen der Versammlungsbeschlüsse und des Reglements gegenüber einem Erwerber vgl. Nr. 341 sowie Nr. 486 ff.

[61] Zum Ausschluss ausführlich Nr. 397 ff.

[62] Dazu Nr. 170 f.

einstimmiger Abrede im Verhältnis der Wertquoten unter den Stockwerkeigentümern zu verteilen[63].

8. Teil: Verschiedenes

Art. 41: Verweis auf die gesetzlichen Bestimmungen

Soweit dieses Reglement keine abweichenden Bestimmungen enthält, finden die Vorschriften der Art. 712a ff. und der Art. 647 ff. ZGB Anwendung.

Art. 42: Anmerkung des Reglements im Grundbuch

[1]Dieses Reglement wird im Grundbuch angemerkt[64].

[2]Der Verwalter ist verpflichtet, die Einschreibung aller Nachträge und Änderungen des Reglements im Grundbuch zu beantragen.

Art. 43: Reglementsabänderung

[1]Die Bestimmungen dieses Reglements können durch Beschluss der Stockwerkeigentümerversammlung mit einer Mehrheit von Personen, die gleichzeitig mehr als die Hälfte der Anteile vertritt, abgeändert werden[65].

[2]Dabei ist zu beachten, dass für die Änderung von gesetzlichen Zuständigkeitsbestimmungen bezüglich Verwaltungshandlungen und baulichen Massnahmen Einstimmigkeit erforderlich ist.

Art. 44: Geschäftsjahr

Als Geschäftsjahr gilt das jeweilige Kalenderjahr.

---

[63] Zur Teilung des Erlöses Nr. 182 ff.

[64] Dazu Nr. 489 f.

[65] Zur Änderung des Reglements vgl. Nr. 482 ff.

Art. 45: Zustellungen an die Stockwerkeigentümergemeinschaft

Zustellungen an die Stockwerkeigentümergemeinschaft können an die Adresse des Verwalters wirksam vorgenommen werden. Der Verwalter ist verpflichtet, den Stockwerkeigentümern, sofern erforderlich, vom Inhalt dieser Zustellung innert nützlicher Frist Kenntnis zu geben.

Bundesgerichtsentscheide

Überblick über bedeutsame, seit Inkrafttreten der Stockwerkeigentumsnovelle am 1. Januar 1965 in der amtlichen Sammlung veröffentlichte Bundesgerichtsentscheide (sofern nicht darin, sondern in der Pra publiziert, wird darauf Bezug genommen). Angegeben sind neben der grundsätzlich erörterten Rechtsfrage die Konkordanzen zur Pra sowie zu den Entscheidbesprechungen in der ZBJV.

BGE *127* III 142 ff.

Wird Stockwerkeigentum bereits vor Erstellen des Gebäudes begründet, so kommt Art. 712e Abs. 2 ZGB dann zur Anwendung, wenn eine **Änderung der Wertquoten** erforderlich ist. Wer eine **gerichtliche** Berichtigung verlangt, hat zu beweisen, dass die Stockwerkeigentumseinheiten sich im Lauf der Arbeiten verändert haben. In das Änderungsverfahren sind auch die Inhaber beschränkter dinglicher Rechte (v.a. Grundpfandgläubiger) miteinzubeziehen.

BGE *126* III 177 ff.

Wegen der besonderen Bedeutung der korrekten Regelung der finanziellen Angelegenheiten der Stockwerkeigentümer liegt in der wiederholt mangelhaften Rechnungslegung ein wichtiger Grund i.S.v. Art. 712r Abs. 2 ZGB für die **gerichtliche Abberufung des Verwalters.** Dabei werden dessen weitere Verhaltensweisen in eine Gesamtwürdigung einbezogen.

Pra *89* (2000) Nr. 61

Der **Erneuerungsfonds** gilt als nicht-liegenschaftlicher Wert. Im interkantonalen Verhältnis ist der quotenmässige Anteil am Erneuerungsfonds und am Ertrag am **Hauptsteuerdomizil** der einzelnen Stockwerkeigentümer steuerbar.

ZBJV *137* (2001) S. 475.

BGE *125* II 348 ff.

Die **Rückerstattung** der auf den Erträgen des Erneuerungsfonds anfallenden **Verrechnungssteuer** ist durch die einzelnen Stockwerkeigentümer und nicht durch die Gemeinschaft geltend zu machen.

Nicht in Pra; ZBJV *137* (2001) S. 474 f.

Beachte: Art. 24 Abs. 5 Verrechnungssteuergesetz ist geändert worden; der Rückerstattungsanspruch steht nunmehr der Gemeinschaft zu (am 1. Januar 2001 in Kraft getreten, erstmals auf Leistungen anwendbar, die nach dem 31. Dezember 2000 fällig werden).

Pra *88* (1999) Nr. 189

Richterlicher **Ausschluss eines Stockwerkeigentümers** aus der Gemeinschaft wegen ideeller Immissionen eines (durch seinen Mieter betriebenen) Erotik-Etablissements.

S. zum Ausschluss aus der Gemeinschaft auch BGE *113* II 15 ff.

BGE *125* III 113 ff.

Befinden sich auf einem zu Stockwerkeigentum aufgeteilten Grundstück mehrere Gebäude und betreffen die durch das **Bauhandwerkerpfandrecht** geschützten Bauleistungen **gemeinschaftliche Teile**, so sind **alle Stockwerkeigentumsanteile** pfandrechtlich zu belasten. Dies auch dann, wenn die pfandrechtsgeschützten Bauleistungen praktisch ausschliesslich für ein einziges Gebäude erbracht worden sind. Die **Eintragungsfrist** läuft für alle Stockwerkeigentumsanteile einheitlich, sofern der gleiche Unternehmer aufgrund eines einzigen Werkvertrages sukzessive eine zusammengehörende Bauleistung für verschiedene Gebäude erbringt.

Nicht in Pra; ZBJV *136* (2000) S. 550 ff.

Zum Bauhandwerkerpfandrecht s. auch BGE *112* II 214 ff., *111* II 31 ff.

BGE *123* III 53 ff.

Wirkungslosigkeit der Bestimmung im Reglement einer Stockwerkeigentümergemeinschaft, wonach Veräusserer und Erwerber eines Stockwerkeigentumsanteils für ausstehende Beträge an die gemeinschaftlichen Kosten **solidarisch haften**.

Pra *86* (1997) Nr. 87; ZBJV *134* (1998) S. 484 ff.

BGE *122* III 145 ff.

Abtretbarkeit eines besonderen Nutzungsrechts an einem Parkplatz?

Pra *85* (1996) Nr. 238; ZBJV *134* (1998) S. 465 ff.

BGE *121* III 24 ff.

In der Betreibung auf Pfandverwertung, bei welcher ein Stockwerkeigentumsanteil das Pfandobjekt darstellt, kann die Pfandhaft nicht auf die dem schuldnerischen Stockwerkeigentümer mittels **Personaldienstbarkeiten individuell zugeordneten besonderen Nutzungsrechte an Parkplätzen** ausgedehnt werden.

Pra *84* (1995) Nr. 180; ZBJV *133* (1997) S. 257 ff.

BGE *120* II 11 ff.

Die **Streitigkeit über die Art, den Umfang, die Modalitäten und den zeitlichen Ablauf von notwendigen baulichen Massnahmen** stellt keine i.S.v. Art. 44 und 46 OG berufungsfähige zivilrechtliche Streitigkeit dar.

Nicht in Pra; ZBJV *132* (1996) S. 307 ff.

BGE *119* II 212 ff.

Voraussetzung für die **Eintragung von Stockwerkeigentum vor Erstellung des Gebäudes** ist die Einreichung eines **von allen Stockwerkeigentümern unterzeichneten Aufteilungsplanes**; Voraussetzungen für die Löschung der aufgrund von Art. 33c Abs. 2 GBV vorgenommenen Anmerkung.

Pra *83* (1994) Nr. 80; ZBJV *131* (1995) S. 317 ff.

BGE *119* II 404 ff.

Keine unmittelbare, neben der Gemeinschaft bestehende solidarische **Haftung der einzelnen Stockwerkeigentümer**.

Pra *83* (1994) Nr. 270; ZBJV *131* (1995) S. 293 ff.

BGE *118* II 291 ff.

Bei Begründung von Stockwerkeigentum vor Erstellung des Gebäudes genügt ein von allen Stockwerkeigentümern unterzeichneter Plan dann nicht, wenn **gegenüber der ursprünglichen Aufteilung gemeinschaftliche Teile und Sonderrechtsbereiche geändert** wurden; diesfalls ist vielmehr eine **öffentliche Beurkundung** erforderlich.

Pra *82* (1993) Nr. 163; ZBJV *130* (1994) S. 219 ff.

BGE *117* II 40 ff.

Passive Prozessfähigkeit der Stockwerkeigentümergemeinschaft hinsichtlich gemeinschaftlicher Lasten, i.c. die **Bezahlung des Baurechtszinses** für das im Baurecht erstellte gemeinschaftliche Gebäude.

Pra *80* (1991) Nr. 181; ZBJV *129* (1993) S. 216 ff.

BGE *117* II 251 ff.

Verteilung gemeinschaftlicher Kosten und Lasten, i.c. Kosten eine Dachrenovation; **zwingende Natur von Art. 712h Abs. 3 ZGB**.

Pra *81* (1992) Nr. 159; ZBJV *129* (1993) S. 218 ff.

BGE *116* II 55 ff.

Der Stockwerkeigentümergemeinschaft fehlt die **passive Partei- und Prozessfähigkeit hinsichtlich der Klage auf nachträgliche Änderung der Wertquoten**, sofern ihr selber keine Berechtigung am gemeinschaftlichen Objekt zusteht.

Pra *79* (1990) Nr. 115; ZBJV *128* (1992) S. 111 f.

BGE *116* II 63 ff.

Kantonalrechtliches, vor 1912 begründetes Stockwerkeigentum **untersteht seit Inkrafttreten der Stockwerkeigentumsnovelle den neuen bundesrechtlichen Bestimmungen** über das Stockwerkeigentum; da diese kein gesetzliches Vorkaufsrecht vorsehen, besteht ein solches **kantonalrechtliches Vorkaufsrecht** auch dann nicht mehr, wenn das kantonale Recht für das vor 1912 begründete Stockwerkeigentum ein solches vorsah.

Pra *79* (1990) Nr. 166; ZBJV *128* (1992) S. 115 ff.

BGE *116* II 275 ff.

Ist mit einem Stockwerkeigentumsanteil ein **besonderes Nutzungsrecht an gemeinschaftlichen Teilen** verbunden, welches gemäss Reglement dem jeweiligen Eigentümer zusteht, ist **für die Veräusserung** dieses Stockwerkeigentumsanteils **weder die Einwilligung der Beteiligten noch die Zustimmung der Stockwerkeigentümerversammlung erforderlich**, da der berechtigte Stockwerkeigentümer über ein ausschliesslich ihm zustehendes Recht verfügt.

Pra *80* (1991) Nr. 97; ZBJV *128* (1992) S. 112 ff.

BGE *115* II 340 ff.

Ein **gemeinschaftlicher Teil** an einem zu Stockwerkeigentum aufgeteilten Grundstück, an welchem gemäss Reglement ein **besonderes Nutzungsrecht eines Stockwerkeigentümers** besteht, kann **nicht Gegenstand einer Dienstbarkeit** sein.

Pra *79* (1990) Nr. 12; ZBJV *127* (1991) S. 154 ff.

BGE *114* II 127 ff.

Vormerkung eines Vorkaufsrechts an einem **zukünftigen** Stockwerkeigentumsanteil.

Pra *77* (1988) Nr. 169; ZBJV *126* (1990) S. 188 ff.

BGE *114* II 239 ff.

Partei- und Prozessfähigkeit der Stockwerkeigentümergemeinschaft im Prozess über Gewährleistungsansprüche wegen Mängeln an den gemeinschaftlichen Bauteilen; **keine Legalzession der kaufrechtlichen Gewährleistungsansprüche an die Gemeinschaft** aus Verträgen zwischen Stockwerkeigentümern und Dritten.

Nicht in Pra; ZBJV *126* (1990) S. 195 ff.

BGE *114* II 310 ff.

Vertretungsbefugnis des Verwalters: **Führung eines nicht zivilgerichtlichen Prozesses durch den Verwalter**; die Frage des Erfordernisses einer vorgängigen Ermächtigung durch die Stockwerkeigentümerversammlung wird offengelassen.

Nicht in Pra; ZBJV *126* (1990) S. 200 ff.

BGE *113* II 15 ff.

Voraussetzungen des Ausschlusses aus der Gemeinschaft der Stockwerkeigentümer.

Nicht in Pra; ZBJV *125* (1989) S. 143 ff.

S. zum Ausschluss aus der Gemeinschaft den nicht in der amtlichen Sammlung veröffentlichen Bundesgerichtsentscheid in Pra *88* (1999) Nr. 189.

BGE *113* II 146 ff.

Rückumwandlung einer nach Inkrafttreten des ZGB begründeten **Ersatzform von Stockwerkeigentum** (gewöhnliches Miteigentum verbunden mit übertragbaren Nutzungsdienstbarkeiten) in Stockwerkeigentum.

Nicht in Pra; ZBJV *125* (1989) S. 147 ff.

BGE *112* II 214 ff.

Die **Eintragungsfrist für das Bauhandwerkerpfandrecht** bei Stockwerkeigentum beginnt jedenfalls dann mit dem Abschluss der Arbeiten in den einzelnen Wohnungen zu laufen, wenn das Stockwerkeigentum schon vor deren Beginn begründet wurde.

Pra *75* (1986) Nr. 237; ZBJV *124* (1988) S. 125 ff.

BGE *112* II 308 ff.

Für eine **Klage auf Ausdehnung der gemeinschaftlichen Teile** haben grundsätzlich alle Stockwerkeigentümer eine notwendige Streitgenossenschaft zu bilden.

Nicht in Pra; ZBJV *124* (1988) S. 120 f.

BGE *112* II 312 ff.

Bringt eine gemeinschaftliche Anlage oder Einrichtung einer einzelnen Stockwerkeigentumseinheit objektiv keinen Nutzen, führt dies nach Art. 712h Abs. 3 ZGB zu einer entsprechenden **Befreiung von den gemeinschaftlichen Kosten**.

Pra *75* (1986) Nr. 236; ZBJV *124* (1988) S. 121 ff.

BGE *111* II 31 ff.

Belastungsobjekt des Bauhandwerkerpfandrecht sind alle Stockwerkeigentumsanteile, auch wenn **beim kombinierten Stockwerkeigentum** eine gemeinschaftliche Anlage nur in einzelne von mehreren Gebäuden eingebaut wurde, da sich durch diese Bauleistung der innere Wert sämtlicher Anteile vermehrt hat.

Pra *74* (1985) Nr. 184; ZBJV *123* (1987) S. 144 f.

BGE *111* II 330 ff.

Bei reglementarischen Nutzungsbeschränkungen zu Lasten von einzelnen Stockwerkeigentumsanteilen ist in Analogie zu Art. 730 Abs. 1 ZGB der **Grundsatz der Beschränktheit der Belastung** zu beachten.

Pra *75* (1986) Nr. 190; ZBJV *123* (1987) S. 148 ff.

BGE *111* II 458 ff.

Partei- und Prozessfähigkeit der Stockwerkeigentümergemeinschaft im Prozess über die Geltendmachung von Mängeln am gemeinschaftlichen Gebäude; in eigenem Namen kann die Stockwerkeigentümergemeinschaft solche **Gewährleistungsrechte** nur geltend machen, wenn sie ihr von den einzelnen Stockwerkeigentümern **abgetreten** worden sind.

Nicht in Pra; ZBJV *123* (1987) S. 145 ff.

BGE *109* II 423 ff.

Der Stockwerkeigentümergemeinschaft kommt hinsichtlich von **Gewährleistungsansprüchen** aufgrund von Gebäudeschäden, deren Behebung in ihre Verwaltungstätigkeit fällt, die **aktive Partei- und Prozessfähigkeit** zu; sie kann folglich Gewährleistungsansprüche des Bauherrn oder der Stockwerkeigentümer zessionsweise erwerben und einklagen.

Pra *73* (1984) Nr. 89; ZBJV *121* (1985) S. 139 ff.

BGE *107* II 141 ff.

Verteilung der **Kosten für Sanierungsarbeiten**, welche auf einem zu vertikalem Stockwerkeigentum aufgeteilten Grundstück in nur einem von insgesamt drei gemeinschaftlichen Gebäuden ausgeführt wurden.

Pra *70* (1981) Nr. 184; ZBJV *119* (1983) S. 117 f.

BGE *107* II 211 ff.

Verkauf eines Stockwerkeigentumsanteils vor Fertigstellung des gemeinschaftlichen Gebäudes und diesbezügliche Prüfungspflicht des Grundbuchverwalters hinsichtlich der Gültigkeit des zugrunde liegenden Rechtsgeschäfts.

Pra *70* (1981) Nr. 240; ZBJV *119* (1983) S. 118 ff.

BGE *106* II 11 ff.

Aktive **Partei- und Prozessfähigkeit der Stockwerkeigentümergemeinschaft** hinsichtlich der **Klage auf Behebung von Mängeln an gemeinschaftlichen Teilen** (i.c. Dach der zu Sonderrecht ausgeschiedenen Autoeinstellhalle).

Pra *69* (1980) Nr. 195; ZBJV *118* (1982) S. 114 f.

BGE *106* II 183 ff.

Der gesetzliche Anspruch der Stockwerkeigentümergemeinschaft auf Errichtung des Pfandrechts nach Art. 712i ZGB stellt eine **Realobligation** dar; **in der Zwangsverwertung** über einen Anteil **geht dieser Anspruch allerdings unter** und kann trotz seiner realobligatorischen Natur gegenüber dem Ersteigerer nicht mehr geltend gemacht werden.

Pra *70* (1981) Nr. 59; ZBJV *118* (1982) S. 123 ff.

BGE *94* II 341 ff.

Keine Begründung von Stockwerkeigentum in der Erbteilung **durch richterliches Urteil** gegen den Willen eines oder mehrerer Erben.

Pra *58* (1969) Nr. 65; ZBJV *106* (1970) S. 57 ff.

Gesetzesregister

Die Ziffern verweisen auf die Randnummern im Text.

ZGB: Schweizerisches Zivilgesetzbuch vom 10. Dezember 1907 (SR 210)

GBV: VO des Bundesrates betreffend das Grundbuch vom 22. Februar 1910 (SR 211.432.1)

Artikel	Randnummer	Artikel	Randnummer
2	117	33c Abs. 1	178
10a Abs. 2	14, 117	33c Abs. 3	116
15 Abs. 1	114	71a	409
33b Abs. 1	120	79 Abs. 5	489
33b Abs. 2	106, 178		

OR: BG betreffend die Ergänzung des Schweizerischen Zivilgesetzbuches, Fünfter Teil: Obligationenrecht vom 30. März 1911 (SR 220)

Artikel	Randnummer	Artikel	Randnummer
20	436	58	265, 304
20 Abs. 1	201	164 ff.	101

SchKG: BG über Schuldbetreibung und Konkurs vom 11. April 1889/16. Dezember 1994 (SR 281.1)

Artikel	Randnummer
39	268
191	268

Stichwortverzeichnis

Die kursiv gedruckten Ziffern verweisen auf die einschlägigen Randnummern der Hauptfundstellen im Text.

K

L

N

O

P

W

Z